마인드셋은 어떻게
투자의 무기가 되는가

초수익을 만드는 사고방식의 비밀

MINDSET
SECRETS
for
WINNING

마인드셋은 어떻게 투자의 무기가 되는가

마크 미너비니Mark Minervini 지음·장진영 옮김

이레미디어

저자가 보내는 메시지

최고의 기량을 발휘하는 방법을 담은 이 책을 쓰기 위해 사업부터 스포츠까지, 역경부터 승리까지, 그리고 가난함부터 부유함까지 내가 살면서 해온 모든 경험을 돌아봤다. 뿐만 아니라 올림픽 선수들의 준비 과정부터 세계 최고 코치들의 코칭 기법, 그리고 성공한 엘리트들의 삶에 영향을 미친 모든 요소들까지 광범위하게 살폈다. 주로 스포츠 세계의 사례를 활용했지만, 그렇다고 해서 이 책이 운동선수에게만 쓸모있는 것은 절대 아니다. 무슨 일을 하든지 간에 '최고의 나'가 되고 싶은 사람이라면 이 책이 도움이 될 것이다. 모든 독자가 열린 마음으로 이 책을 읽고 자신들의 삶에 적용해볼 수 있는 통찰력을 얻길 바란다. 이 책을 읽을 때는 처음부터 끝까지 정독하길 바란다. 앞 장에서 다룬 이야기가 쌓여서 다음 장으로 이어지기 때문이다. 이 책을 읽고 있는 당신이 무슨 일을 하든지 행운을 빈다.

—마크 미너비니

투자 성공 마인드셋

한 사람을 비범하게 만드는 것은 무엇일까? 도대체 무엇이 한 사람을 최고의 성취자, 승자, 챔피언으로 만드는 걸까? 어른이 된 이후 나는 이 의문에 사로잡혀서 해답을 찾고자 했고, 이를 위해 세계 곳곳의 성공한 사람들이 자신들의 분야에서 어떻게 최고가 됐는지 조사했다. 그러면서 알게 된 사실이 있다. 사실상 자신의 분야에서 최고의 성과를 올린 사람들은 모두 육체 훈련만큼 정신 훈련이 중요하다는 데 동의했다.

올림픽에서 7개의 금메달을 목에 건 수영 선수 마크 스피츠Mark Spitz는 "승리와 패배를 가르는 것은 99퍼센트가 정신력"이라고 말했다. 전설적인 골퍼 잭 니클라우스Jack Nicklaus는 "최고의 경기력을 발휘하는 데 있어 가장 중요한 요소는 마음의 준비"라고 썼다. 하지만 이 선택된 집단 외에는 승리를 얻기 위해 생각을 개선하고 활용하는, 구체적인 정신 전략을 가진 사람이 없다시피 하다. 인간의 신체에는 자연적인 한계가 있지만, 정신은 무한한 잠재력을 지녔다. 이는 내 삶의 중심을 잡아주는 중심축이었다. 나는 생각을 바꿔서 내 삶을 완전히 바꿨다. 그러니 당신도 나처럼 할 수 있다!

나는 나만의 성공을 만들어내기 위해 일평생 고민하고 탐구해서 얻은 교훈을 내 삶 속에서 매일 실천하고 있다. 내가 생각하는 성공은 금전적인 것만이 아니다. 나는 내게 영감을 준 것들을 실천해서 나의 열정을 추구하고 나의 운명을 스스로 만들어 나가고 있다. 나는 이 책에서 내가 다른 사람들보다 더 좋은 성과를 얻을 뿐만 아니라 그들과는 질적으로 다른 삶을 살아가는 데 도움이 된 '사고방식'의 비결을 공유하고자 한다. 나의 목표는 내가 몇 년 동안 익힌, 성공하는 사고방식의 핵심 내용들만 이 책에 추려서 담는 것이다.

앞으로 내가 개인적으로 시도했던 중요한 변화들을 살피고, 최고의 성과를 거둔 챔피언들과 지극히 평범한 사람들을 구분하는 주요한 정신적 특성들을 탐구할 것이다. 그리고 벽돌을 한 장 한 장 쌓아 올려서 집을 짓듯, 그것들을 벽돌 삼아서 성공의 토대를 다지는 방법을 정리할 것이다. 이 책은 그저 승리만 다루지 않는다. 이 책은 열정의 힘을 이용하며 성취감이 수반된 성공을 다룬다.

서점에 가면 성공의 비법을 담고 있다는 책이 널려 있다. 이 책은 그런 평범한 책이 아니다. 나는 심리학자가 아니고 인간 행동에 관한 박사 학위도 없지만, 승리와 성공에 관해서만큼은 전문가다. 내가 알고 있는 것은 학술적 이론에 바탕을 두지 않으며, 그저 관찰해서 알게 된 사실도 아니다. 삶 속에서 내가 직접 실천하면서 깨달은 것들이다. 다시 말해, 실제로 해봤더니 효과를 봤던 것들이다. 이것들 덕분에 관습적인 잣대로 평가했을 때 나는 꽤 성공했다는 평가를 받게 됐다. 그리고 여전히 승리하고 있다.

나는 30년이 넘는 긴 세월 동안 개인의 성장과 인간의 우수성에 관심을 갖고 조사해왔다. 그렇기에 내가 이 책에서 공유하려는 것들은 배경과 상관없이 모든 챔피언의 삶을 관통하는 공통적인 맥락이라고 장담한다. 나는 이를 '역량 강화의 원칙들'이라고 부르며, 내 사회생활과 취미 생활 그리고 나머지 모든 일상생활에 적용하고 있다.

우리가 승리에 관해 첫 번째로 알아야 할 것은 단순하다. 사고방식이 올바르지 않으면 우리가 가진 지식, 실천 방식, 그리고 심지어 역량마저 무용지물이 될 수 있다. 여기서 핵심은 챔피언의 사고방식을 개발하는 것이다. 신체 능력이나 지적 능력을 탄탄하게 갖추는 것만으로는 부족하다. 챔피언의 자리를 차지하기 위해서는 어느 순간 어떤 일에나 적용할 수 있는 신뢰 가능한 사고방식을 개발해야 한다.

지금부터 일, 스포츠와 일상에서 더 효과적으로 성공을 이뤄내는 데 도움이 되는 강력한 아이디어와 전략을 살펴볼 것이다. 이를 이해하고 제대로 적용할 수만 있다면 누구나 승리와 성공으로 나아가는 로드맵과 정교한 나침반을 얻을 것이다. 그 결과, 자신의 실력을 최대한 발휘하고, 기대했던 것보다 더 빨리 꿈을 자신의 꿈을 실현할 수 있게 될 것이다.

희소식이 있다. 성공하는 데 필요한 모든 것은 바로 지금 여기에 있다. 사실 그것은 줄곧 여기에 있었다. 그저 우리가 알아차리고 받아들이길 기다리고 있었을 뿐이다. 성공하는 것은 그저 자기 권한을 되찾는 것만 의미하지 않는다. 자기가 누구인지 발견하는 것과도 관련 있다. 왜냐하면 우리는 잠재력을 지니고 있기 때문이다. 그리고 이는 자신의 능력에 접근하고 활용하는 방법을 배우는 것과도 관련 있다.

·성공의 의미·

과연 성공이란 무엇일까? 대부분의 사람에게 성공은 돈, 재물, 지위를 차지하는 것을 의미한다. 나에게 성공은 세계 최고의 주식 투자자 중 한 사람이 되는 것을 의미했다. 돈을 많이 버는 것은 나의 목표 중 하나였다. 하지만 목적 없는 돈은 눈곱만큼도 자랑할 가치가 없다. 우리 어머니는 "돈 자체는 그저 종잇장에 불과하다. 종말의 순간이 오면 불을 붙여서 몸을 따뜻하게 하는 데 요긴하게 쓰일 종잇장에 지나지 않는다"고 말씀하시곤 했다. 어머니 덕분에 나는 자유, 생활방식, 일자리 창출, 자선 활동 등 돈으로 얻을 수 있거나 할 수 있는 것에서 돈의 가치가 비롯된다는 사실을 깨달을 수 있었다.

적에게 맞서 승리하거나 관객 앞에서 완벽하게 공연을 해내는 것만이 성공이 아니다. 내적 승리도 성공이다. 성공은 항상 꿈꿔왔던 삶을 영위할 때 느끼는 성취감이고 목적의식이다. 젊었을 때 나는 금전적으로 승자가 되는 데 내 모든 것을 바쳤다. 하지만 시간이 흐르면서 돈은 있으면 대단히 좋지만 돈 자체가 나 자신을 결코 행복하게 만들 수는 없다는 것을 알게 됐다. 그리고 내가 원하는 것이 그저 금전적 성공이 아니라는 것도 깨달았다. 나는 행복해지고 싶었고, 성취감을 느끼고 싶었다. **성공은 한마디로 목표에 도달하는 것이다. 목표는 다양하다. 올림픽에서 금메달을 따거나, 누군가의 롤모델이 되거나, 지역 소프트볼 토너먼트에 참가하는 것 등 사람마다 다르다. 목표가 무엇이든지, 성공은 개인적이다.** 나는 다른 사람들을 돕고 영적으로 성장하는 데 이용할 수 없다면 나의 성취는 실제로 없는 것이나 마찬가지라는 사실을 깨달았다. 다행스럽게도 내가 생각보다 빨리 목표를 달성한 덕분에 나는 더 위대하고 더 의미 있는 목표를 향해 나아갈 수 있었다.

주식 거래라는 거대한 금융 산업에 첫발을 내디뎠을 때 어머니는 내게 성공을 기원하는 메시지를 적은 카드를 주셨다. 이후, 그 카드는 액자에 담긴 채 내 책상 위에 올려져 있다. 그 카드에는 어머니의 소망과 사랑이 가득 담겨 있다. 그리고 내가 항상 균형 잡힌 시각으로 세상을 바라볼 수 있도록 도와주는 다음과 같은 글귀도 적혀 있다.

성공

자주, 그리고 많이 웃는 것. 현명한 이에게 존경받고 아이들에게 사랑받는 것. 정직한 비평가의 찬사를 듣고, 친구의 배반을 참아내는 것. 아름다움을 식별할 줄 알며, 다른 사람에게서 최선의 것을 발견하는 것. 건강한 아이를 낳든, 손바닥만 한 정원을 가꾸든, 사회 환경을 개선하든 자기가 태어나기 전보다 세상을 조금이라도 더 살기 좋은 곳으로 만들어놓고 떠나는 것. 한때 이곳에서 살면서 단 한 사람의 인생이라도 행복하게 만드는 것. 이것이 진정한 성공이다.

—랄프 왈도 에머슨 RALPH WALDO EMERSON

· '어떻게 출발했느냐'보다 '어디서 끝냈느냐'가 중요하다 ·

아직 어린 소년이었을 때 나는 성공해서 부자가 되는 꿈을 꿨다. 당시 내가 처한 현실은 내가 꿈꾸는 것과는 완전히 달랐다. 우리 집은 더없이 가난했고, 어머니는 먹고살 걱정에 늘 전전긍긍하며 갖은 고

생을 하셨다. 나는 열악하고 위험한 환경에서 성장했다. 사는 게 너무 힘들었다. 나는 매사 자신감이 부족한, 겁먹은 어린 소년이었다. 내 주변에는 폭력, 범죄 등 사회의 어두운 면이 항상 존재했다. 아이가 자라는 데는 더 좋은 환경이 필요하다고 생각한 어머니는 도시 외곽에 있는 작은 아파트로 이사했다. 그곳에서 나는 새로운 친구들을 사귀고, 새로운 삶을 시작했다.

처음으로 친구 집에 놀러 갔던 날이 기억난다. 그 친구는 중산층 동네에서 살았다. 친구 집에는 넓은 지하실과 25인치 컬러 TV, 근사한 벽난로가 있었다. 나는 '세상에나. 이 녀석, 부자였구나!'라고 생각했다. 친구 집의 가구는 모두 좋아 보였다. 친구의 아버지가 쓴다는 서재에는 체리 나무로 만든 윤이 나는 책상과 커다란 초록색 가죽 의자가 있었다. 마당에서 수영장을 보고 나는 놀라서 입을 다물지 못했다. 나는 누군가가 그토록 '호화로운' 삶을 살고 있다는 사실에 몹시 놀랐다.

그해 말 아버지는 나와 그 친구를 변호사와 만나는 자리에 데리고 갔다. 우리가 사무실에 들어섰을 때, 변호사는 커다란 초록색 가죽 의자에 앉아 있었다. 그 의자는 친구 아버지의 서재에서 봤던 가죽 의자처럼 황동 장식이 촘촘하게 박혀 있었다. 나는 왕이 화려한 왕좌에 앉는 것처럼 부자들은 모두 이런 의자에 앉는 게 틀림없다고 생각했다. 나에게 근사한 가죽 의자는 성공을 의미했다. 그로부터 20년 뒤 나는 나름대로 성공한 삶을 살게 됐다. 그때 내가 제일 먼저 한 일은 고급 가구점에 가서 4,200달러를 주고 친구 아버지의 서재와 변호사의 사무실에서 봤던 근사한 가죽 의자를 구입하는 것이었다. 몇천 달러를 주고 겨우 의자 하나를 샀다는 사실에 기가 차서 혀를 내두르는 사람이 있을 수도 있다. 하지만 나는 현금을 주고 그 비싼 의자를 사면서 더없이 기뻤다. 그 의자를 사면서 내가 마치 승자가 된 것 같은 기분이 들었다.

사람들은 "승리가 전부는 아니다"라고 말한다. 헛소리 집어치워라. 패배는 최악이다! 어디 한번 내 앞에 '잘 싸운' 패배자를 데려와 봐라. 그러면 나는 지는 것이 습관화된 사람을 데리고 오겠다.

승리와 패배는 능력의 차이만으로 결정되는 게 아니다. 최고의 성과를 얻어내는 사람들과 나머지 사람들을 구분하는 것은 바로 정신력이다. 지금의 나를 아는 사람들은 내가 한때 자신감과 자기주장이 결여돼 있었고 성공적이지 못한 삶을 살았다는 것을 상상조차 못 할 것이다. 그러나 이것은 사실이다. 불우한 환경에서 자라다 보면 부와 성공은 특별한 사람들에게만 주어지는 신비로운 선물이라고 생각하게 된다. 물론 나는 그렇게 생각하지 않았다. 왜냐하면 내가 아는 것보다 훨씬 더 많은 것들이 삶에 존재한다는 것을 알고 있었기 때문이다. 지금부터 나의 자리를 찾고 승자가 되고자 내가 무엇을 했는지 들려주겠다.

이제 막 사회생활을 시작한 청년이라면 어떤 환경에서 자랐는지 또는 어떻게 출발했는지와 상관없이 자신의 꿈을 이룰 가능성이 충분하다. 꿈에서 새로운 활력을 얻거나 꿈을 포기하려 한다면, 지금이야말로 더 높은 목표를 잡을 때다. 물론 이 책을 한 번 읽는다고 해서 삶이 마법처럼 바뀌지는 않지만, 이 책에 나오는 역량 강화의 원칙들은 분명히 내 삶을 바꿔주었다. 기업가이자 사람들에게 동기를 부여하는 연설가 짐 론 Jim Rohn 은 "성공은 매일 실천하는 몇 가지 단순한 훈련일 뿐이다"라고 했다.

이 책에는 승리하는 자는 승리하도록, 꿈꾸는 자는 꿈을 실현하도록 만들어주는 바로 그 단순한 원리들이 담겨 있다.

· 내가 해냈다면 당신도 해낼 수 있다 ·

나는 인생이란 여정을 믿을 만한 성공 원리 없이 출발했지만 켜켜이 쌓인 경험을 통해 나만의 성공 원리를 찾아냈다. 대체로 실수나 미처 보지 못하는 것을 볼 수 있는 혜안을 지닌 사람의 가르침을 받아서 알게 된 것들이다. 나는 극심한 빈곤에서 벗어나 꿈꾸는 성공한 삶을 이뤄내기 위해 내가 깨달은 성공의 수단과 전략을 적극 활용했다. 내가 '개천에서 난 용'이라는 데는 대부분의 사람이 동의할 것이다. 가진 돈이라고는 몇천 달러가 전부였고, 나는 학교 교육을 8학년까지만 받았다. 그렇다. 나는 15살 때 학교를 자퇴했다. 내가 가진 것은 꿈, 배우려는 의지와 끈질김밖에 없었다. 나는 이것들을 활용해서 거대한 부를 일궜다. 나는 31살 때 주식 거래로 백만장자가 됐고, 1997년에는 나 자신이 세계 최고 주식 트레이더들 중 한 사람임을 증명해냈다.

나는 몇천 달러로 어렵게 25만 달러를 벌었고, 그 돈으로 US 인베스팅 챔피언십 US Investing Championship에 참가했다. 최고의 투자자들이 주식, 옵션, 선물 거래를 하는 실전 투자 대회로 규칙은 간단하다. 1년 동안 가장 높은 수익률을 기록한 투자자가 대회에서 우승한다. 나는 12개월 뒤 25만 달러를 63만 7,500달러로 만들며 US 인베스팅 챔피업십 우승자가 됐다. 무려 155퍼센트의 수익률을 기록한 것이다. 이로써 미국에서 난다 긴다 하는 투자자 수백 명을 꺾고 권위 있는 투자 대회에서 가장 높은 수익률을 기록했다.

그러고 나서 나는 월가에 투자 회사를 설립하고 금융업계에서 영향력 있는 하버드대, 예일대, 프린스턴대 출신 투자자들과 경쟁하기 시작했다. 그들은 어디서 굴러먹다 왔는지 알 수 없는 나 같은 '족보 없는' 투자자들과는 상종하지 않으려고 했다. 하지만 나는 반드시 성공할 거라는 자신감이 있었다. 실제로 투자자로서 남들에게 내세울 만한 배경을 갖추지 못했지만 그 대신 세계에서 손꼽히는 주식 트레이더 중 한 명이 됐다. 나는 미국에서 대형 기관 몇 곳과 전 세계의 주목할 만한 고객들에게 투자 자문을 제공했으며, 유명한 대학교에서 강연도 했고, 책도 세 권이나 써냈다. 영광스럽게도 세 권 모두 베스트셀러가 됐고, 6개 언어로 번역됐다. 전 세계에서 나의 승리 전략을 배우길 원하는 사람들이 나의 투자 워크숍과 세미나에 참여하고 있다. 나는 무엇보다도 내가 좋아하는 일을 하면서 큰 성공을 거뒀다는 것이 가장 만족스럽다.

자랑하려고 이런 이야기를 하는 것이 아니다. 내가 거둔 성공은 내가 지금의 자리에 올 수 있게 해주었다. 내가 궁극적으로 하려는 일을 할 수 있는 자리, 다시 말해 사람들에게 영감을 줄 수 있는 자리에 이를 수 있게 해주었다. 그래서 나의 성공에 대해 이야기하려는 것이다.

사람들은 내게 어떻게 이런 성과를 일궈냈느냐고 자주 묻는다. 장담하건대 내가 특별한 사람이라서, 재능을 타고나서, 또는 운이 좋아서 해낼 수 있었던 것이 아니다. 내게 승리 전략을 각인시킨 사고방식을 적극 수용하고 실천한 결과물이다. 나는 내가 그동안 살아오면서 학습해온 모든 것을 정리해서 지금 당신이 손에 들고 있는 이 책에 핵심만 담아내는 데 거의 2년의 시간을 쏟아부었다.

당신은 무심결에, 우연히, 아니면 의도적으로 이 책을 집어 들었을 것이다. 이 책을 펼친 당신은 아마도 항상 자신의 꿈을 좇고 항상 가고자 했던 길을 걸어왔을 것이다. 지금의 당신보다 가진 것이 더 없는 상태에서 시작한 사람의 사례가 필요하다면, 여기 내가 있다. 내가 해냈다면, 당신도 해낼 수 있다.

· 보물상자 ·

책은 당신이 손에 쥐고 있는 꿈이다.

—닐 게이먼 NEIL GAIMAN

축복은 가장 놀라운 순간에 그 누구도 예상하지 못한 방식으로 온다. 내가 여덟 살 때, 부모님이 이혼하신 뒤 우리 집은 이루 말할 수 없을 정도로 궁핍해졌다. 어머니는 생계보조금을 받아 겨우겨우 생활을 꾸렸는데, 월말이 되면 식권이 떨어져 먹을거리도 충분치 않았다. 나는 어머니가 숨죽여 우는 소리를 들으며 많은 밤을 지새웠다. 힘든 시간이었다. 어린 나이였지만, 나는 이런 것이 내가 원하는 삶은 절대 아니라고 생각했다.

그러다 어머니는 데니스를 만났다. 성공을 꿈꾸던 그는 어머니에게 보다 나은 미래를 약속했다. 그와 만나던 때 어머니는 내가 봤던 그 어느 순간보다 행복해 보였다. 데니스는 어머니에게 희망을 줬다.

그는 정말로 좋은 남자였고, 모두가 그를 좋아했다. 하지만 그는 절대 성공할 수 없는 사람이었다. 그는 집집마다 돌아다니면서 알파벳 A가 세 개 들어가서 '트리플 A'라고도 불리는 미국자동차협회American Automobile Association 회원권을 팔았다. 데니스는 방문판매가 자신이 하고 싶은 일이 아니라고 말하곤 했다. 그는 끊임없이 성공할 '준비'를 했다. 그는 많은 자기 계발 세미나에 참여했고, '자기 권한'을 되찾는 것을 주제로 한 온갖 종류의 책과 테이프를 사들였다. 그러나 그 무엇도 그의 삶에 이렇다 할 차이를 만들어내지 못했다. 제대로 활용하지 못한 책과 테이프에는 집 한구석에서 먼지만 쌓여갔다.

당시 나는 무직에 빈털터리였다. 가난한 사람들은 누구나 그렇지만, 나 역시 부자가 되기를 꿈꾸었다. 어느 날 나는 데니스가 사들인 뒤 거들떠보지도 않고 쌓아둔 책 무더기를 뒤적였다. 그중에서 나폴레온 힐Napoleon Hill의 《생각하라, 그러면 부자가 되리라Think and Grow Rich》를 집었다. 책 제목이 모든 것을 말해주는 것 같았다. 그밖에도 부동산 투자, 협상과 자기 계발에 대한 책이 많이 보였다. 그 책 더미는 '성공 설명서 더미'였다. 마치 우연히 발견한 보물상자의 뚜껑을 열자 그 속에서 황금이 번쩍번쩍 빛나고 천사가 축복의 노래를 부르는 것만 같았다. 나는 밤낮을 가리지 않고 책을 읽었다. 아무리 읽어도 만족스럽지 않았다. 더 많은 책을 읽고 더 많은 테이프를 들을수록, 이 사람들이 성공했다면 나도 성공할 수 있을 거라는 확신이 점점 커졌다. 이 같은 믿음이 나와 데니스의 근본적인 차이라는 생각이 들었다. 그는 참고할 만한 사례를 많이 알고 있었지만, 자신이 그것을 할 수 있다고 정말로 믿지 않았다. 이것이 그가 실천에 옮기는 단계에 이르지 못한 이유라고 생각했다.

순진하게도 나는 책을 꼼꼼히 읽기만 하면 바로 100만 달러를 손에 쥘 거라 생각했고, 아리따운 여자들과 함께 롤스로이스에 탄 모습으로 부동산 전문 잡지의 표지를 장식하는 사람이 될 거라고 생각했다. 하지만 책을 읽으면서 나는 훨씬 더 중요한 것을 배웠다. 책에 등장하는 성공한 사람들에게는 공통점이 있었다. 그것을 승자의 '비결'이라고 해도 될 것이다. 그것들을 따라 한다면 최소한 그들과 비슷하거나 훨씬 더 좋은 결과를 얻을 수 있으리라고 완전히 확신했다.

· 지금의 성공에 도움을 준 성공 공식 ·

나는 책에서 많은 영감을 얻었다. 너무 가난해서 책을 살 수 없을 때는 서점에 가서 선 채로 책을 읽기도 했다. 대학생인 척하고 대학교 도서관에 가서 책을 대출해 한 페이지당 1페니를 주고 책을 복사해서 제본한 적도 있다. 나는 배우는 게 너무나 좋았고, 내가 읽는 모든 것에서 영감을 받았다. 아무리 형편없는 책에도 배울 만한 점이 있다고 생각했다. 이런 경험을 통해 배운 게 하나 있다. 책이 삶을 바꾼다는 것이다. 적어도 나는 그랬다.

이것은 나의 네 번째 책이다. 나는 이 책에 앞서 주식시장에서 금전적으로 성공하는 법에 관한 책을 세 권 썼다. 내가 쓴 책은 모두 지극히 개인적인 목적을 위한 산물이다. 내 가족과 이 세상, 특히 나의 어린 딸에게 남겨주고 싶은 성명서이자 유산이다. 나는 내 딸이 자신의 역량을 강화하고 뚜렷한 목적을 갖고 살기를 바란다. 온전한 삶을 살고, 이 세상에서 의미 있는 차이를 만드는 데 도움이 될 최고의 기회를 가질 수 있기를 바란다. 나는 이 같은 깨달음을 당신과 공유하고자 한다. 나의 인생 궤적을 바꿔준, 몇 년 전에 내가 발견한 보물상자나 다름없는 책과 테이프처럼 이 책이 당신의 삶에 차이를 만들어내고 당신이 지닌 고유한 힘을 계발하는 데 도움이 될 것이라 확신한다.

이제 나는 50대에 접어들었다. 그동안 어떤 길을 걸어왔는지 되돌아보면서 세상을 어떻게 바라보고 접근했는지 그리고 누군가는 극복할 수 없는 난관이라고 했던 것에 맞서서 어떻게 목표를 달성해왔는지 살펴보고자 한다. 나는 성공한 사업가부터 올림픽 금메달리스트까지 다양한 분야의 승자들을 살펴보면서 그들의 성공 전략, 즉 체계적인 접근법을 만들어내기 위해 많은 시간을 보냈다. 그리고 내가 알아낸 것들을 내가 하는 모든 일에 적용해봤다. 나의 접근법이 처음부터 지금처럼 정제돼 있었던 것은 아니다. 오랜 노력 끝에 보편적인 성공 공식을 찾아내고, 이를 내 삶에 적용해 몇 번이나 효과를 봤다. 이 접근법은 내가 가라테 시합에서 경기를 하거나 음악가로서 완벽하게 연주해내야 할 때 효과적이었다. 사업, 부동산, 그리고 주식시장에서 성공하거나 스포츠 시합에 나갔을 때도 도움이 됐다. 전문가 수준의 사진 촬영 실력을 쌓거나 책을 써서 베스트셀러 작가가 되려고 할 때도 효과적이었다. 생중계로 세미나를 하고 대중 앞에서 강연하거나, 권총 사격 대회에 나갔을 때도 도움이 됐다. 나의 도전은 아직 끝나지 않았다. 나는 레오나르도 다 빈치 Leonardo da Vinci 처럼 다방면에서 창의적인 능력을 발휘하는 '르네상스인'이 되고자 완전함을 추구하고 있다.

'와우! 일에, 취미에, 다른 여러 활동까지. 성공 접근법을 적용할 수 있는 활동이 천차만별이구나'라고 생각할 수도 있다. 그렇다. 과정이 올바르면 뭐가 됐든 상대적으로 짧은 시간 내 그 일에 능숙해질 수 있다.

데니스의 책 무더기를 발견한 순간부터 35년이 훌쩍 뛰어넘은 현재, 나는 여전히 정보와 영감을 주는 수많은 책을 읽고 있다. 나의 서재는 수천 권의 책으로 가득 차 있는데, 나는 그 책들을 전부 읽었고, 어떤 책은 셀 수 없이 반복해서 읽기도 했다. 이 책은 30년이 넘는 세월 동안 연구하고 다듬고 개인적 경험에서 얻어낸 교훈을 집대성한 결과물이다. 지혜와 혜안은 내가 계속 성공을 일궈내는 데 필요한 탄탄한 토대와 개인적 전략을 마련해주었다. 나는 이 책을 읽은 모든 이가 지금 내가 알고 있는 것을 깨닫기를 바란다. **도토리가 자라 떡갈나무가 되는 것처럼, 당신에게는 놀라운 잠재력이 있다.**

중요한 것은 올바른 사고방식을 계발하는 것이다. 그러고 나면 당신 내면에 잠자고 있는 챔피언을 깨우고 마땅히 가져야 할 목적의식 있는 삶을 살 수 있을 것이다.

·나의 첫 번째 날개 한 쌍·

숱한 어려움을 겪고 비록 가난한 환경에서 자라났지만, 우리 부모님은 내게 긍정적인 영향을 주려고 노력했다. 때로 좋지 않은 모습을 보이기도 했지만, 분명 좋은 기억이 훨씬 더 많다. 나는 부모님에게 많은 것을 배웠다. 어머니는 내게 사랑이 무엇인지 알려줬고, 아버지는 내게 "밑져야 본전이니 한번 해봐"라며 용기를 주었다. 아버지는 또한 주어진 기회를 놓쳐선 안 된다고 늘 강조했다. 절대로 내가 하려는 일에 반대하거나 내 의욕을 꺾지 않았다. 심지어 15살 때 드럼을 연주하면서 밴드 앨범을 만들겠다며 자퇴하겠다고 결심했을 때도 아버지는 나를 말리지 않았다.

내가 어렸을 때 어머니는 밤에 잠자기 전 침대맡에서 내가 제일 좋아하던 책인 《호기심 많은 조지 Curious George》와 《갈매기의 꿈 Jonathan Livingston Seagull》을 읽어주었다. 이것은 지금까지도 내 가슴 깊은 곳에 간직돼 있는 소중한 어린 시절의 추억 중 하나다. 두 책 모두 내게 좋은 기억으로 남아 있지만, 특히나 《갈매기의 꿈》은 깊은 인상을 남겼다. 잘 알려져 있듯, 이 책은 리처드 바크 Richard Bach가 갈매기를 주인공으로 쓴 우화다. 주인공인 갈매기 조나단 리빙스톤 Jonathan Livingston 은 먹을 것을 찾아 무리 지어 날아다니는 일상이

지긋지긋했다. 조나단은 삶에 대해 알고 싶었고, 자신이 어디까지 날아갈 수 있는지 시험해보고 싶었다. 어머니는 '여덟 번째 생일을 맞이한 나의 아들에게. 조나단처럼 하늘 높이 날아오를 수 있다는 것을 알기 바라며'라고 적은 카드와 함께 이 책을 내게 선물했다. 내 딸의 여덟 번째 생일 때 나 역시 같은 메모와 함께 이 책을 선물했다.

어렸던 내가 이 책에 등장하는 은유적 표현을 제대로 이해했다고 말하기는 어렵다. 하지만 지금의 나는 이 책에 담긴 단순하지만 심오한 메시지를 깊이 이해한다. 내 머릿속을 떠나지 않는 한 구절이 있다. 자신의 한계를 시험하는 대담한 비행을 마치고 돌아온 조나단은 나머지 무리에게 자신이 무엇을 발견했는지 이야기한다. "오랜 세월 동안 우리는 생선 대가리나 쫓으며 살았어. 그러나 이제 우리에겐 살아갈 이유가 있어. 배우고, 발견하고, 자유로워지는 거야! 내게 한 번만 기회를 줘. 너희에게 내가 발견한 것을 보여줄 기회를……."

이 이야기는 어려서는 영감을 줬고, 지금은 목적의식을 상기시켜준다. 내가 발견한 것을 다른 사람들에게 알려주기 위해서는 나 역시 조나단처럼 '무리'로 돌아가야 한다. 나와 함께 성장했던 이들을 떠올려본다. 대부분 나처럼 불리한 조건에 놓여 있었고, 여전히 고단한 처지에서 벗어나지 못하고 있다. 이 책에는 조나단처럼 귀를 기울일 준비가 되어 있는 모두에게 내가 하고픈 이야기가 담겨 있다. 우리 모두 하늘 높이 날아오를 수 있다. 우리 안에 내제돼 있는 잠재력을 믿을 것인가는 오직 자신만이 결정할 수 있는 문제다. 계속 '생선 대가리나 쫓게' 만드는 낡은 방식을 그대로 따르며 살아갈지, 아니면 상상만 해도 아찔한 높이까지 솟구쳐 오를지는 우리의 선택에 달려 있다.

· 당신의 선율은 무엇인가 ·

노벨 물리학상을 수상한 에르빈 슈뢰딩거 Erwin Schrödinger 는 "당신이 무엇을 해왔는지 모두에게 말할 수 없다면, 당신은 그동안 가치 없는 일을 해온 것이다"라고 말했다. 나는 내 이야기, 내 경험, 그리고 내 성공담을 사람들에게 들려주고 영감을 줘서 그들이 무엇을 할 수 있는지 깨달을 수 있도록 노력해왔다. 나는 아주 먼 길을 걸어서 지금에 이르렀지만, 내 진짜 과업은 이제부터 시작이다.

이 책의 목표는 당신에게 자기 권한을 되찾는 수단을 제공하고, 그것을 사용하는 방법을 알려주는 것이다. 당신이 하고 싶은 일이 무엇이든, 자기 권한을 되찾아서 그 일을 이뤄낼 수 있게 해주는 것이다. 이 책을 읽는 모든 사람이 최고의 주식 트레이더가 되거나 스포츠 대회에서 승리하기를 원하지는 않을 것이다. 어쩌면 자신이 하는 일에서 성공하고 많은 돈을 버는 것이 그다지 중요하지 않다고 생각할 수도 있다. 당신이 성취하기를 바라는 것이 무엇이든 간에 그것을 추구하면서 스스로 강해질 수 있다. 지금부터 내가 들려주려는 '승리 철학'을 가슴 깊이 새겨서 당신의 사고방식과 삶을 완전히 바꾼다면 말이다.

우리 내면의 음악으로 다른 사람들을 움직일 수 있다. 누구나 산을 움직이는 기적을 행할 수 있다. 이것은 나의 개인사에 깊이 뿌리내린, 내가 다른 사람들에게 들려주려는 음악이다. 이것은 숱한 난관을 헤쳐 나가야 했던 15살짜리 자퇴생에 대한 이야기다. 나는 땡전 한 푼 없었고, 인맥 하나 없었다. 내게 있는 것은 다른 사람이 성공했다면 나 역시 성공할 수 있다는 믿음뿐이었다. 나는 내 능력과 비전을 굳게 믿었다. 나는 세상에 대담하게 발을 내디뎠고, 당당하게 챔피언이 됐다. 그보다 중요한 것은 내가 값진 삶의 교훈을 배웠다는 것이다.

성공을 논하는 데 있어서 무엇을 성취했느냐가 전부가 아니다. 그보다는 그렇게 이뤄낸 성취로 무엇을 했느냐가 중요하다. 인간의 영혼은 승리 그 이상의 것을 갈망한다. 인간의 영혼은 의미에 굶주려 있다. 바로 이런 마음이 내가 다른 사람들에게 영감을 불어넣겠다는 목표를 갖게 만들었다. 나는 나 스스로 타인의 본보기가 되어 단 한 명이라도 더 행복하고 더 의미 있는 삶을 살도록 도운 뒤 이 세상을 떠나길 바란다. 삶을 바꾸면 인생이 바뀐다.

그러기 위해서는 한 사람에게만이라도 상황이 달라질 수 있다는 것을 보여주면 된다. 한 사람에게만이라도 문제와 장애는 영원한 것이 아님을 보여주면 된다. 그러면 온 세상이 바뀔 수 있다. 일단 누군가가 장벽을 허물면, 그것을 본 사람들도 장벽을 넘어설 수 있다고 믿게 된다. 새로운 길을 개척하는 것이 중요한 것은 바로 이런 이유 때문이다. 자신보다 나을 것 없는 조건에 있던 누군가가 장벽을 허무는 것을 보면 눈앞에 있는 장벽을 허물 가능성이 훨씬 커진다.

1997년 미국여자프로골프협회Ladies Professional Golf Association, LPGA가 개최하는 LPGA 투어에선 한국 여자 골퍼를 단 한 명도 볼 수 없었다. 그런데 1998년 박세리가 주요 골프 대회 2개에서 우승했다. 그러자 새로운 비전이 생겼다. 갑자기 불가능하게 여겨졌던 것이 가능해진 것이다. 박세리는 많은 여자 골프 선수들의 귀감이 됐고, 현재 한국 여자 골프 선수들은 LPGA 골프 대회를 종횡무진하고 있다.

절대 잊지 마라. 당신이 삶에서 매우 중요한 요소가 아니라면, 당

신은 지금 여기 존재하지 않을 것이다. 삶이 던져주는 고난과 문제가 아무리 압도적일지라도, 가장 위대한 변화는 당신이 품은 하나의 생각에서 시작된다. 아이작 뉴턴 Isaac Newton 의 말을 빌리면 "내가 더 멀리 봤다면, 그것은 아마도 내가 거인의 어깨에 올라서 있었기 때문일 것이다." 나 역시 나보다 앞서 새로운 길을 만들어낸 이들의 어깨 위에 올라서 있다.

당신은 내가 했던 것보다 훨씬 더 많은 것을 해낼 수 있다. 왜냐하면 당신은 내가 애써 얻은 지식과 나보다 먼저 새로운 길을 걸은 이들의 도움을 받을 것이기 때문이다. 나는 내가 누군가의 사고방식을 바꿀 수 없다는 것을 안다. 다만, 내가 남긴 흔적이 사고방식을 바꾸는 실마리가 되기를 바랄 뿐이다. '인류'라고 알려진 아름다운 음악은 계속될 것이다. 당신은 이 세상에서 살면서 이 음악에 선율 하나를 더하고 있는 것이다. 내가 하고픈 질문은 '당신의 선율은 무엇인가?'이다.

이 책은 다양한 사례를 통해 어떻게 의식을 고양하고, 모든 일에 최선을 다할 수 있는지 알려줄 것이다. 성취하려는 것이 무엇이든 육체적인 한계는 존재하게 마련이다. 그런데 우리는 항상 정신적 한계에 먼저 부딪친다. 당신의 능력을 제한하는 것은 당신의 처지가 아니라 당신의 사고방식임을 알아야 한다. 옳은 사고방식을 갖추면 누구나 챔피언이 될 수 있고, 자신이 상상하는 모든 것을 이룰 수 있다.

내가 확실히 보장한다.

CONTENTS

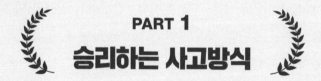

PART 1
승리하는 사고방식

CHAPTER 1. 승자로 살겠다고 결심한 순간
그 즉시 승자가 된다   032

CHAPTER 2. 승자의 7가지 진리

CHAPTER 3. 승자의 자아상을 만들어라

PART 2
완벽하게 연습하라

보너스

CHAPTER 11. 나의 습관화된 연습법   **344**

PART

1

승리하는
사고방식

승자로 살겠다고
결심한 순간
그 즉시 승자가 된다

챔피언들이나 성공한 사람들은 평범한 사람들과 생각하는 게 조금 다르다. 살아가는 기준도 평범한 사람들과 조금 다르다. 궁극적으로 이런 것들이 그들에게 경쟁 우위를 제공한다.

어느 분야에서든 위대해지려면 역량을 개발해야 한다. 배경이나 직업과 상관없이 큰 성공을 이뤄낸 사람들은 승리하는 사고방식을 갖고 있다. 내가 '포괄적 신념'이라 부르는 핵심적인 운영 신념이 바로 이 사고방식을 뒷받침한다.

지금부터 뇌는 컴퓨터 소프트웨어고, 몸은 하드웨어라고 생각해 보자. 알다시피 컴퓨터는 소프트웨어가 없으면 아무런 쓸모도 없다. 소프트웨어가 하드웨어를 통제한다. 포괄적 신념은 모든 프로그램을 구동시키는 컴퓨터 운영 시스템이라고 할 수 있다. 신념 체계는 우리가 하는 모든 결정과 모든 행동의 이면에 존재하는, 눈에 보이지 않는 힘이다. 몸은 신념 체계 안에서 뇌가 시키는 대로 움직인다. 모든 사람에게 신념은 있지만, 모든 사람이 힘을 실어 주는 신념에 따라 살지는 않는다. 이 점은 중요하다. 왜냐하면 당신의 삶은 신념에 의해 주도되기 때문이다.

여기에 비밀이 있다. 레오나르도 다 빈치 Leonardo da Vinci 처럼 그림을 그리고 싶다면, 그처럼 생각하는 법을 배워야 한다. **스님처럼 생각하는 법을 배우지 않고서는 스님이 될 수 없고, 복싱 챔피언처럼 생각하는 법을 배우지 않고서는 복싱 챔피언이 될 수 없다.** 무엇이 효과가 있고 다른 사람들이 무엇을 성취해냈는지 알면 그리고 그 뒤에 숨겨진 사고방식을 이해하면, 그들과 같은 목표를 세우고 심지어 그들을 넘어서는 성과를 낼 수 있다. 승리의 신념에 영감을 받고 힘을 얻으면, 훨씬 더 높은 기준에 자신을 맞춰 나갈 수 있다. 요점은 챔피언처럼 행동하고 싶다면 먼저 챔피언처럼 생각하는 법을 배워야 한다는 것이다.

하버드대 의학박사이며 대체의학 전문가인 디팩 초프라 Deepak Chopra 는 "몸이란 출력물을 바꾸려면 마음이란 소프트웨어를 다시 쓰는 법을 배워야 한다"고 말했다. 성공한 개인의 외적 모습을 모방하거나, 그와 비슷한 지식이나 역량을 보유하는 것만으론 부족하다. 자신의 역량으로 무엇을 할 것인지 결정하는 것은 사고방식이다. 이 책 전반에 걸쳐 강력한 신념과 전략을 탐구할 것이다. 이는 경주나 대회뿐만 아니라 삶에서 승리하는 데도 크게 도움이 될 것이다. 삶에서 승리한다는 것은 매일 아침 열정과 목표를 품고, 당신이 상상해왔던 삶을 사는 것을 의미한다.

· 신념의 원천 ·

자신이 믿고 있는 것을 왜 믿는지, 그 신념은 어디서 비롯됐는지를 궁금해한 적이 있는가? 어느 날 일어났는데 갑자기 어떤 신념이 생기지는 않았을 것이다. 자신이 갖고 있는 신념에 의문을 제기하거나 의심을 가져본 적이 있는가? 현재 품고 있는 신념이 위대함을 추구하도록 이끌어주거나 뭔가 대단한 일을 하도록 만드는가, 아니면 당신의 발목을 잡는가? 여기서 진지하게 고민해봐야 할 질문은 그 신념이 당신을 섬기느냐, 아니면 당신이 그 신념을 섬기느냐이다. 당신의 삶이라는 쇼를 이끄는 진정한 주역은 과연 누구인가?

우리는 태어난 순간부터 끊임없이 쏟아지는 정보의 폭탄에 노출된다. 게다가 다른 사람들, 특히 사랑하고 신뢰하고 존경하는 가까운 사람들이 신념을 형성하지는 않더라도 그 과정에 지대한 영향을 미친다. 우리의 의식과 무의식은 외부에서 들어오는 데이터를 계속 흡수하고 해석하고 걸러내고 처리한다. 일상 속에서 우리는 의식적인 자각 없이 다양한 정보를 흡수한다. 갓난아기였을 때부터 부모, 형제자매, 친구, 선생님, 우리에게 영감을 주는 영웅, 우리가 보는 TV 프로그램, 우리가 듣는 음악, 우리가 읽는 책, 우리가 참석하는 워크숍, 그리고 우리가 자주 방문하는 웹사이트가 영향을 미쳐 어떤 식으로 생각하고, 행동하고, 믿도록 만든다.

우리의 신념 체계는 외부 환경의 영향을 강하게 받는다. 뿐만 아니라 개인적 경험이 신빙성을 더해 강화되기도 한다. 자신의 신념과 일치하는 경험을 많이 할수록 우리의 신념은 더욱 공고해진다. 깊이 감동해서 정서적 애착을 강하게 형성할 수도 있다.

예를 들어보자. 교육이나 학벌을 중요시하는 환경에서 자란 사람은 자신의 자녀에게 소위 명문대에 진학하는 것이 중요하다고 강조할 가능성이 높다. 그가 대학을 졸업하고 학위 덕분에 급여가 높은 좋은 직장에 들어갔다면 교육의 중요성을 강조할 가능성은 훨씬 높아진다. 그의 개인적 경험이 교육이 중요하다는 그의 신념을 강화하기 때문이다.

여기서 하나 짚고 넘어가야 할 부분이 있다. 부모가 어떤 신념을 가지고 있는가는 자녀에게 매우 큰 영향을 미친다. 어린 시절에 가졌던 생각은 성인이 되면서 대부분 신념으로 바뀌기 쉽다. 다시 말해서 우리가 하는 모든 것에 영향을 미치는, 눈에 보이지 않는 힘으로 작용한다.

우리 머릿속 깊이 각인돼 있는 신념은 대부분 수 세대 동안 전해져온 '윗세대가 더 이상 믿지 않아서 물려받은 해진 신념'이다. 무엇을 믿을지 스스로 결정할 수 있을 정도로 성숙해질 때까지 우리는 무의식적으로 사전에 짜여 있는 신념에 따라 움직이는 경향을 보인다.

현재 자신이 어떤 처지에 놓여 있는지 살펴보라. 누구와 얼마나 깊은 관계를 맺고 있는지, 재정 상태가 어떤지 살펴보라. 얼마나 행복한지, 얼마나 열정과 성취감을 느끼는지, 신체적으로 얼마나 건강한 상태인지도 살펴보라. 이제 이것들이 자신에 대해 무엇을 말해주

는지 **생각해보라.** 자신의 신념에 따라 행동한 결과 현재에 이르게 됐음을 이해하라. 자기 권한을 되찾는 것은 자신이 누구인지 발견하고 깨닫는 데서 시작된다. 자신이 되고 싶은 사람이 되려면 그가 믿은 신념을 그대로 믿어야 한다. 그동안 형편없는 결정을 내려왔다면, 이렇게 생각해보자. 지금까지의 신념이 현재 상황을 만들었다. 당신의 미래는 앞으로 믿기로 선택한 신념에 달려 있다!

· 신념의 끌어당기는 힘 ·

신념에는 도덕적 틀을 제공하고, 선호를 설정하고, 한 개인이 성공으로 나아가도록 이끄는 긍정적인 면이 있다. 물론 부정적인 면도 존재한다. 신념은 선입견을 만들어내고, 심지어 평소 생각지도 못했던 일을 하도록 몰아붙일 수도 있다.

인간은 다양한 신념을 가지고 살아간다. 무언가를 강하게 믿으면, 보통 그것을 부정하는 생각은 전부 불신하게 된다. 그 결과, 기본적인 신념 체계와 많은 불신 체계가 생겨난다. 한 예로 하나의 종교를 신봉하면서 그에 따른 모든 신조를 받아들이면, 다른 사람들이 절대적 진실이라고 여기는 사상을 거부하면서 노골적으로 다른 종교를 불신할 수 있다. 역으로 누군가의 신념에 동조하면, 그 사람과 친구가 될 가능성은 커진다. 자신과 사고방식이 비슷한 사람을 좋아하는 것은 쉬운 일이기 때문이다. 또한 대부분은 자신의 생각과 신념에 맞는 이야기를 받아들이는 데 많은 시간을 쓰는데, 이는 당연한 일이다. 뒤집어 보면, 우리는 자신의 기존 생각을 확증하는 사람과 정보들에 둘러싸여 무의식적으로 자신의 세계관을 위협하는 모든 것을 무시하고 묵살하기 쉽다. 이것을 '확증편향'이라고 부르며, 헨리 데이비드 소로Henry David Thoreau는 "인간은 육체적으로나 지적으로나 도덕적으로 받아들일 준비가 된 것만 받아들인다"라고 말했다. 간단히 말해, 사람에게는 선제적으로 자신의 기존 신념을 확증하는 증거를 찾아내는 경향이 있다.

미네소타대학교 연구진은 다음과 같은 실험을 했다. 먼저 실험 참가자들에게 어떤 상황에서는 외향적으로 행동하고 어떤 상황에서는 내향적으로 행동하는 '제인'이란 여성에 대해 이야기해줬다. 며칠 뒤 실험 참가자들을 다시 모아 두 그룹으로 나눴다. 연구진은 그룹 A에게 제인이 도서관 사서에 어울릴지를, 그룹 B에는 제인이 부동산 중개인이 되는 것에 대해 어떻게 생각하는지 물었다. 그룹 A는 제인이 내향적이었다고 기억했고, 이후 그녀가 부동산 중개인에 어울리지 않는다고 말했다. 반면 그룹 B는 제인이 외향적이었다고 기억했고, 그녀가 부동산 중개인에 어울릴 거라고 말했다. 그리고 제인이 좋은 도서관 사서가 될 것 같으냐는 질문에는 부정적으로 답했다.

우리는 자신이 믿는 것을 경험하는 경향이 있다. 사실 우리는 스스로 진실이라고 여기는 것을 유달리 선호한다. 우리는 자신의 신념을 확증하는 정보에 더 많은 무게를 두고, 자신의 신념을 부정하는 증거에는 무게를 덜 둔다. 그리고 어떤 데이터든 자신의 신념을 확증하는 쪽으로 해석하는 경향이 있다. 아울러 신념을 뒷받침하는 사실은 기억하고, 신념을 부인하는 사실은 잊어버릴 가능성이 크다. 이것이 신념이 중요하다고 이야기하는 이유다. 신념은 현실을 만들어낸다.

당신은 무엇을 믿는가? 무엇이든지 그것을 강하게 믿고, 정기적으로 생각하고, 일상 대화의 소재로 삼는다면 당신은 삶 속에서 그것을 상당히 많이 목격하게 될 것이다. 이 책에 등장하는 모든 원칙이 이 전제에서 시작된다.

·신념은 행동을 결정한다·

여기서 분명히 짚고 넘어가야 할 것이 있다. 신념은 반드시 옳거나 그른 것이 아니다. 신념은 그저 신념일 뿐이다. 신념은 무언가에 대한 강한 확신이다. 우리 모두에게는 어떤 핵심적인 신념이 있다. 그것이 자기 자신과 세계를 어떻게 바라볼지를 결정한다. 정말 훌륭한 신념을 가지고 있을 수도 있지만, 반대로 제한적인 신념을 가지고 있을 수도 있다. 제한적 신념은 잠재력을 발휘하지 못하도록 발목을 잡는다.

신념은 (무언가가 우리에게 어떤 의미인지를 표현하는) 심적 표상을 형성한다. 심적 표상은 우리의 기초다. 기초가 튼튼해야 좋은 집을 지을 수 있는 것처럼, 포괄적 신념은 우리가 하는 모든 생각의 견고함을 결정한다. 포괄적 신념은 강한 힘을 갖는다. 왜냐하면 포괄적 신념에는 일반적으로 정서적 투자가 대규모로 수반되기 때문이다. 포괄적 신념은 사실상 우리가 하는 모든 것에 반영되고, 심지어 다른 신념을 형성하는 데도 영향을 미친다. 그에 반해 고립된 신념은 편협하고 일시적이다. 고립된 신념은 특정 상황에 대해 어떻게 생각하고 믿는가를 보여준다. 다음 사례를 살펴보자.

짐은 아내에게 폭력을 행사했다. 그래서 나는 다음과 같이 믿는다.

1. 짐은 나쁜 사람이다.
2. 아내에게 폭력을 행사하는 남자는 나쁜 사람이다.
3. 모든 남자는 나쁜 사람이다.
4. 사람은 태생적으로 나쁘다.

신념의 영역과 범위를 확장할수록 신념은 더 '포괄적'이 되고 더 많은 함축적 의미를 갖게 된다. 그 결과, 위의 신념은 짐에 대한 다른 믿음과 그를 바라보는 시각에 영향을 미칠 가능성이 훨씬 더 커지고, 남자나 인류에 대한 생각에까지 영향을 미치게 되었다. 이것은 포괄적 신념이 세계관을 형성하고, 우리에게 힘을 실어주거나 심각한 제약을 가할 수 있다는 하나의 예시로, 그렇다고 해서 우리의 행동이 포괄적 신념과 항상 조화를 이루는 것은 아니다. **생각과 행동이 다르면 자기 파괴로 이어지는 내적 갈등이 불거진다. 물론 장기적으로는 포괄적 신념이 승리한다. 포괄적 신념에 반하는 것은 조류를 거슬러 헤엄치는 꼴이기 때문이다.**

무언가를 굳게 믿으면 그것이 정체성의 일부가 되고, 그 순간부터 당신은 스스로를 어긋나게 바라보는 일이 드물어진다. 이런 경우로 돈을 많이 벌어도 빈털터리가 되거나 새로운 사랑을 찾아도 이전 연인과 갈등을 빚은 문제로 또 싸운다. 스스로 부족하거나 자격 없는 사람이라고 생각하면, 어떤 삶을 살아가느냐는 중요하지 않다. 신념 체계가 한 개인의 행동 방침을 좌우할 것이기 때문이다.

다음과 같은 상황을 생각해보자. 누군가를 죽인다면 1,000만 달러를 벌 수 있다. 게다가 살인을 저질러도 절대로 경찰에 붙잡히지 않을 것이다. 당신은 돈 때문에 살인을 저지를 수 있는가? 아니라고 답하는 사람은 1,000만 달러가 필요하지 않아서가 아니다. 그 돈을 갖기 위해서 반드시 해야만 하는 행동이 자신의 가치 및 신념 체계와 충돌하기 때문에 거부한 것이다. 다시 말해, 자신의 핵심적인 운영 시스템을 무너뜨릴 수 없었던 것이다. 이러한 충돌은 '인지적 불협화'라고 불리는 심리학적 원칙 때문에 일어난다. 인지적 불협화는 신념이 행동과 모순될 때 생기는 불편한 심리적 상태를 가리킨다. 이처럼 신념은 한 개인이 무엇을 하고 무엇을 하지 않을지를 결정한다. 당신의 행동을 결정짓는 것은 당신의 역량이 아니라 당신이 자신을 어떻게 바라보느냐이다.

현실에서는 보통 이렇게 극단적인 상황이 생기지 않는다. 다만 매일 자신의 신념에 맞게 행동하기 위해서 선택해야 하는, 다시 말해서 자유 의지를 발휘해야 하는 상황에 처한다. 이에 반하게 행동하면 자기 파괴로 이어진다. 이를 극복하는 방법은 사고와 행동 방식을 우리에게 힘이 되는 신념과 조화시키는 것이다. 이 행위만으로도 금세 자기 권한을 되찾을 수 있다.

·뇌는 변할 수 있다·

우리는 사고의 주인이다. 그러므로 무엇을 어떻게 바라볼 것인지 스스로 결정할 수 있다. 달라이 라마 Dalai Lama는 "미래에 자신에게 무슨 일이 일어날지 알고 싶다면, 지금 자신의 마음을 들여다봐라"라고 말했다. 자유는 우리 자신의 현실을 선택할 뿐만 아니라 만들어 가는 힘이다. 승자처럼 생각하고 믿는 법을 배우면, 당신도 승자처럼 행동할 수 있고 승리를 경험할 수 있을 것이다. 왜냐고? 당신의 뇌가 승자의 뇌처럼 굳어지기 때문이다.

사람들은 성인이 되면 뇌가 굳어져서 좀처럼 변할 수 없다고 생각한다. 사춘기가 지나면 뇌는 퇴행할 뿐이라고 믿는다. 하지만 실제로는 전혀 그렇지 않다. 기술 발전 덕분에 뇌가 뇌세포와 뉴런 사이의 화학적 신호를 통해 서서히 물리적 구조를 바꾸는 '신경가소성'이라고 불리는 현상이 확인됐다. 간단하게 말해서, 인간의 뇌는 스스로 바꾸는 능력을 갖고 있다. 구조와 신경 경로를 바꿀 수 있고, 심지어 새로운 세포를 성장시킬 수도 있다. 당신의 뇌는 변할 수 있다! 당신은 지적 능력을 높이고, 새로운 역량을 익히고, 원하는 모습이 될 수 있다. 이런 변화가 일어나는 동안에 뇌는 더 이상 필요하지 않거나 유용하지 않은 신경 연결을 끊고 필요한 신경 연결을 강화해 '시냅스 가지치기'(신경 발달 과정의 하나로, 발생 초기에 지나치게 많이 만들어진 시냅스가 신경 활동에 의해 필요한 부분만 남고 제거되는 현상—역주)를 한다. 점자를 읽는 사람은 점자를 읽지 못하는 사람보다 뇌에서 손 감각령(대뇌피질 속에 감각을 일으키는 신경세포가 모여 있는 영역—역주)이 더 크다는 것이 확인됐다. 이것은 유전적 특성이 아니며, 학습된 역량이 뇌의 생물학적 변화로 이어진 결과다. 《당신도 초자연적이 될 수 있다 Becoming Supernatural》에서 조 디스펜자 Joe Dispenza 박사는 다음과 같이 설명했다.

우리가 무언가를 생각할 때, 우리의 뇌에서는 생화학적 작용이 일어난다.

우리의 뇌에서는 어떤 화학적 신호가 방출된다. 우리가 하는 생각은 말 그대로 물질이 된다. 이러한 신호나 전달자는 우리가 생각한 그대로 우리 몸이 정확하게 느끼도록 만든다. 자신이 어떻게 느끼고 있는지 자각하면, 우리는 그 느낌과 밀접하게 관련된 생각을 더 많이 하게 된다. 그러면 우리는 거의 비슷한 느낌을 경험하기 위해 뇌에서 더 많은 화학물질을 방출하도록 만든다.

·의미를 만드는 것은 바로 나·

인간은 생각하고, 분노나 슬픔이나 더없는 행복을 느끼는 유일한 생물이다. 인간만이 무언가가 자신에게 갖는 의미를 결정할 수 있다. 인간은 자신이 제일 좋아하는 색깔이 파란색인지, 또는 머스터드 소스보다 마요네즈를 더 좋아하는지 결정할 수 있는 유일한 존재다. 이것이 무엇을 의미할까?

우리가 무언가에 의미를 부여하지 않는다면, 삶에서 그 무엇도 의미를 가질 수 없다. 인간은 스스로 경험을 창조해내는 존재지만, 경험을 창조하는 능력은 저절로 발휘되지 않는다. 즉 이 모든 것은 인간이 지닌 능력 중 가장 강력한 '선택할 자유'를 행사해야만 발휘된다. 모든 행동의 이면에는 마음의 눈으로 그린 생각의 붓질이 남아 있다. 이러한 생각을 바탕으로 행동하기 때문에 무의식 속에 이미지가 삽입된다. 삽입된 이미지는 정체성과 연결되고, 이미지는 우리의 현실이 된다. 디스펜자 박사는 인간이 두려운 생각을 하게 되는 과정을 이렇게 설명했다. 갑자기 두려움이 찾아들면, 이런 감정이 더 두려운 생각을 하게 만들고, 결국 생각이 감정을 만들고, 감정이 생각을 만드는 '무한 루프'에 빠지게 된다는 것이다. "뇌에서 이 같은 회로를 계속 활성화시키면 우리의 뇌는 동일한 패턴으로 굳어진다. 그 결과, 우리의 뇌는 과거 생각의 유물이 된다. 자동적으로 같은 방식으로 생각하고, 머릿속에 같은 이미지를 만들어내게 된다."

하지만 대다수는 이 '자율신경증적 루프'의 존재는 물론이고 자신이 거기에 갇혀 있다는 사실 자체를 인지하지 못한다. 그러다 보니 부정적이거나 와해하는 감정을 피하는 능력을 이용할 줄은 모르고, 오히려 감정적으로 반응하거나 이때 느껴지는 감정에 이름표를 붙인다. "교통체증 때문에 스트레스를 받는다", "그녀가 날 화나게 한다", "넌 나에게 과도한 압박감을 준다"라는 식으로 누군가나 무언가에 책임을 돌리고 자신의 책임을 포기해버린다.

그러나 이 세상에는 스트레스가 없다. 그저 스트레스로 가득 찬 생각만 있을 뿐이다. 이 세상에는 두려움도 없다. 그저 두려움으로 가득 찬 생각만 있을 뿐이다. 이런 감정을 만들어내는 주체는 우리 자신이다. 우리의 경험이 우리에게 어떤 의미로 다가올지를 결정하는 것도 우리 자신이다. 감정은 그저 난데없이 생기지 않는다. 감정은 우리 내부에서 생성된다. '외부에 존재하는' 모든 것은 '인지자'인 우리가 해석하길 기다리는 날것의 비정형 데이터다.

윌리엄 셰익스피어 William Shakespeare 는 "좋고 나쁜 건 없다. 생각이 그렇게 만들 뿐이다"라고 했다. 그 누구도 우리의 감정을 좌지우지할 수 없다. 누군가의 말이 마음에 들지 않을 수도 있다. 상대방의 말이 모욕적이거나 자신을 깔아뭉개는 것처럼 여겨질 수도 있다. 하지만 그 누구도 우리가 그런 식으로 느끼도록 만들 순 없다. '그 누구도' 말이다. 무언가나 누군가를 어떻게 느낄지 결정할 힘은 오직 우리 자신에게 있다. 마찬가지로 우리는 다른 사람의 말이나 행동을 통제할 수 없다. 누군가는 이런 사실을 인정하고 싶지 않을 수도 있지만, 우리는 이 같은 사실에서 상당한 자유를 느끼게 된다. 왜냐하면 우리가 다른 사람을 통제할 수 없듯, 다른 사람도 우리를 통제할 힘이 없다는 것을 깨닫게 되기 때문이다.

'평화 순례자'라 불리는 밀드레드 미세트 노먼Mildred Lisette Norman 은 영적 스승이자 평화주의자이자 평화운동가다. 노먼은 세계 평화를 위해서 4만 킬로미터가 넘는 거리를 행진하던 중 부랑죄로 수감된 적이 있다. 감옥에서 풀려나는 그녀에게 한 관계자가 "당신은 감옥에 수감되기 전이나 뒤나 별반 다를 게 없어 보이는군요"라고 말하자 노먼은 "감옥에 가둘 수 있는 것은 오직 나의 육체뿐이니까요. 나는 단 한 번도 감옥에 있다고 생각하지 않았어요. 당신도 마찬가지입니다. 스스로 자신을 감옥에 가두지 않는다면, 그 누구도 당신을 감옥에 가둘 수 없습니다"라고 답했다.

· 사건이 아닌 생각이 삶을 운전한다 ·

이 세상에 행복이나 신뢰나 고통은 없다. 이 모든 것은 우리가 어떤 상황에 투사한 감정이고 의미에 불과하다. 믿지 못하겠는가? 그렇다면 지금 당장 바지 주머니나 지갑에 신뢰라는 것이 들어 있는지 뒤져봐라. 아마도 동전 몇 개만 있을 뿐, 당신이 찾는 신뢰는 없을 것이다.

감정을 만들어내는 것은 우리에게 일어난 사건이 아니다. 그 사

건에서 무엇을 믿느냐, 다시 말해서 그 사건에 무슨 의미를 부여하느냐가 감정을 만들어낸다. 이것은 매우 중요하므로 제대로 이해해야 한다. 왜냐하면 과거에 일어난 일은 바꿀 수 없지만, 그것이 자신에게 무엇을 의미하는지는 선택할 수 있기 때문이다. 인간은 협소한 사실만 선택적으로 받아들이고 자신이 인지한 것을 바탕으로 무슨 일이 일어났는지 파악하고 그 일에 의미를 부여해 서사를 만들어낸다. 자아감과 자존감은 이렇게 만들어진 서사에 단단히 묶여 있다. 하지만 우리가 느낀 모든 감정이 그렇듯, 이 서사 또한 순전히 우리가 스스로 생각해서 만들어낸 것에 불과하다. 다시 말해, 우리는 이 서사를 통제할 수 있다.

과거의 사건은 조명 기구이고, 과거 사건에 대한 생각은 전구라고 생각해보자. 너무 강하거나 너무 어둡다면 전구를 바꾸면 된다. 조명 기구(과거 사건)는 두고, 전구(의미)만 교체하는 것이다. 여기에 행복의 비밀이 있다. 그 무엇도 우리의 감정을 좌지우지할 수 없다. 이미 일어난 일에 우리가 부여하는 의미가 우리의 감정을 좌지우지할 힘을 만들어내는 것이다. 살아가면서 경험하는 모든 일을 어떻게 받아들일지는 우리만이 결정할 수 있다. 여기에는 과거에 일어난 일을 받아들이는 방식도 포함된다. '공식적인' 사실을 다른 것으로 대체하라는 뜻이 아니다. 그 사실이 의미하는 바를 대체하거나 수정하라는 것이다. **과거가 화석처럼 바위에 단단하게 새겨져 있는 것이 아니라는 사실을 이해한다면, 우리는 원치 않은 경험이 갖는 의미를 수정함으로써 스스로를 옭아매왔던 쇠사슬로부터 해방될 수 있다.**

우리가 살아가면서 하는 수많은 경험은 대개 기억 속으로 사라진다. 그리고 우리는 자신에게 들려주는 이야기 속에서 과거의 경험을 좋게 각색하는 경향이 있다.

과거에 일어난 사건을 바꿀 수는 없지만, 과거 벌어진 사건의 무게감을 달리하고 현재 의미하는 바를 바꿀 순 있다. 실제로 어떤 일이 일어났는지는 우리가 지금 이 순간 부여하는 의미만큼 중요하지 않다. 관점을 달리해서 과거를 돌아보면, 어수선하고 혼란스러운 생각과 이해 또는 분노와 고통을 공감과 연민으로 바꿀 수 있다.

예를 들어 보자. 부모님이 지나치게 엄격하거나 강압적이어서 어린 시절 내내 불만을 가진 사람이 있다. 그는 이런 감정이 해소되지 않아 어른이 된 뒤에도 부모님이 자신을 사랑하지 않았다고 의심한다. 그런데 부모님은 자신의 신념을 바탕으로 최선을 다해 당신을 키운 것이라고 말한다. 그는 이제 어린 시절을 어떻게 바라볼까? 당신의 시선이 달라지지 않았을까?

'내가 부여한 의미 이외의 의미를 갖는 것은 아무것도 없다.' 다음 주부터 이 문장을 하루에 여러 번 되뇌기를 바란다. 이 말은 삶은 도화지이며, 그 도화지에 무엇을 그릴지 선택하는 것은 당신 자신이라는 사실을 상기시켜줄 것이다. **우리가 살아가면서 겪는 사건에 옳거나 그른 것은 없다. 그저 그것에 의미를 부여할 뿐이다. 그러면서 그것이 좋은 경험인지 나쁜 경험인지, 도덕적인 일인지 비도덕적인 일인지, 스트레스를 주는 일인지 유쾌한 일인지 구분한다. 우리가 그 일을 어떻게 경험하고 어떻게 받아들일지 결정하는 것이다.**

누군가는 실패로 보는 일을 누군가는 귀중한 피드백으로 여긴다. 이런 일은 그냥 일어나지 않는다. 살아가면서 일어난 모든 것에 의미를 부여한 결과다. 이는 행복과 성공을 결정짓는 기본적인 열쇠이기도 하다.

· 신념에 도전하라 ·

어린아이들은 산타클로스가 존재한다고 믿는다. 나도 어렸을 때는 산타클로스가 있다고 믿었다. 내가 이런 신념을 갖고 태어난 게 아니다. 산타클로스가 있다고 들었고, 크리스마스 아침이면 내가 갖고 싶어하던 선물이 담긴 예쁜 상자가 눈앞에 놓여 있는 것을 보면서 그런 신념을 갖게 됐다. 이런 일을 겪으면서 나는 무엇을 알게 됐을까? 나는 산타클로스가 진짜로 존재한다고 생각하게 됐다. 그러던 어느 날, 나는 한밤중에 깨어났다가 선물을 포장하는 어머니를 봤다. 그리고 크리스마스 전날 어머니의 옷장에서 그 선물 상자를 봤다. 나의 신념은 갑자기 도전을 받았다. 나는 산타클로스가 진짜로 존재하는지 확신할 수 없었다. 의심에 사로잡힌 나는 선물 상자 중 하나에 빨간 펜으로 작게 표시를 해놓았다. 크리스마스 아침, 크리스마스트리 아래 그 상자가 놓여 있는 것을 본 나의 의심은 확신으로 바뀌었다. 순간, 나는 모든 것을 알아채버렸다. 어머니가 산타클로스였던 것이다! 이 새로운 신념은 친구에게 무슨 일이 있었는지 들으면서 확실하게 굳어졌다. 친구도 어머니가 크리스마스트리 아래 선물 상자를 놓는 것을 봤다고 말했다. 학교의 다른 친구들은 아예 내게 산타클로스는 없다고 말해주었다!

어떤 사람들은 어린 시절에 갖게 된 신념에 영원히 얽매여 살아가고, 또 어떤 사람들은 다른 사람들이 믿어야 한다고 주장하는 그 어떤 것을 믿으면서 살아간다. 설령 그들의 사고방식이 의미 있는 결과를 내놓지 못하더라도 말이다. 이처럼 신념은 다른 사람들에게 영향을 받거나 심지어 조작될 수 있는 반면, 스스로 무엇을 믿을지 선택하고 자신이 원하는 사람이 되고자 훈련할 수 있다. 우리에게는 놀라운 학습력과 선택력이 있기 때문이다.

대부분의 학습 경험은 조건과 의지 없이 이뤄진다. 왜냐하면 사람들은 대개 자신의 마음에 무엇이 유입되고 어떤 변화가 일어나는지 관찰하거나 단속하지 않기 때문이다. 이는 자신의 신념을 의심하지 않는 행위라 할 수 있다.

대부분이 진정한 잠재력이나 우주의 본체로서 참된 나를 의미하는 '대아大我'를 실현하지 못하는 이유는 바로 그들이 가지고 있는 제한적 신념 때문이다. 제한적 신념은 우리가 세상을 어떻게 바라볼지 결정한다. 우리의 성격은 어린 시절, 난처한 상황에 처할지도 모른다는 두려움, 체면을 잃을지도 모른다는 두려움, 그리고 초라하게 보일지도 모른다는 두려움에 의해 형성된다. **뭔가 잘못될지도 모른다는 두려움을 바탕으로 형성된 신념을 고수하다 보면 당신이 꿈꿔온 삶을 이뤄나가는 것은 점점 요원해진다. 어른의 세상에서도 겁먹은 어린아이로 남아 있게 될 것이다.** 설령 성공을 경험하더라도 지금의 위치까지 데려다준 사고방식이 앞으로도 원하는 곳으로 데려다줄 것이라는 보장은 없다. 그래서 개인이 성장하기 위해서는 반드시 새로운 사고방식이 필요하다.

매우 불우한 환경에서 자란 탓에 어린 시절에 나는 부정적인 사례에 둘러싸여 있었다. 성공해서 더 나은 삶을 살기 위해서는 어린 시절 나에게 깊이 각인된 신념을 대부분 재조정해야 했다. 나는 다음의 세 단계로 나의 신념을 재조정했다.

1. 오래된 신념에 도전해 불안정하게 만들어라. '현재의 신념이 나

에게 얼마나 방해가 되고 제약이 되는가?' 스스로에게 물어라.

2. **새로운 대체 신념을 찾아라.** '나의 제한적 신념과 직접적으로 충돌하는 무언가를 받아들일 수 있는가?' 스스로에게 물어라.

3. **반복해서 새로운 신념을 강화하라.** '이 새로운 신념을 어떻게 인정하고 강화할 수 있는가?' 스스로에게 물어라.

·중독을 끊어내라·

자기 자신에 대해 어떤 신념을 갖게 되면, 그 신념에 부합하는 행동만 할 가능성이 커진다. 그 결과, 그 신념이 더욱 강화되고 비슷한 행동만 권장된다. 이와 유사하게 다른 사람에 대해 어떤 신념을 갖게 되면, 그 신념을 확인하고자 그 사람에게 그 신념대로 행동하도록 요구하게 된다. 이는 연구를 통해서도 입증된 바다.

지금 당신의 신념을 바꾸는 데 방해가 되는 것은 무엇인가? 대부분의 경우, 자신만의 문제에 중독되면 신념을 바꾸기가 어렵다. 우리는 생존의 기반이 되는 감정을 충족시키기 위해서 스트레스 반응을 생성할 수 있도록 주변에 부정적인 자극을 유지한다. 스트레스 반응이 일어나면 우리 몸에선 힘이 불끈 솟아나게 만드는 화학물질이 생성된다. 이 힘은 우리가 각자 안고 있는 문제에서 비롯되며, 스스로를 믿는 자기 자신의 정체성을 강화한다. 그 결과, 우리는 무의식적으로 자신의 고통에 중독된다. **우리는 일상생활에서 곤란한 상황, 소소하거나 중대한 문제들이 사라지면 무엇을 해야 할지 또는 어떤 감정을 경험할지 알 수 없다는 두려움을 안고 살아가도록 스**

스로를 길들인다. 이런 상태에서 우리는 자신이 누구인지 생각조차 못 하게 된다. 이것이 바로 우리를 신경증적인 성향에 집중하게 만드는 학습된 무질서다. 그리고 이로 인해 자신의 진정한 의도, 즉 진의眞意에 집중하지 못하게 된다.

우리 모두에게는 신경증적 습관이 있다. 두려움과 걱정은 내가 '자율신경증적 반응'이라 부르는 어떤 행동을 촉발한다. 우리는 의식적으로 사고하지 않고 자극에 반응하는 파블로프의 개와 비슷하다. 우리는 자신의 문제에 대해 계속 불평을 쏟아내고 그것에 대해 끊임없이 이야기한다. 왜냐하면 우리는 동질감을 느끼는 것에 친밀하고 안정된 감정을 갖기 때문이다. 자고로 동병상련이라 했다. 어떤 사람들은 뇌에 자극을 주기 위해 무의식적으로 갈등을 찾는다. 정확하게는 갈등을 찾고자 하는 게 아니라 자신이 갈등을 찾아 헤맨다는 것조차 인지하지 못한다. 그 와중에 끊임없이 소란을 일으켜서 뇌의 '사고 스위치'를 켜고자 한다. 항상 말다툼하고 논쟁하는 부부의 모습에서 이를 확인할 수 있다. 이들이 이런 신경증적 행동을 계속하는 것은 바로 자극이 필요하기 때문이다. 갈등이 야기한 감정적 혼란은 뇌를 활성화시키는 스트레스 화학물질을 만들어낸다.

부정적인 감정은 마음을 누그러뜨리도록 미리 프로그래밍된 반응을 일으키는데, 이것은 그 무엇도 해결하지 못한다. 실제로 이런 반응은 역효과를 낳거나 매우 불건전한 결과를 초래할 뿐이다. 진짜 문제는 우리가 이런 반응에 중독된다는 것이다. 시간이 흐르면서 이는 우리 정체성의 일부가 되고, 이런 반응에 익숙해진 채 살아가게 된다. 좋든 싫든 간에 그렇게 반응하면서 편안함을 느낀다.

그런데 굳이 그럴 필요가 있을까? 그저 유전자 때문에 불행하게

살아가는 것이 우리의 운명은 아니다. 그리고 우리의 뇌는 평생 어떤 식으로 사고하고 행동하도록 굳어지지 않았다. 습관이 운명이 되는 지점까지 우리 몸 깊이 스며들지 않았을 수도 있다. 우리는 신경증적 의존성을 역전시킬 수도 있다. 우리가 자신의 문제에 중독된 것처럼, 이 불건전한 사고방식을 다른 것으로 대체할 수 있다. 사랑, 열정, 기쁨, 감사, 영감에서 긍정적인 에너지를 끌어들일 수 있다. 모든 것은 앞으로 어떤 사람이 될지 결정하는 데서 시작된다. **변화는 새로운 행동 양식을 반복하고 제한적 신념을 자신에게 힘이 되는 새로운 신념으로 대체하면서 시작된다. 변화는 스스로 정신력을 실현함으로써 시작된다.** "나의 완벽한 하루는 어떤 모습일까?"라고 스스로 물어봐라. 모든 소소한 것을 생생하게 경험하면서 마음 깊은 곳에서부터 충만해지는 완벽한 하루를 살아라.

처음에는 쉽지 않을 것이다. 이를 위해서는 의식적으로 자신의 성향을 인지하고 현재의 감정에서 벗어나고자 노력해야 한다. 특히나 사고방식이 부정적인 감정에 좌우되는 경우라면 더욱 그러하다. 비록 지적인 의식이 기쁨을 원하고 그 문제를 이해할지라도 무의식은 다르게 느끼도록 프로그래밍되어 있을 것이기 때문이다. 아무리 고통스럽고 충격적일지라도 우리는 늘 과거를 기억하고 되새긴다. 왜냐하면 그 과거가 자신이 누구이고 어디서 왔는지 상기시켜주기 때문이다. 과거의 문제와 역기능에서 발생한 감정에 매몰되어 있다면, 자율신경증적 자아가 형성됐을 가능성이 높다.

우리가 자신의 마음을 관리하고 적절한 메시지를 전달하기로 결정한다면, 문자 그대로 '내부 코드'를 다시 쓸 수 있다. 이것이 내가 '자동 구체화'라고 부르는 학습된 습관이다. 우리는 생각만으로 신체적인 경험을 하지 않고도 신체에 감정 신호를 보내고 일련의 유전적 사건을 바꿀 수 있다. 경주에서 이기거나, 복권에 당첨되거나, 파격적으로 승진하는 것 등과 같은 감정을 마주하기 위해 실제로 이런 일을 경험할 필요는 없다. 생각만으로도 그런 감정을 만들어낼 수 있다. 우리는 신체가 이미 그 사건을 경험하고 있다고 믿을 정도로 마음으로 기쁨과 감사를 경험할 수 있다. 마음으로 긍정적인 감정을 경험하면, 자동적으로 마음이 그 긍정적인 감정을 실질적으로 경험할 수 있도록 신체를 움직인다.

· 정신적으로 목표한 바를 먼저 달성하라 ·

정신적 중독과의 단절은 자신의 내부와 외부의 대화를 면밀히 관찰하는 데서 시작된다. 우리는 자신에게 계속해서 이야기를 들려주는 작가이자 서술자다. 우리가 무슨 생각을 하고, 무슨 말을 하고, 어떻게 행동하느냐가 모든 경험과 우리의 삶 속으로 들어오는 모든 것을 결정한다.

삶의 질은 살면서 경험하는 사건들에 부여하는 의미의 질과 자신과의 소통 방식에 의해 결정된다. 왜냐하면 동일한 메시지만 계속 듣다 보면 결국 그것을 믿게 되기 때문이다. 자각의 목적은 더 이상 원하지 않는 생각과 감정이 자신도 알지 못한 채 스쳐 지나가도록 내버려두지 않는 것이다. "나는 매일 무슨 생각을 하고 어떤 대화를 하고 무슨 행동을 하는가?"라고 스스로에게 물어라.

운명을 바꾸고자 한다면 먼저 자기 삶의 서사를 좌우해야 한다. 사고방식과 대화 방식을 통제함으로써 개인적 진실과 두뇌회로를 다시 쓸 수 있다. **생각, 감정, 표현 방식을 바꾸면 자신에게 새로운 신호를 전달하게 된다. 새로운 신호는 두뇌에 새로운 단백질을 신속하게 전달한다. 심리 작용이 생리 작용이 되는 것이다.**

다른 사람과의 소통 방식을 머릿속에 계속 맴도는 노래마냥 깊이 새겨라. 그 노래는 정체성의 성가가 될 것이다. 새로운 자신이 되고자 한다면 새로운 메시지를 담은 새로운 멜로디를 만들어내는 것을 목표로 삼아야 한다. 오래된 사고방식과 충돌하는 새로운 신념을 받아들이고 강화하면, '낡은 자신'을 해체할 수 있다. 도달하려는 지점을 상상하고 그곳에 이미 도달한 것처럼 상상하면서 살면, 우리의 마음이 현실과 상상의 괴리를 줄여갈 것이다. 이처럼 생각하면 의식이 확장되고, 상상을 실현할 기회가 생길 것이다. 매일 이런 마음 상태를 반복하다 보면 시간이 흐를수록 일상화되고 자연스러워진다.

그 결과 무의식적이고 자동적으로 행하게 된다.

어떻게 그렇게 되는 것일까? 잠재의식에는 상상하던 것이 실재하는 것이 된다. 곧 떠날 휴가, 하고 싶은 사업, 되고 싶은 사람 등 무언가에 집중하면, 그 집중이 순간적으로 다른 때였다면 떠올리지 못했을 아이디어와 생각을 만들어낸다. 심리 작용마저도 마치 현실인 양 머릿속의 이미지에 반응한다. 하루에 10번이고 20번이고 이런 마음을 갖는다면, 정말로 원하던 것을 이룬 것처럼 느껴지고, 성공의 이미지가 잠재의식에 깊이 각인된다. 마음에 깊이 새겨진 이미지는 새로운 중독이 된다.

문제는 대부분의 사람이 새로운 미래를 자주 되새기거나 정신적으로 생생하게 경험하지 않아서 그 이미지가 잠재의식에 깊이 각인되지 못한다는 것이다. 하지만 가난하지만 풍요롭게 살기 위해 끊임없이 노력하는 자신을 본다면, 마음은 자동적으로 부자가 되는 데 필요한 일을 찾도록 집중하게 될 것이다. 또한 이렇게 집중하다 보면 쭉 그곳에 있었던 기회를 지금까지 보지 못했다는 사실을 깨닫게 될 것이다.

이쯤에서 소로의 말을 인용해보겠다. "신체적 길을 새기기 위해서 우리는 걷고 또 걷는다. 깊은 정신적 길을 만들기 위해서 우리는 생각하고 또 생각해야 한다. 자신의 삶을 지배하길 바라는 생각을 거듭해야 한다." 아무 노력 없이 얻어지는 것은 없다. 마음속에서부터 그것을 확신해야 몸이 확신을 갖고 움직일 수 있다. 현재 시제로 자신의 꿈을 살고, 정신적으로 지금의 위치와 원하는 위치 간의 간극을 좁히면 꿈을 실현할 수 있다.

US 인베스팅 챔피언십에서 우승한 해, 나는 매일 아침 일어나 거울을 보며 "좋은 아침이야, 1997년 US 인베스팅 챔피언십 우승자"라고 말했다. 나는 내가 우승자가 될 거라는 절대적인 확신이 있었다. 사람들이 잘 되어가고 있느냐고 물을 때마다 나는 이미 우승했다고 말했다. 이같은 확신은 내가 US 인베스팅 챔피언십에서 우승하는 데 있어 추진력이 되어주었다.

2019년 생방송 인터뷰에서 골든스테이트 워리어스의 파워 포워드인 드레이먼드 그린Draymond Green은 "그저 실수로 무언가를 대단히 잘하게 되는 게 아니다"라고 말했다. 그는 다음과 같이 말했다. "경쟁자로서 자신이 최고라고 생각하지 않는다면 당신은 이미 실패한 것이다. 내가 기억하는 한, 나는 항상 이런 마음가짐으로 대회에 임했다. 경기장에 발을 들일 때마다 나는 최고의 선수가 되려고 노력하며, 항상 내가 최고라고 생각한다. 내가 하는 일은 내가 최고로 잘한다고 생각한다. 이 같은 마음가짐이 내가 최고가 될 수 있게 했다."

'성공한 사람이 되겠다'가 아니라 '이미 성공했다'고 마음먹으면, 그런 마음가짐으로 매일을 살아갈 수 있다. 정신적으로는 '목표로 한 곳'에 이미 도달한 것이나 다름없다. 신체적으로 목표한 바를 이루기 전에 정신적으로 목표한 바를 먼저 달성하라. **승자처럼 살겠다고 결심한 순간, 그 즉시 승자가 된다. 그러면 대회에서 승리하고, 삶에서 승리하는 것이 가능해진다. 하지만 먼저 새로운 정체성을 갖고 살아가면서 현재의 위치와 있고자 하는 위치의 간극을 메워야 한다.**

성공하고 꿈을 실현하는 데 필요한 모든 것은 이미 우리에게 있다. 그저 더 나은 자신과 조화를 이루면 된다. 그러나 이 기회를 얻는 사람은 소수에 불과하다. 왜냐하면 우리는 자신의 문제와 신경증적 역기능이 제공하는 안락함과 '조화' 속에서 살아가는 데 중독돼 있기 때문이다.

·최고 모습을 찾아내라·

우리의 성격은 어떻게 생각하고 느끼고 행동하느냐에 의해 결정된다. 일상적으로 어떤 생각을 하고, 어떤 사람과 대화하는지 면밀히 관찰하면 정신적으로 무엇에 중독됐고, 신경증적으로 어떻게 움직이는지 알 수 있다. 자신을 되돌아본 결과, 과거의 경험에 길들여지고 습관적으로 부정적인 생각을 해왔을 수 있다. 이런 모습도 충분히 바뀔 수 있다.

사고방식부터 살펴보자. 앞서 생각하거나 걱정이나 후회로 과거를 되돌아보는 데 대부분의 시간을 쓰는 자신을 발견할 수 있다. 이런 경우 진짜로 '목표하는 곳'에 도달할 수 있을 때까지 먼저 정신적으로 그곳에 머물도록 노력해야 한다. 그런데 이때 기억해야 할 게 있다. 새로운 자아를 만들기 위해서는 단순히 긍정적인 사고방식을 넘어서 생활 방식도 긍정적이어야 한다.

스스로 생각하는 자신의 모습에 최면이 걸려서 자신이 될 수 있는 진정한 자아를 실현하지 못하는 경향이 있다. **자신의 최고 모습을 찾아내라. 그러면 그것만이 자신의 모습인 것처럼 생각하게 될 것이다. 자신이 갖고 있는 최고의 자질을 키워라. 그러면 그 자질만이 성장할 것이다. 최고의 자아가 머릿속에 자리 잡고 나면 모자란 자아는 소멸할 것이다.** 이 작업은 오직 당신만이 해낼 수 있다. 자신의 진정한 자아에 헌신하고 전념하지 않는다면, 그 누가 그렇게 할 수 있겠는가?

자신의 진정한 자아에 전념하는 첫 단계는 마음의 눈으로 바라보고, 그것을 바탕으로 어떻게 행동할지 선택하는 것이다. 말하자면, 자신은 물론 다른 사람과 어떻게 대화를 나눌지 선택하는 것이다. 진정한 자아를 만들어내는 것은 자신의 신념, 생각, 행동의 결합이다. 이 중 어느 하나라도 빠지면 아무 소용도 없다. 개인의 정체성은 스스로 무슨 생각을 하느냐에 의해서만 결정되지 않는다. 무엇을 하느냐에 의해서도 정의된다. 그 행동은 반드시 개인의 신념과 일치해야 한다. 그렇지 않으면 일시적인 변화에 그친다.

어떤 사람이 되겠다는 선택이 우리의 삶을 '선고'한다. 그러니 승자처럼 생각하고 행동하기로 선택하라. 그러면 승자가 얻은 결과를 자신도 누릴 자격이 있다고 느끼게 될 것이고, 승자가 될 가능성이 커진다. 마치 이미 바라던 곳에 있는 것처럼 자신이 진정 의도한 바를 인정하고, 최고의 자질을 시연하고, 목표한 바에 마음을 집중함으로써 진정 원하는 삶을 스스로 선언하라. 지금 그 새로운 곳에 머물러라! 그러면 잠재의식이 당신이 그 너머로 나아가는 데 있어 필요한 조건을 만들어낼 것이다.

· 끌어당김의 법칙 ·

어디에 집중할지 결정하는 것만으로 원하는 많은 것을 자신의 삶으로 끌어당길 수 있다. 놀랍지만 사실이다. 이 굉장한 사실과 관련해서 우리는 각자의 머릿속에 있는 '망상 활성계'에 고마워해야 한다.

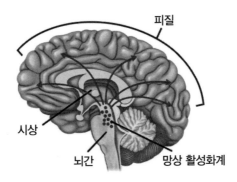

피질

시상

뇌간   망상 활성화계

그림 1-1   망상 활성계는 뇌간에서 사출된 원뿔형 신경 덩어리다. RAS 신경섬유는 외부에서 유입되는 감
각 데이터를 걸러서 우리 의식 속으로 들어가는 정보의 일부분인지 판단한다. RAS는 뇌의 가장
중요한 행동계에 해당한다. 왜냐하면 RAS는 말 그대로 우리 의식으로 들어가는 문을 지키는 '문
지기' 노릇을 하기 때문이다.

구글에서 '망상 활성계'를 검색하면 다음과 같은 결과가 나온다. "망
상 활성계Reticular Activating System, RAS는 뇌간에 있는 뉴런들로 형성된
그물망이다. RAS는 시상하부에 자극을 전달해 행동을 중재할 뿐만
아니라 시상과 피질에 직접적으로 자극을 전달해 각성된 비동기성
피질의 EEC 패턴을 활성화시킨다." 웹사이트 '사이언스 다이렉트'에
서 가져온 망상 활성계에 대한 정의다. 이해하기 쉽게 풀어보겠다.

RAS는 뇌가 중요한 정보만 처리할 수 있도록 불필요한 정보를
걸러내는 뇌간에 있는 신경 묶음이다. (《그림 1-1》을 참조하라.) 특정 색
상의 자동차를 구입하고 나면 똑같은 색상의 자동차만 눈에 들어오
는 것은 바로 이 때문이다. 최근에 나는 번트 오렌지색 픽업트럭(적재
함 덮개가 없는 소형 화물차—역주)을 구입했다. 쉽게 볼 수 없는 특이한 색
상이라고 생각했기 때문이다. 하지만 픽업트럭을 구입하고 며칠 지
나자 가는 곳마다 같은 제조사가 출시한 같은 색상의 같은 모델이
눈에 보이는 것이 아닌가! 도대체 어떻게 된 것일까? 내가 거래한 대

리점이 내 픽업트럭과 똑같은 번트 오렌지색 픽업트럭을 대량 들여와 엄청나게 할인해서 팔아치운 걸까? 아니다. 나의 RAS가 작동한 것이다. 갑자기 도로 위에 번트 오렌지색 픽업트럭이 대거 나타난 게 아니었다. 그저 내가 번트 오렌지색 픽업트럭을 과민하게 의식한 결과였다.

RAS 덕분에 우리는 사람들이 시끄럽게 떠들어대는 가운데도 누군가가 자신의 이름을 부르면 즉시 그 소리에 집중할 수 있다. RAS는 무의미한 '소음'을 무시하게 해준다. 그러고 나서 외부에서 유입되는 데이터를 샅샅이 살펴서 중요한 정보만 의식으로 보낸다. RAS는 개인의 신념을 입증하는 정보를 찾아내기 위해 스스로 제시한 매개변수를 기준으로 외부 세계를 걸러낸다. 이 모든 작업은 우리가 알아차리지 못하는 상태에서 처리된다.

RAS가 없다면 너무나도 많은 자극 때문에 우리는 정신을 차릴 수 없을 것이다. 우리의 몸에서, 주변 환경에서, 살고 있는 집 안에서, 거리에서 보고 듣고 상상하는 모든 자극이 증폭돼 우리를 괴롭힐 것이다. 우리는 이 증폭된 모든 자극을 한꺼번에 받아들이면서 거기에 압도될 것이다. 그 결과, 정보 과다에 빠져 정신을 놓게 될지도 모른다. RAS는 이런 일이 일어나지 않도록 막아준다. 기찻길 옆에서 사는 사람은 한밤중에 기차가 지나가도 잠에서 깨지 않는다. RAS가 기차 소리를 특별히 신경 쓸 필요 없는 평범한 소음으로 간주하게 만들기 때문이다. 기차 소리를 이런 식으로 처리하도록 훈련받지 않은 RAS를 지닌 사람은 우레 같은 소리에 놀라 잠에서 깰 것이다. 우리는 의도적으로 RAS를 훈련시켜서 의식적 사고를 무의적 사고에 섞을 수 있다. 적절히 훈련하면 RAS로 의도한 바를 이뤄내는 데 도움이 될 사람, 정보, 기회를 찾아낼 수 있다.

RAS는 자신이 무엇에 집중하는지 아는 게 얼마나 중요한지 알려준다. 나쁜 경험에만 얽매여 있으면 과거와 조금도 다를 바 없는 미래가 펼쳐질 뿐이다. 과거에 경험한 친숙한 이미지를 재연하도록 자연스럽게 이끌리기 때문이다. **욕구는 '의식의 장'에 메시지를 보내고, 의식의 장은 다른 모든 '에너지의 장'과 연결된다. 생각은 우주를 가로질러 퍼져 나가고, 의도가 무엇이든 간에 자신의 의도를 성취할 수 있는 조직력을 갖게 된다.**

사람들은 이런 현상을 '끌어당김의 법칙Law of Attraction'이라고 부른다. 이것은 마법이 아니다. 자고로 무엇이든 난데없이 나타나거나 이뤄지는 것은 없다. RAS와 그것이 선택한 이미지의 역할과 효과를 뒷받침하는 과학적 증거가 있다. 의식적으로 집중하는 대상을 바꾸거나 확장시킬 때, RAS는 그것과 관련된 이미지에 더 집중하도록 이끌린다. 이것은 마치 발사체의 유도 체계와 비슷하다. 경로를 제대로 입력하면 목표물을 명중시킬 수 있다.

· 마음을 '정원처럼' 가꿔라 ·

정원에선 뿌린 대로 거두는 법이다. 모든 것은 씨앗에서 시작된다. 마음도 마찬가지다. 생각은 마음의 정원에 뿌리는 씨앗이다. 당신의 정원은 울창하고 아름다운가 아니면 잡초만 무성한가? 어떤 모습이든지 정원은 당신이 거기에 무엇을 심었는지 보여준다. 씨앗(생각)은 정원(뇌)의 모습을 결정한다. 지금까지 당신은 정원에서 무엇을 수확

했는가? 당신이 정원에 무엇을 심었는지 또는 다른 사람에게 무엇을 심도록 허락했는지에 따라서 이 질문의 대답은 달라질 것이다.

여기서 핵심은 정원에 씨앗을 가려서 뿌려야 한다는 것이다. 무슨 생각을 하고 어떤 생각에 집중하느냐가 매우 중요하다. 무엇보다 자신에게 힘이 되는 신념을 선택해 의식적으로 강화해야 한다. 마음이 맞는 사람들과 어울리고, 자신에게 힘이 되는 책을 읽고, 힘을 북돋는 메시지를 전달하는 오디오 프로그램을 청취하고, 유익한 세미나에 참여하는 등 오래된 제한적 신념에 대응하는 환경에 몰두하라.

당신은 부정적 신념과 기운이 쭉 빠지게 만드는 이미지를 오랫동안 수집해서 마음속에 잔뜩 쌓아놓고 있을지도 모른다. 정원에서 잡초를 뽑아내듯 이런 것들을 뿌리째 뽑아내고, 새로운 것들로 대체해야 한다. 이렇게 하는 데는 집요함과 노력이 필요하다. 왜냐하면 제한적 신념은 대부분 신경계에 깊이 뿌리내리고 있기 때문이다. 그중 일부는 아주 어렸을 때부터 존재했을지도 모른다.

누구나 어렸을 때 뜨거운 난로에 손을 대면 화상을 입을 수 있다는 경고를 들어봤을 것이다. 그런데도 난 뜨거운 난로를 손으로 만졌고, 극심한 고통을 느꼈다. 놀랍게도 이 경험으로 경고는 마음속에 깊이 뿌리내린 신념이 됐다. 무언가를 믿으면, 우리는 그것이 진실임을 증명하고 강화하는 방법을 찾는다. 충분히 총명하지 않다거나 어떤 과목 또는 운동을 잘하지 못한다는 말을 늘 듣는다면, 그 말이 진실이라고 믿게 될 수 있다.

하지만 우리의 뇌는 실로 놀라운 존재다. 뇌는 우리가 어떤 상황에 있든 삶을 바꿀 수 있는 능력을 갖고 있다. 핵심은 뇌를 어떻게 다시 프로그래밍할지 여부다. 뇌에 진심으로 원하는 삶을 창조할 기회를 준다면 뇌는 우리가 상상했던 것보다 훨씬 더 많은 것을 우리에게 안겨줄 것이다. 이는 건전한 생각을 하고, 자신에게 힘이 되는 신념을 선택하고, 그것에 맞춰서 새롭게 설정한 높은 기준에 따라 행동하는 데서 시작된다. 이렇게 하면 RAS가 우리에게 맞서지 않고 유리하게 작동해 기회와 성공의 장으로 우리를 이끌 것이다.

· 지금 당장 원하는 삶을 살아라 ·

뇌리에 뚜렷하게 각인된 신념에 대해 생각해보자. 선입견 때문에 안전하고 익숙한 상황에 갇혀서 자신이 진정 원하는 삶을 추구하지 못하고 있는 것은 아닌지 생각해보자. 이 제한적 신념은 도대체 어디서 비롯됐을까? 우리가 직접 선택한 것일까? **지금 당신이 스스로 상상했던 삶을 살고 있지 않다면, 누군가 혹은 무언가가 그 같은 삶을 살 만큼 충분히 똑똑하거나 재능 있지 않다고 당신을 설득했고, 스스로 그렇게 믿었기 때문이다.** 이런 삶의 부정적인 면이 자신은 원하는 삶을 살아갈 자격이 없는 사람이라는 생각을 굳히도록 내버려두었기 때문이다.

이렇게 해보자. 무엇이 자신의 마음을 상하게 하거나 무능하다고 느끼게 만드는지에 의문을 품기보다는 그런 사건이나 상황을 받아들이는 자신의 인식에 이의를 제기하라. 먼저 사건이나 상황에 어떻게 반응할지에 의문을 품는 것에서부터 출발하자.

삶에 좌절하고 다시 일어났지만 또다시 좌절을 맛본 사람은 '왜 나만 이런 거야? 지금까지 제대로 해왔잖아. 그런데 여전히 전부 잘못됐다니 어쩌라는 거야'라고 의문을 제기할 수 있다. 이보다 더 좋은 질문은 '지금 당장 내게 힘이 되는 신념은 뭐지? 지금까지의 내 사고방식을 대체할 수 있는 새로운 신념이 도대체 뭐지?'이다. 왜냐하면 지금 처한 상황은 스스로 하는 모든 것에 영향을 주는, 눈에 보이지 않는 기본적인 힘, 즉 자기 신념의 부산물이기 때문이다. 우리는 그 신념을 바꿀 수 있다.

우리는 매일 삶이라는 무대에 오른다. 그리고 그 무대에서 말 그대로 우리가 만들어낸 역할을 소화한다. 수많은 관중이 기다리는 가운데, 스포트라이트가 운명적으로 가사를 읊조릴 우리를 비춘다. 삶은 우리의 쇼다. 우리에게는 그것을 마법처럼 만들 힘이 있다. 꿈과 욕구는 문을 열고 나가면 손쉽게 찾을 수 있는 게 아니다. 그것은 마음속에서 밖으로 나가려고 무언가가 버둥대고 있다고 우리에게 말해주는 본성이다. 신념이 목표에 맞춰지면 자연스럽게 진정한 잠재력이 발현된다. 자신이 무엇을 믿고 있는지 살펴봐라. 그리고 그 신념이 어떤 식으로 마법 같은 삶을 사는 데 방해가 되는지도 살펴봐라. 그러고 나서 신념 체계를 자신의 의도에 맞게 재조정하는 데 전념하라. 자신의 제한적 신념에 도전해 목표를 달성하는 데 힘이 되는 확신으로 바꿔라.

마음속에 너무나 생생해서 계속해서 곱씹게 되는 미래가 실제로 올 거라고 믿으면, 우리의 마음이 '선두에 나서서' 환경을 주도하고 그 미래로 우리를 이끈다. 비전과 꿈을 가질 때 위대함이 탄생한다. 위대함은 항상 현재 자신의 처지보다 더 위대한 무언가를 생각하는 것에서 시작된다. 하지만 그에 앞서 해야 할 일이 있으니, 바로 변화다. 변화는 자신의 정신적 운영 체계로 들어가서 일부 구성 요소를 바꿔야만 시작된다.

누구나 성공하고자 하고, 무언가를 달성하고자 한다. 그러나 승리하는 생각을 하면서 승자처럼 살지 못한다면 큰 성공은 묘연하다. 달리 말하면 승자처럼 생각하고 승자가 믿는 것을 믿는 행위가 승리보다 우선되어야 한다는 것이다.

지난 몇 년 동안 나는 승리하는 사고방식을 구성하는 데 도움이 되는 핵심적인 신념 몇 가지를 발견했다. 승자들은 누구나 이 원칙을 공유하고 있었다.

다음 장에서는 그 원칙을 살펴볼 것이다. 이 원칙이 당신이 항상 원했던 삶을 마음속에 그리고, 나아가 경험할 수 있는 출발점이 되길 바란다.

그럼 지금부터 시작한다.

CHAPTER 2

승자의
7가지 진리

윌리엄 제닝스 브라이언 William Jennings Bryan은 "운명은 우연이 아닌 선택이다"라고 말했다. 사고방식은 내 삶에 엄청난 차이를 만들어냈다. 나는 사고방식이 변화하는 과정을 통해 내 안에 미래를 창조하고 운명을 개척할 힘이 있다는 사실을 깨달았다.

우리 모두에게는 재능과 큰 잠재력이 있지만, 모두가 자신의 재능을 발견하고 꿈을 실현하는 법을 알지는 못한다. 사실 잠재력은 항상 존재했다. 깨달았든 깨닫지 못했든 항상 그 자리에 있었다. 숲 바닥에 나뒹구는 작디작은 도토리처럼 잠재력도 적절한 환경만 제공되면 웅장한 떡갈나무로 자랄 것이다. 다만 그러고자 한다면 자신에게 힘이 되는 신념을 선택하고, 그것이 싹 틀 수 있는 비옥한 조건을 조성해야 한다.

그 첫 단계는 원하는 목표로 이끌어줄 신념을 활성화하는 것이다. 앞서 말했듯 신념은 옳거나 그르지 않으며, 단지 제한적 신념을 선택하는 사람이 있고 누군가가 주입한, 자신의 기를 죽이는 관점을 받아들이는 사람이 있을 뿐이다. 물론 승자는 이들과 달리 성공 의지를 불어넣는, 자신에게 힘이 되는 진실을 선택한다. 위대한 무언가를 성취하고 영원한 성공을 손에 넣고자 한다면 승자처럼 자신에게 힘이 되는 신념을 찾고 이용해야 한다.

이번 장에서는 '승자의 일곱 가지 진리'를 살펴볼 것이다. 이것은 '승자가 되는 사고방식'의 핵심으로, 유일하게 자신에게 힘이 되는 신념일 뿐만 아니라, 내 삶에서 가장 큰 차이를 만들어낸 핵심적인 신념이다.

첫 번째 진리
·승리는 만들어내는 것이다·

어제는 되돌릴 수 있는 우리의 것이 아니지만, 내일은 승리하거나 패배할 수 있는 우리의 것이다.

린든 B. 존슨Lyndon B. Johnson

스포츠, 일, 그리고 삶의 모든 면에서 우리는 승리하길 선택하고, 실패하길 선택한다. 그렇다! 승자가 될 것이라고 결심할 때 우리는 진정 승리할 수 있다. 방법을 모르겠다면, 그 역시 방법을 배우고자 쓸 수 있는 자원을 찾지 않는 걸 선택했기 때문이다.

승자는 희망이 전략이 아님을 이해한다. 그들은 위대한 일을 해내는 데 있어 우연에 기대지 않고, 최고 역량을 발휘할 수 있는 조건을 능동적으로 만들어낸다. 그들은 승자가 되기로 결심하고, 이 결심을 마음에 새기고, 승자가 되는 법을 배워나간다. 그들은 조건이 옳으면 자연스럽게 목표가 달성될 것임을 알고 있다.

승리나 패배는 스스로 만들어내는 것이다. 하지만 오직 승자만이 이 사실을 인정한다. 이들은 승리가 의식적 선택이란 것을 전혀 의심하지 않는다!

당신은 *위의 말이 옳다고 생각하는가?* 그렇지 않다면 기본적으로 당신은 자기 삶에 대한 통제력이 자신에게 없다고 생각하고 있는 것이다. 아니면 이렇게 생각하면서 운이 좋으면 성공할 것이라고 생각하는지도 모른다. 만약 그렇다면 무언가에 성공하고자 왜 애쓰는 것인가? 당신은 그저 운이 좋기만을 바라고 있는데 말이다.

스스로 자기 세계를 만들어 나가고 있다고 믿지 않는다면, 주변 환경에 휘둘릴 수밖에 없다. 운이 좋을 수도 있고, 나쁠 수도 있다. '당첨 번호'를 찍을 수 있는 복권과 달리, 일생에서 운과 운명은 최고의 자리에 오르는 사람으로 발전하는 것과 아무 상관이 없다.

승리는 선택이라는 신념은 그저 일회성 사건에만 되는 것이 아니다. 이는 삶 전체에 적용된다! 정해진 상황은 세상을 어떻게 바라보고 어떤 선택을 했느냐에 따라서 긍정 또는 부정적인 결과를 낳는다. 그러므로 옳은 조건을 만들어내는 것은 우리 자신의 몫이다. 우리가 가진 가장 위대한 힘은 사고와 선택을 원하는 방향으로 이끌 수 있는 능력이다. 우리가 하는 모든 행동과 반응 그리고 우리가 느끼는 행복, 슬픔, 분노, 사랑 등 모든 감정이 스스로 선택한 것임을 깨달을 때, 자기 권한을 되찾고 자기 삶을 이끌 힘을 '진짜로' 얻게 된다. 자신의 역량이 허락하는 범위에서 최고가 되고 싶다면, 자신의 사고가 허락하는 범위에서 최고를 *생각해내는 법*을 배워야 한다. 이때 적시 적소에 있는 것이 도움이 되지만, 그 순간의 기회를 잡을 수 있도록 준비가 되어 있어야 한다. 성공이 운이나 운명 덕분이라고 생각하는가? 그렇게 생각한다면 당신은 이미 망했다. 이런 생각은 성취하려는 모든 것이 자신의 통제력 밖에 있는 무언가에 의해 좌우된다고 말하는 것이나 다를 바 없다. 게다가 그 무언가는 바로 한낱 '우연'이다.

인간은 그저 존재하기만 하는 아메바가 아니다. 우리에겐 뇌, 의식, 상상력, 그리고 자유의지가 있다. 허비하라고 받은 게 아니고, 잘 사용하라고 받은 귀한 선물이다. 우리는 우리가 상상할 수 있는 모든 상황과 기분을 만들어낼 수 있다. 다시 말해, 위대한 일을 해내겠다고 스스로 선택할 수 있다는 뜻이다! 이런 역량을 제대로 발휘하려면 무엇보다 먼저 삶의 모든 부분에서 탁월함을 추구하고 성취하는 것이 의식적 선택임을 인정해야 한다.

어떤 면에서 유전적 우위에 있는 사람들도 분명히 존재한다. 올림픽 역사상 가장 많은 메달을 획득한 수영 선수 마이클 펠프스 Michael Phelps처럼 근육질 체격을 타고난 사람도 있게 마련이다. 올림픽에서 무려 23개의 금메달을 딴 그는 다리에 비해 지나치게 긴 팔이라는 유전적 우위를 지녔다. 양팔을 벌렸을 때 한쪽 손가락 끝에서 다른 쪽 손가락 끝까지의 길이를 가리키는 '윙스팬'이 무려 2미터가 넘었다.

이 대목에서 서퍼 베서니 해밀턴 Bethany Hamilton을 언급하지 않을 수 없다. 13살 때 상어에게 습격을 받아 그녀는 왼쪽 팔을 어깨까지 잃었지만, 사고가 일어난 지 한 달 만에 다시 서핑보드 위에 섰다. 그리고 그로부터 2년 뒤 NSSA 전국선수권대회 여자부 서핑 경기에서 우승했다.

베트남 전쟁에 참전했다가 지뢰를 밟아서 두 다리를 잃은 밥 위랜드Bob Wieland도 빼놓을 수 없다. 몸을 회복한 그는 18개월 동안 열심히 준비한 두 손으로 미국을 '횡단'했다. 그렇다. 그는 오직 두 손으로 무려 4,453킬로미터를 횡단했다. 그는 역도 부문에서 세계 기록을 세웠고, 두 발이 절단된 사람으로는 유일하게 휠체어를 타지 않고 하와이 코나에서 열린 악명 높은 철인 경기를 완주해냈다. 이후 1991년 NFL 프로 미식축구 팀인 그린베이 패커스의 코치가 되어 선수들의 근력과 영양 섭취, 수면, 휴식, 체력 훈련을 관리했다.

보라. 인간은 유전적 특성, 과거의 사건, 심지어 신체적 제약에 완벽히 좌우되거나 희생되지 않는다. 우리 몸은 우리가 시키는 대로 움직인다. 장기적으로 보면, 운은 성공이나 행복과는 거의 관련이 없다. 스스로 한 선택이 자신의 세계를 만들어낸다. 더 좋은 선택이 습관처럼 몸에 배면, 보다 강력한 신념 체계가 무의식적이고 자동적으로 작동한다.

그런데 왜 누군가는 성공이 아닌 다른 무언가를 선택하는 걸까? 자신에게 성공할 자격이 없다고 생각하거나 승자가 되려면 감내해야 하는 고통, 압박감, 희생 등을 견뎌내고 싶지 않은 것인지도 모른다. 그들이 성공을 거두기 위해서 해야 하는 일을 하지 않기로 선택하는 가장 흔한 이유는 바로 두려움이다. 그들은 곤란, 조롱, 거절 그리고 실패를 두려워한다. 두려움은 실패라고 믿고 정의하는 것에서 생겨난다. 장담하건대, 올림픽 금메달리스트는 보통 사람과는 매우 다른 신념을 갖고 있다. 그것은 바로 '선택'이다. 이것이 이들이 같은 조건에서 완전히 다른 결과를 얻어내는 이유다.

삶은 라디오 같다. 모든 방송국이 동시에 프로그램을 송출한다. 청취자는 그저 어느 라디오 프로그램을 들을지 선택하기만 하면 된

다. 승리하는 법과 패배하는 법은 항상 선택지로 존재한다. 현재 상황은 당신이 두 선택지 중에서 무엇을 선택했는지 보여준다. 승자와 최고의 실력자는 능동적 *책임*을 떠맡아서 스스로 차별화한다. 이들은 성공적인 롤모델을 찾고, 성공 로드맵을 개발하고, 성공할 때까지 점진적으로 계획을 수정해 나가면서 이를 실행한다. 이들은 자신의 성공이 운이나 운명과는 전혀 상관 없다는 것을 안다. 이들은 꿈을 좇기 위한 헌신과 전념, 준비와 일관성, 그리고 의지가 성공을 이뤄내는 데 도움이 된다는 것을 알고 있다. 챔피언은 승자가 지닌 그 무엇보다도 중요한 특성에 주목하고 자신을 맞춘다. 그것은 바로 승리는 선택이라는 신념이다.

통제할 수 있는 것을 통제하라

세상을 통제하는 것은 불가능하지만, 자신을 통제하는 것은 가능하다. 승자가 되는 데 필요한 것은 자기자신을 '자신의 통제권 안에 두는 것'이다. 삶은 당신에게 통제권 안에 있으라고 요구하지 않는다. 그저 주변의 자극에 어떤 식으로든 반응할 기회를 줄 뿐이다. 앞서 언급한 가장 위대한 개인적 힘을 활용하려면, 일종의 재고 목록을 상세하게 작성해야 한다. 말하자면 스스로 통제할 수 있는 모든 것을 목록으로 정리해야 한다. 이렇게 하면 선택의 힘을 발휘하는 것만으로도 이용할 수 있는 삶의 영역이 빠르게 눈에 들어올 것이다.

지금 당장 시도하라! '나는 통제한다'라는 표현을 사용해서 목록을 정리하라.

어떤 사람은 자신이 통제할 수 없는 일에 집중한다. 이것이 사람들이 좌절감과 무력감을 느끼게 되는 이유다. 스스로 통제할 수 없

는 일은 어쨌든 일어나게 되어 있다. 그런 일에 지나치게 집중하거나 걱정하기보다는 자신이 통제력을 행사할 수 있는 일에 시간과 에너지를 집중하라. 이것이 승자가 살아가는 방식이다. 승자는 통제할 수 없는 것에 집착하지 않는다. 그는 의도를 갖고 움직이고, 눈앞의 과업에서 잠시도 눈을 떼지 않는다. 자신이 노력하면 어떤 식으로든 결과를 얻게 된다는 것을 알고 있기 때문이다.

우리는 자신이 스스로 해낼 수 있다고 생각하는 것 이상으로 많은 일을 이뤄낼 수 있다. 하지만 승리가 의식적 선택이라는 것을 인정할 때까지 우리는 자신의 진정한 잠재력을 깨달을 수 없다. 진정한 잠재력을 깨닫지 못한다면 우리는 제 기능을 발휘하지 못하는 승자일 뿐이다. 이렇게 생각해보자. 자신의 선택이 결과에 거의 또는 전혀 영향을 주지 않는다고 믿는 사람이 얼마나 열심히 노력하고, 얼마나 고집스럽게 자신이 뜻한 바를 밀고 나갈까? 승리하기로 선택하는 것은 스스로 통제할 수 있는 것에 집중하고, 선택의 힘을 활용해서 그것들을 통제하는 자유를 발휘하는 것이다. 결과를 순전히 운에 맡기는 자신을 발견하면 잠깐 멈춰서 이렇게 말하라. "희망은 전략이 아니다. 희망은 신뢰할 수 없다!" 그러고 나서 스스로 통제력을 행사할 수 있는 것에 집중하고 현실적인 선택을 하라.

두 번째 진리
·우리는 소유권을 가질 수 있다·

오늘 책임을 회피하더라도 내일의 책임에서 벗어날 수 없다.

에이브러햄 링컨Abraham Lincoln

두 번째 진리는 첫 번째 진리보다 훨씬 더 도전적이다. 우리는 살면서 스스로 경험하는 모든 것의 창조자다. 그 누구도 우리의 허락 없이 우리 삶에 대해 이래라저래라 말할 수 없다. 우리는 스스로 선택한 삶을 창조한다. 세상을 어떻게 바라보고 사건에 어떻게 반응하느냐가 우리의 현실을 창조해낸다. 우리가 삶의 주인이고, 그 속에 존재하는 모든 것의 소유자다! 이를 인정하고 받아들이면, 진정한 자신이나 자신을 행복하게 만드는 것을 찾는 게 인생의 전부가 아님을 깨달을 수 있을 것이다. 산다는 것은 자신과 자신의 처지를 창조해나가는 것이기도 하다. 마법처럼 긍정적이거나 희망적인 생각을 한다고 해서 뭔가 대단한 일이 일어나는 것은 아니다. '내가 원천'이라는 신념에서 출발하는 사고방식이 필요하다. 이 정도의 책임감을 갖고 있다면, 모든 것이 기회로 보이기 시작할 것이다. 그리고 바로 이것이 미래의 창조자로서 당신에게 힘이 될 것이다.

이런 신념에 반발하는 사람들도 있다. 그들은 "길을 걷다가 난데 없이 자동차에 치이는 것처럼 우연히 마구잡이로 어떤 일이 일어난다면? 암처럼 끔찍한 병에 걸린다면? 그 누구도 이런 일을 '창조하진' 않았다!"고 반박할지도 모른다.

소유권을 갖는다는 것은 원인이나 결과와는 상관없다. 소유권을 갖는다는 것은 책임을 진다는 것이다. 이것은 잘못된 결과에 대해 비난을 받는 것과는 다르다. 그보다는 대응력을 키우고 발휘하는 것이다. **어떤 길을 따라 걸어가기로 선택하고 그 길을 걷다가 트럭에 치였다. 처음부터 그 길을 따라서 걸으면 트럭이 달려와서 자신을 치고 갈 것을 알고 있었는가? 이 질문에 대한 대답에 따라 트럭에 치인 지금의 결과가 바뀌는가?**

W. 미첼W. Mitchell에게 한번 물어보자. 그는 1971년 7월 19일 오토바이를 타고 가던 중 갑자기 방향을 튼 세탁물 트럭과 충돌했다. 이 사고로 그는 몸의 65퍼센트 이상에 화상을 입었다. 얼굴과 손에는 끔찍한 화상 흉터가 남았고, 손가락 10개를 모두 잃어버렸다. 의료진은 그의 발가락을 잘라내 손에 이식했다. 듣기에도 끔찍한 이 사고는 시작에 불과했다! 이 사고에서 회복하고 대략 5년 뒤 그는 소형 항공기에 탑승했다가 또다시 끔찍한 사고를 당했다. 그가 탄 소형 항공기가 이륙하자마자 추락한 것이다. 그는 척추에 큰 부상을 입어 하반신이 마비됐다. 미국 연방교통안전위원회는 사고의 원인을 조사하고, 비행 전 검사에서 항공기 날개에 살얼음이 끼어 있는 것을 알아차리지 못해 사고가 일어났다는 결론을 내렸다. 미첼은 강연

을 하면서 다음과 같이 말했다.

살면서 처음으로 나는 선택의 힘을 오롯이 이해했다. 나는 처음으로 내가 '미첼'이란 사람에게 책임이 있다는 사실을 이해한 것이다. 그것은 나를 비난하거나 탓하거나 죄책감을 느끼는 것이 아니었다. 내게 일어난 일에 대응할 수 있는 능력이 나에게 있다는 깨달음이었다! 그것이 누구의 잘못이었든, 누가 나빴고 누가 잘했든, 병원 침대에 누워 있는 것은 그누구도 아닌 바로 나 자신이었다. 작달막한 손가락이 있는 나였다. 그것이 나의 미래였다.

무언가를 소유하는 것은 그 무언가가 자신에게 속한다고 선언하는 것이다. 무언가를 소유한 사람은 그 소유물을 이용해서 하는 모든 일에 책임이 있다. 책임을 지는 것은 참으로 훌륭한 행동이다! 우리는 우리 삶에 책임이 있다. 좋든 나쁘든 모든 것을 소유하면, 우리는 모든 인간적 특성 가운데 가장 강력한 특성이라 할 수 있는 '대응력'을 자신만의 방식으로 키울 수 있다.

무언가 나쁜 일이 일어나면 대부분은 비난하기 바쁜데, 이런 사고방식은 대응력을 기르는 데 방해가 된다. 우리는 책임을 주로 죄책감이나 비난과 연관 짓는다. "그건 내 잘못이 아니다! 내 환경이 문제였다", "부모님이 여동생을 더 좋아했다", "나는 잘못된 시간에 잘못된 장소에 있었을 뿐이다" 같은 식이다.

의지를 꺾는 가장 빠르고 쉬운 방법은 비난이다. 일이 잘못될 때마다 습관적으로 곧장 누군가나 무언가를 비난한다면, 학습된 무력감은 점점 커진다. 자신의 선택은 결과와 아무 상관 없다고 믿기 때문에 모든 것을 포기하게 된다. 그리고 누군가나 무언가가 항상 자신을 통제한다고 믿기 때문에 옴짝달싹할 수 없고 자신이 처한 상황을 바꿀 수 없다고 느낀다. 하지만 이 지구상에서 스스로 선택한 방식 이외의 방식으로 생각하거나 행동하라고, 타인에게 강요할 힘은 그 누구에게도 없다. 그러므로 소유권을 갖는 것은 최고의 선택이다.

물론 시계추가 지나치게 한쪽으로 기울어진 채 움직일 수도 있다. 때때로 사람들은 개인적 책임을 지면서 *개인적 비난*까지 떠안기도 한다. 그러면서 자기 삶에 일어난 모든 작은 사고와 불운, 다시 말해서 '잘못된' 모든 것에 대한 책임은 자신에게 있으며, 그에 대한 비난은 오롯이 자신의 몫이라고 말한다. 그러나 그렇지 않다.

뭔가 잘못되면 기본적으로 비난부터 하게 된다. 뜨거운 감자처럼 책임을 떠안고 있으면 너무나 고통스럽다. 그래서 책임을 다른 누군가에게 떠넘겨서 떨쳐내고 싶어진다. 하지만 자기 자신에 대해서 100퍼센트 책임지기로 결심하면, 비난이 더 이상 문제가 되지 않는다. 비난은 수용으로 대체되고, 힘이 생긴다. 자신이 선택한 모든 일을 할 힘이 자기 자신에게 있다는 것은 단순한 진리다. 세상을 바라보는 관점을 만들어내는 것은 바로 우리 자신이다. 자신에게 일어나거나 경험한 일에 어떻게 대응할지 선택하는 것도 바로 자신이다. 그렇게 지금 우리가 마주하는 현실이 만들어지는 것이다.

무언가를 창조하듯, 무언가를 말살하고 다시 창조할 수 있다

우리가 사는 세계의 창조자는 바로 우리 자신이며, 현실을 재창조해 낼 힘 역시 우리 자신에게 있다는 진리를 어렸을 때는 그 누구도 이해하지 못한다. 그래서 우리는 항상 과거의 시점에서 자신을 새롭게 창조해내고자 한다. 자신이 창조자임을 인정하면, 이미 만들어진 자신의 세계를 다시 창조하거나 말살시킬 힘이 생긴다. **어떤 시선으로 세상을 바라보든지 우리는 변할 수 있다. 왜냐하면 현실은 '실제 모습'이 아니라 스스로 선택한, 세상을 바라보는 관점 위에 세워지기 때문이다.** 이 모든 것은 자신은 창조자이고, 궁극적으로 소유자라는 신념에서 출발한다.

미첼은 "때때로 백미러를 보면서 살아가는 것처럼 엄청나게 많은 시간을 낭비하는 사람을 본다"라고 했다. 그들은 대개 다음처럼 말한다.

"내가 …… 했더라면 좋았을 텐데."
"나는 …… 했어야 했는데."
"나는 …… 할 수 있었는데."
"내가 …… 했다면 좋지 않았을까."

미첼의 비유는 정신이 번쩍 들 만큼 놀랍다. 그는 또한 이런 말을 했다. "자동차 제조사가 전면유리를 백미러보다 훨씬 크게 만드는 데는 이유가 있다."

물론 과거의 경험에서 교훈을 얻을 수도 있고, 과거의 경험을 거울 삼아 앞으로 나아갈 수도 있다. 그러나 그러지 않고 과거의 일을 후회하고 걱정하는 데 지나치게 많은 시간을 쓴다면, 지금 우리가 통제할 수 있는 것에 쏟을 귀중한 시간과 에너지는 줄어들 수밖에 없다. 과거와 미래는 오직 우리의 기억과 상상 속에 존재한다. 실제로 존재하는 것은 오직 '지금'뿐이다. 지금 이 순간 우리가 하는 일이 우리의 미래를 창조해낸다. 내 삶의 모든 것이 내가 지금 당장 한 선택의 결과란 사실을 인정하고 나자 경험을 스스로 창조해낼 힘이 생겼다. 그러고 나서 내 삶은 '완전히' 변했다.

그저 그런 실력으로 평범한 성과를 올리는 사람은 자신의 통제 권 밖에 있는 요소 때문에 실수와 작은 사고가 생겼다고 생각한다. 이런 이들은 "내 적수가 운이 좋았다", "나는 운이 나빴다", "삶은 불 공평하다!"라고 푸념한다. 최고의 기량을 발휘해서 우수한 성과를 거둔 사람은 책임을 떠맡고, 대응력을 키운다. 그는 책임을 자기 비 난이 아닌 개인적 힘으로 여긴다.

스스로 자기 삶의 모든 것을 창조해낸다는 생각을 받아들이든 배척하든, 반론의 여지가 없는 것이 하나 있다. 근본적으로 우리는 언제나 자기 삶의 소유자란 것이다. 자기 삶을 책임지지 않고 나쁜 일이 일어나게 한 원흉이라고 비난할 누군가를 찾는 것은 자기 삶에 서 좋은 일이 일어나도록 만들어줄 누군가를 기다리는 것으로 바꿔 말할 수 있다. 기다림을 그만둬라! 소유권을 받아들이고 오늘 자신 의 미래를 창조하라!

세 번째 진리
· 위대한 성취는 결과가 아닌 과정이다 ·

나는 내 심장과 영혼을 그림에 쏟았고, 그러면서 미쳐갔다.

빈센트 반 고흐 Vincent van Gogh

"코끼리를 어떻게 먹을까?"로 시작되는 농담을 들어본 적 있나? 이 농담에서 결정적인 대목은 "한 번에 한 입씩"이다. 그런데 여기에는 그저 농담으로 치부하기에는 중요한 메시지가 담겨 있다. 헬렌 켈러Helen Keller는 "나는 위대하고 숭고한 과업을 이뤄내길 간절히 바란다. 하지만 나의 주된 의무는 위대하고 숭고한 것인 양 소소한 과업을 완수하는 것이다"라고 말했다. 이것은 모든 승자가 이해하고 있는 기본적인 진리다. 승리는 과정이다. 그 과정을 믿고 제대로 전개되도록 내버려둬야 한다. 그렇지 않으면 너무 빨리 너무 많은 것을 원하게 되고, 중요한 단계를 뛰어넘어 버리는 바람에 치명적인 실수를 저질러서 포기하게 될 것이다.

내 딸은 노래 부르는 것을 좋아한다. 어렸을 때부터 내게 "아빠, 나는 커서 유명한 가수가 되고 싶어요"라고 말했다. 다른 아이들처럼 내 딸도 음정에 맞춰서 노래를 부르기 위해 애를 먹었다. 내 친구들과 가족들은 내 딸에게 타고난 재능이 없어서 결코 가수가 되지 못할 것이라고 말했다. 그들의 말에 따르면, 딸아이는 가수가 아닌 다른 무언가를 선택해야 했다. 나는 그들에게 "딸아이가 노래 부르기를 좋아하고 자신의 가능성을 믿고 계속 노력한다면, 음정에 맞춰 노래하는 법을 배울 수 있을 거예요. 우리가 가수로서 '타고난' 재능이 없다고 계속 말한다면, 아이는 결코 자신을 믿지 못하게 되겠지요"라고 말했다.

그로부터 몇 년이 흐른 지금, 딸아이는 천사처럼 노래를 부른다. 딸아이는 성가대원으로 선발됐고, 심지어 아카펠라 공연도 하고 있다. 데릭 라이덜Derek Rydall은 《발현: 삶의 급격한 변화를 위한 일곱 가지 단계Emergence: Seven Steps for Radical Life Change》에서 "한 번에 한

음만 필요하다. 스스로 알아차리기도 전에 당신은 이미 노래하고 있을 것이다"라고 했다. 내 딸은 이 구절의 살아 있는 증거다.

위대한 일은 하룻밤 사이에 이뤄지는 게 아니라 단계적으로 이뤄진다. 재능을 개발하는 것처럼 목표 달성도 계획에 따라 각각의 단계를 밟았을 때 얻는 결과다. **불가능하다고 생각되는 것을 해낸 사람은 스스로 할 수 있다고 생각한 작은 일을 하나씩 이행해 온 사람이다.** 나는 이런 사람을 '빌더 builder '라고 부른다.

빌더는 과정대로 작업하면 결과는 자연스럽게 도출된다고 믿는다. 또한 빌더는 실수에 연연하지 않으며, 실수를 학습과 조정으로 이뤄진 피드백 루프에서 값진 교훈을 가르쳐주는 선생이라고 생각한다. 실수를 해도 빌더는 "다시는 하지 않으면 돼"라고 말한다. 빌더에게 좋든 나쁘든 모든 결과는 의미가 있다. 왜냐하면 과정은 계속 개선되고 있기 때문이다.

애석하게도 대부분의 사람은 빌더가 아닌 '레킹 볼 Wrecking Ball (철거할 건물을 부수기 위해 크레인에 매달아 휘두르는 쇳덩이―역주)'이다. 레킹 볼은 결과에 집착하고, 제한된 비전을 갖고 있으며, 아주 쉽게 낙담한다. 무엇인가가 빠르게 구체화되지 않으면 레킹 볼은 금세 낙심하고 자신감을 잃는다. 실수가 생기면 레킹 볼은 비난할 대상을 찾기 시작한다. 레킹 볼은 절대 과정에 전념하지 않고, 핑계만 한 가득 늘어놓고, 소유권을 맡는 법이 거의 없다. 그러니 레킹 볼이 결코 지속되거나 대단한 무언가를 만들어내지 못한다는 사실에는 전혀 놀랄 것이 없다.

빌더와 레킹 볼 중 무엇을 선택할 것인가?

모두의 내면에는 빌더와 레킹 볼이 동시에 존재한다. 이는 마치 모든 인간이 타인을 증오하고 해칠 수 있을 뿐만 아니라 사랑하고 연민을 느낄 수 있는 것과 같다. 그래서 무엇을 선택하느냐가 결과를 결정한다. 빌더를 선택할 것인가, 아니면 레킹 볼을 선택할 것인가? 둘 중 어느 쪽이 자기 성취를 책임지게 될까?

이 질문에 대답하기 전에 내가 좋아하는 이야기를 하나 소개하겠다. 페마 초드론Pema Chödrön은 《도약: 낡은 습관과 두려움으로부터 스스로를 해방하라 Taking the Leap: Freeing Ourselves from Old Habits and Fears》에서 다음의 이야기를 들려주었다.

늙은 원주민이 손자에게 세상의 폭력성과 잔혹함과 그 끝에 대해 이야기해줬다. 그는 그것이 마치 자신의 마음속에서 늑대 두 마리가 치열하게 싸우고 있는 것과 비슷하다고 말했다. 늑대 한 마리는 복수심과 분노로 가득하고, 다른 늑대는 이해심이 있고 친절하다. 손자가 어느 늑대가 싸움에서 승리했는지 물었다. 그러자 늙은 원주민은 "승리한 녀석은 내가 먹이를 던져주기로 선택한 녀석"이라고 대답했다.

핵심은 빌더에게 먹이를 주고 레킹 볼을 굶겨야 한다는 것이다. 빌더로서 우리는 승리가 우수한 실적의 결과임을 알고, 우수한 실적이 대단한 실행력의 결과라는 것을 안다. 하지만 승리에 관해 생각하느라 승리를 위해 차곡차곡 밟아 나가야 하는 단계에 집중하지 못할 수도 있다. 그러니 과정에 대해 생각해야 한다.

이 책을 쓰는 것 역시 과정이다. 나는 거의 매일 책을 썼다. 메모를 적고, 생각을 가다듬고, 원고를 재차 수정했다. 이 과정을 끝까지 완수한다면 내가 자랑스러워할 만한 책이 만들어질 것임을 알고 있었다. 승리하고 성공하는 사람은 최고가 되기 위해서 자신을 밀어붙이는 과정을 즐길 줄 안다. 그런 사람이 과정이 중심을 이루는 삶의 전형이다. "중요한 것은 여정"이라는 옛 격언에 덧붙여 말하면, 중요한 것은 과정이다. 다시 말해서 과정과 진심으로 사랑에 빠지고, 그 과정에서 경험하게 되는 모든 것을 받아들여야 하는 것이다.

막다른 골목에 이르렀다고 짜증 내지 마라. 눈앞에 있는 깎아지를 듯한 계단을 흥미롭게 여겨라. 승자가 되거나 비전을 실현하는 과정은 그 자체로 경외심을 불러일으킨다. 두 팔을 활짝 벌려서 그 여정을 품에 안아라. 그리고 열정적으로 한 걸음씩 앞으로 나아가라.

네 번째 진리
· 모든 결과에는 교훈이 담겨 있다 ·

실패는 없다. 그저 지나치게 빠른 포기가 있을 뿐이다.

조너스 소크 JONAS SALK

앞서 실패를 이야기했지만 사실 실패는 환상이고, 판단이고, 의견이다. 우리는 항상 자신이 하는 모든 것에서 성공적인 결과를 내놓는다. 승리하든 패배하든 무승부든 간에 모든 결과에는 목표에 다다르는 과정에서 현재의 위치를 알려주는 정보가 담겨 있다. 그래서 지금 정확한 방향으로 나아가고 있는지, 필요한 일을 하고 있는지 알 수 있다. 이런 맥락에서 볼 때 어디에나 스승이 존재한다. 결과에서 배우는 것은 의미 있고 영원한 과정을 만들어내는 유일한 방법이다.

승리는 과정이므로 큰 목표에 이르기 위해서는 시간, 노력, 개선이 요구된다. 산이 높을수록 정상에 다다르려면 더 많이 올라야 한다. 그 과정에 좌절하고 쓰러질 수도 있다. 여기에 예외란 없다. 좌절에서 교훈을 얻지 못한다면, 스스로 실패자라고 생각하게 될 것이다. 왜냐하면 그 누구도 실수 없는 삶을 살 수는 없기 때문이다. 실수를 저지르는 것은 불가피하지만, 실수에서 무언가를 배우는 것은 선택이다. 피드백으로 보느냐, 실패로 보느냐의 차이는 매우 크다. **일부 사람들은 실패를 포기할 핑계로 삼지만, 오히려 실패를 하나의 선택지로 여기고 포기하지 않는다면 우리는 실패하지 않을 수 있다. 성공이나 실패는 오직 자신의 마음속에 존재한다. 좌절은 평가하고 교훈을 얻을 정보를 담고 있는 결과일 뿐이다.**

밥 바우먼Bob Bowman 코치는 펠프스의 집념에 대해 설명하면서 "나는 그가 낙담하는 것을 단 한 번도 본 적 없다"라고 말했다. 이것이 펠프스가 올림픽 역사상 가장 많은 금메달을 목에 건 수영 선수가 된 이유다. 이와 대조적으로 쉽게 중도에 포기하는 사람은 그 어떤 결과도 자신에게 가르침을 줄 귀한 기회로 받아들이지 못한다. 영국의 작가 제임스 앨런James Allen도 "장애물을 만난 사람이여, 크게 기뻐하라. 그대가 장애물을 만났다는 것은 무관심이나 어리석음의 막바지에 이르렀고, 이제 스스로 해방시키고 더 좋은 길을 찾기 위해서 에너지와 지성을 한껏 끌어모아야 할 때란 의미이기 때문이다"라고 이야기했다.

실패를 두려워하는 사람은 승리하는 데 필요한 요소를 잘못 알고 있다. 분명히 패배는 승자에게도 아픔이지만, 실패를 경험하는 순간 그 시도가 보다 현명하고 지적인 방식으로 새로운 영역을 계속해서 탐구할 정보와 자유를 제공한다는 점을 인정해야 한다. 실수 한 번 하지 않고 위대한 일을 해내는 것은 불가능하다. 실수하는 것이 두려운 사람은 결코 큰 성공을 거둘 수 없다. 왜냐하면 실수하지 않는다는 것은 충분히 도전적인 일을 하고 있지 않다는 뜻이기 때문이다. 미국의 건축가 버크민스터 풀러Buckminster Fuller는 "내가 학교를 운영한다면, 착한 앵무새처럼 정답만 말하는 학생에게는 평균 점수를 줄 것이고, 많은 실수를 하고 거기서 무엇을 배웠는지 이야기하는 학생에게는 최고 점수를 줄 것이다"라고 말했다.

우리가 마주하는 모든 상황에는 교훈이 숨어 있다. 결과 중 일부는 우리를 행복하게 만들고 일부는 우리를 시험에 들게 하지만, 모든 경험은 목적을 달성하는 데 도움을 줄 뿐만 아니라 우리에게 영감과 가르침을 준다. 혹은 어떤 식으로든 목적을 이루는 데 쓸모 있는 가능성을 제공한다.

이 세상에는 두 부류의 사람이 있다. 실패라고 불리는, 모든 경험이 가져다주는 깨우침의 은총을 알지 못하는 사람과 고통과 역경에도 불구하고 계속 앞으로 나아가는 사람이다. 후자는 새롭게 알게 된 지식과 희망에 큰 기쁨을 느낀다. 당신은 어떤 종류의 사람이 되기로 선택할 것인가?

좌절과 실망, 엉망진창인 날도 예상하라

> 어두운 곳에서 우리는 자신을 발견한다. 그리고 아주 약간의 지식이 우리
> 의 길을 비춘다.
>
> 요다 Yoda

성공의 열쇠는 성공적인 생각을 하고, 그 생각을 바탕으로 행동
하는 것이다. 물론 모든 생각과 행동이 항상 바람직한 결과로 이어
지는 것은 아니다. 가끔은 성공이 손에 잡히지 않을 것처럼 느껴지
고, "엉망이군!"이라고 짜증 섞인 말이 튀어나오기도 한다. 심지어
포기하고 싶은 생각이 들 때도 있다. 나도 안다. 나 역시 그랬다.

주식을 시작하고 6년간 단 한 푼도 벌지 못했다. 사기가 너무 떨
어져서 패배를 인정하고 트레이딩에서 손을 완전히 떼고 도망쳐버리
고 싶은 날도 있었다. 하지만 나는 모든 결과에는 교훈이 담겨 있다
는 것을 알았고, 그래서 나는 실패라는 결과를 받아들이고 중요한
교훈을 찾아내 이를 끈질기게 이어 나갔다. 몇 년간의 시행착오 끝
에 나는 1년간 벌어들일 거라 기대한 수익보다 훨씬 많은 수익을 단
한 주 동안 거둬들였다. 영국 시인 로버트 브라우닝 Robert Browning 의
말을 몸소 경험했던 것이다. 그는 "단 1분의 성공이 몇 년의 실패를
보상한다"고 했다. **원하는 것을 미친 듯이 추구하라. 그러면서 좌절,
실망, 그리고 엉망진창인 날도 예상하라. 그 모든 것을 목적을 추구
하는 과정의 중요한 부분이라고 여기고, "고맙소, 선생"이라고 말하
는 법을 배워라.**

세바스찬 코 Sebastian Coe 는 세계 기록 보유자이자 올림픽 금메

달 4관왕이다. 전직 육상 선수인 그는 그의 저서 《승리하는 마음The Winning Mind》에 "나는 내게 아무것도 가르쳐주지 않았던 경기에서 우승했다. 내게 뭔가를 가르치지 않았던 경기에서 거의 패배하지 않았다"고 썼다. 일이 계획대로 진행되지 않는다고 화내지 말고 그 과정을 오롯이 받아들이면, 교훈과 성공으로 가는 길이 눈에 들어온다. 그러면 목표에 도달할 힘이 생긴다. '모든 것이 귀한 가르침을 주는 스승이기 때문에 모든 것이 귀중하다'는 것은 받아들이기 가장 어려운 신념 중 하나다. 위대한 철학자 프리드리히 니체Friedrich Nietzsche는 "우리를 죽이지 못하는 것은 우리를 더 강하게 만들 뿐이다"라고 말했다. 자연은 우리에게 그저 문제만 던져주지 않는다. 그 문제를 해결할 답도 함께 준다.

네이비실Navy SEALs(미 해군에 소속된 특수 부대—역주)은 조금 투박하게 "마음에 들지 않는 일도 받아들여라"라고 강조한다. 좋은 것과 나쁜 것 모두를 값진 경험으로 본다면, 뭔가 배울 자세가 된 것이다. 이것이 역경과 마주하더라도 정진할 수 있는 유일한 방법이다. 기억하라. 위험을 감수하지 않기로 선택하고 몸을 사리기만 하면, 꿈을 성취하는 게 어떤 느낌인지 알게 될 기회는 결코 주어지지 않을 것이다. 실패는 승리하는 과정의 일부분이고, 값진 교훈을 얻을 수 있는 교육 과정이다. 이를 인식한 상태에서 호기심을 갖고 적극적인 자세로 결과를 분석하고, 뭔가를 배우고자 노력해야 한다. 무엇보다 중요한 것은 끔찍한 날 때문에 꿈과 그 꿈을 실현하기 위해 거쳐야 하는 과정을 포기하지 않는 것이다.

다섯 번째 진리
·의지가 욕구보다 더 중요하다·

무언가를 기꺼이 하려는 의지가 그것을 해내는 능력을 만들어낸다.

피터 맥윌리엄스 Peter Mcwilliams

누군가 "난 모든 것을 시도했습니다. 나는 그저 성공할 수 없는 사람일 뿐이에요"라고 말하면 나는 "당신이 모든 것을 시도할 순 없었을 거예요. 당신이 모든 것을 시도했다면 아마도 성공했을 테니까요"라고 대답한다. 뒤이어 "하기 꺼려지는 일은 무엇인가요?"라고 묻는다. 이 질문이 화제를 바꾼다.

"나는 할 수 없다"라고 말하는 것은 "나는 하지 않을 것이다"라고 말하는 것과 같다. 실패와 마주할 때마다 당신의 본능은 성공하기 위해서 반드시 해야만 하는 일을 하지 않았다고 말할 것이다. 그저 성공할 수 없다고 말하는 것이 아니라, '그 무언가'를 기꺼이 하지 않는다면 성공할 수 없다고 말하려는 것이다.

그저 더 많은 시간이 필요한 것인지도 모른다. 삶은 특정한 조건이 갖춰져야 열매를 맺는 나무와 같다. 떡갈나무는 하룻밤 사이에 어엿한 거목으로 자랄 수 없다. **무언가를 얼마나 원하느냐는 중요하지 않다. 성공의 크기는 성공하기 위해서 *기꺼이* 필요한 일을 얼마나 했느냐에 비례한다. 그리고 그 의지는 계속 시험받을 것이다.**

당신의 삶은 스스로 기꺼이 참고 견뎌온 결과물이다. 꿈을 실현하려는 의지는 꿈이라는 목적지까지 가는 여정도 받아들이겠다는 결심이다. 꿈을 실현하기 위해서 기꺼이 무엇이든 하겠다고 결심하고 신념 체계와 행동을 일치시키면, 그 어떤 좌절도 꿈으로 가는 궤도에서 이탈시킬 수 없는 단계에 도달할 수 있다. 꿈을 실현하겠다는 의지가 강한 사람에게 불합리한 시도란 있을 수 없다.

언제 어느 순간에나 다음 단계는 존재한다. 계속 앞으로 나아가려면, 기꺼이 다음 단계로 넘어가야 한다. 이미 많은 단계를 거쳤고 그만큼 결과를 얻어냈더라도 말이다. 이것이 투지다! 주식 트레이더가 되겠다고 처음 결심했을 때, 나는 정말 잘하고 싶었다. 내 최종 목표는 세계 최고의 주식 트레이더가 되는 것이었다. 나는 이 목표를 이루기 위해 무슨 일이든 할 준비가 되어 있었다. 나는 이 목표를 향해 나아가는 과정과 깊은 사랑에 빠졌다. 나는 최종 결과가 아니라 다음 단계를 항상 열렬히 생각했다. 설사 내가 주식 트레이딩으로 부자가 되지 못하고 성공하지 못했더라도 나는 주식 트레이딩을 계속하고 있었을 것이다. 이 의지와 열정이 바로 내가 성공한 이유다!

씨앗 하나도 목적 없이 세상에 나오지 않듯이 우리도 목적 없이 세상에 태어나지 않았다. 우리는 모두 잠재력을 갖고 태어났다. 모든 것이 완벽해지기를 기다리지 마라! 친구여, 음정 한두 개가 틀리더라도 계속 노래하라. 자신의 잠재력을 기꺼이 탐구하라.

오직 실패를 무릅쓴 사람만이 승자가 될 수 있다. 지식만으로는 충분하지 않다. 뭘 해야 하는지 알더라도 행동으로 옮기지 않으면 불행으로 이어질 뿐이다. 왜냐하면 "할 수 있었는데……"라는 후회가 머릿속에서 떠나지 않을 것이기 때문이다. 해야 하는 일을 알지만 하지 않았다는 사실은 자신을 실패자처럼 느껴지게 만든다. 자신이 실제로 얼마나 잘해낼 수 있는지 파악할 수 있는 유일한 방법은 큰 목표를 세우는 것이다. 헨리 데이비드 소로 Henry David Thoreau 가 말했듯,

"그대가 꿈꾸는 것을 향해 당당하게 나아가라! 그대가 상상했던 삶을 살아라." 당신 스스로에게 "나는 무엇을 성취하거나 되고 싶은가? 내가 그 목표를 달성하려는 의지는 얼마나 강한가?"라고 물어봐라.

여섯 번째 진리
· 기록은 깨라고 있는 것이다 ·

역경으로 어떤 사람은 깨지지만, 어떤 사람은 기록을 깨트린다.

윌리엄 아서 워드 William Arthur Ward

개척자는 우리보다 앞서 그 누구도 가지 않았던 길을 성공적으로 간 사람으로서 추진력과 영감을 준다. 무엇이 효과가 있는지 그리고 다른 사람이 무엇을 했는지 안다면 비슷한 목표를 설정할 수 있고, 목표로 잡은 이들보다 더 좋은 결과를 얻을 수도 있다. 기록은 깨지는 법이고, 선도자는 우리에게 기록을 깨는 법을 보여준다. 선도자는 우리에게 동기를 부여하고, 넘어설 기준을 제시한다. 우리도 선도자처럼 우리 뒤를 따라올 이들을 이끌어줄 수 있다. 뇌가 활동적이라면, 무엇이든 배울 수 있다. 힘을 북돋아주는 신념이 뒷받침하는 옳은 과정을 따르다 보면, 다른 누군가가 해낸 일은 그것이 무엇이든지 간에 우리도 해낼 수 있다. 심지어 그 사람보다 더 많은 일을 해낼 수도 있다. 이는 어떤 사람이 먼저 이룩한 성공을 넘어설 수 있고, 넘어서게 되어 있다는 것을 진심으로 믿을 때만 가능하다.

나는 젊었을 때 극장에서 〈로키 4〉를 보면서 이 같은 통찰을 얻었다. 〈로키 4〉에서 큰 경기에 나선 주인공 로키 발보아는 러시아 선수 이반 드라고에게 밀리는 상황에 처한다. 사실 로키는 크고 강력한 드라고를 두려워하고 있었는데, 한 라운드가 끝나고 자신의 자리로 돌아가서 짧은 휴식 시간을 갖던 로키에게 트레이너이자 코너맨인 듀크가 다음과 같이 말한다. "넌 저 녀석에게 계속 타격을 주고 있어. 봐, 저 녀석은 기계가 아니야. 그 역시 사람이야." 듀크는 덧붙여 로키에게 "더 남자다워져!"라고 소리친다.

이 대사를 들은 나는 개인적으로 대단한 도전인 조 디마지오Joe Dimaggio의 주식 트레이딩 실적에 도전하고 싶었다. 1994년에 나는 위대한 폴 튜더 존스Paul Tudor Jones가 세운 투자 기록을 넘어서는 것을 나의 주식 트레이딩 목표로 삼았다. 그는 내가 존경하는 많은 영웅 중 한 사람으로, 4년 연속 세 자릿수 수익률을 올렸고 5년째 되는 해에는 수익률이 99.6퍼센트 상승했다. 이 목표에 도달하려면, 나는 5년 동안 최소한 3,950퍼센트의 수익률을 기록해야 했다. 10만 달러를 300만 달러 이상으로 만들기 위해 5년 동안 매년 평균 100퍼센트의 수익률을 기록해야 한다는 의미다. 그때까지 이와 비슷한 수준의 실적을 기록해본 적 없었기 때문에 이는 정말로 대담한 목표였다.

존스에게는 송구스럽지만 나는 그 역시 '그저 인간'일 뿐임을 알고 있었다. 앞서 누군가가 거둔 모든 성공은 더 위대한 성공으로 가는 로드맵이다. 덕분에 나는 그가 이뤄낸 모든 것을 넘어설 수 있었다.

이를 위해 나는 먼저 존스라는 사람 자체를 연구했다. 그의 트레이딩 스타일뿐만 아니라, 더 중요하게는 그의 신념까지 면밀하게 살폈다. 존스는 위험 회피 성향이 강한 사람이었다. 그는 기본적으로 가격 하락 위험을 통제하고, 손실을 제한했다. 그의 트레이딩 전략에 대해 아는 것은 거의 없었지만 투자 위험에 관해서는 존스의 트레이딩 전략을 충실히 따랐다. 나는 트레이딩 과정을 개선하는 데 힘쓰면서 존스의 위험 회피 접근법을 나의 트레이딩 전략에 접목시켰다.

또한 내 신념 체계를 실력이 증명된 승자의 신념 체계에 맞춰 조정했다. 나는 존스만큼이나 우수한 실적을 올릴 수 있을 것이라는, 아니 그의 실적을 뛰어넘을 것이라는 자신감이 생겼다. 그로부터 5년이란 시간이 훌쩍 흘러갔고, 결과가 나왔다. 나는 해냈다! 나는 5년 내내 세 자릿수 수익률을 기록했다. 심지어 나의 누적 수익률은 내가 달성하길 바랐던 3,950퍼센트가 아니었다. 그 수치의 거의 10배에 달했다! 나의 종합 누적 수익률은 무려 3만 3,554퍼센트에 달했다. 나는 5년 동안 매년 평균 220퍼센트의 수익률을 기록했고, 10만 달러는 3,000만 달러가 넘는 거액으로 바뀌었다! 이렇게 갑자기 상상하기조차 어려웠던 일이 현실이 되었다.

우리가 존경하는 영웅은 우리에게 무엇이 가능한지 보여주고, 우리도 그 일을 해낼 수 있다는 심지어 그보다 뛰어난 일을 해낼 수 있다는 믿음을 주는 진정한 롤모델로 역할한다. 이를 믿지 않는다면, 우리는 스스로 해낼 가능성이 거의 없는 일을 해내는 대단한 경험을 절대 하지 못할 것이다. 목표가 아무리 대단해도 우리 주변에는 그 목표보다 더 많은 일을 해낼 수 있다는 영감을 주는 사람이 항상 있다. 그는 용기 있는 행동으로 우리에게 영감을 주고, 모범 사례를 보여주며 우리를 이끈다. 그 과정에서 우리는 자신의 잠재력을 깨닫고, 이해하게 된다. 우리는 자신이 이뤄낼 수 있는 최고의 성취를 실현하기 위해 젖 먹던 힘까지 발휘한다. 하지만 이는 실제로 자신이 낼 수 있는 최대 능력치의 극히 일부분에 지나지 않는다. 세계 레슬링 챔피언을 3번이나 차지한 리 켐프Lee Kemp는《금메달Winning Glod》에 다음과 같이 썼다.

> 1972년 댄 게이블Dan Gable은 올림픽 챔피언이 되면서 레슬링의 전설이 됐다. 1976년 18살이었던 나는 게이블과 붙었고, 그 경기에서 승리했다! 당시에 나는 레슬링 경력이 겨우 6년밖에 되지 않는 대학교 2학년 학생이 었다.

불가능한 일은 누군가가 그 일을 해내기 전까지만 존재한다. 한 때 인류가 4분 안에 1마일(약 1,609미터)을 주파하는 것은 불가능한 일로 여겨졌다. 신체에 심각한 손상을 입지 않고서는 그 누구도 해 낼 수 없는 일로 여겨졌다. 그러다가 1954년 5월 6일 로저 배니스 터Roger Bannister가 3분 59.4초에 1마일을 주파했다. 그러자 불가능한 일이 갑자기 가능해졌다. 그로부터 고작 56일 뒤에 오스트레일리아 의 육상 선수 존 랜디John Landy가 3분 57.9초에 1마일을 주파했다. 이후 3년 동안 16명의 육상 선수가 '1마일 4분'이란 마의 장벽을 넘 었다. 4분 이내에 1마일을 주파하는 것은 신체적으로 불가능한 일로 여겨져왔는데 도대체 무슨 일이 일어난 것일까? 인류 진화의 대약진 이 있었던 것일까? 그렇지 않다. *생각을 바꾸면서 차이가 생겼던 것 이다.*

우리가 한계나 장벽이라고 여기는 것은 대체로 자신의 마음속에 만 존재한다. 신념은 무언가를 시도하거나 시도하지 않기로 선택하 는 것에 영향을 준다. 어떤 목표를 달성해서 이정표를 만들어내는 사람이 있다. 사람들은 그가 특별하고, 재능이 있거나, 운이 좋았기 때문에 그 일을 해낼 수 있었다고 믿거나 추측한다. 이런 잘못된 신념과 추측이 우리의 발목을 잡는다. 이것은 사실이 아닌 경우가 거의 대부분이며, 이렇게 생각하는 것은 최고가 되기 위해서 몇 년 동안 뼈를 깎는 듯한 고통을 참아내며 노력한 챔피언이 알면 억울해할 일이다.

우리 세대는 분명 앞선 세대보다 훨씬 더 많은 일을 해낼 것이지만, 미래 세대보다 더 많은 일을 해낼 수는 없을 것이다. 왜냐하면 인간의 학습력에는 한계가 없기 때문이다. 인간으로서 우리는 더 좋아지기 위해 노력하도록 프로그래밍되어 있다. 기술과 인공지능만 그런 게 아니다. 다른 누군가가 무엇을 해내면 우리는 그보다 더 잘 해낼 수 있다. 열정, 헌신, 지식, 훈련을 적절히 투자하면 누구나 세계기록을 깰 수 있다. 스스로 알든 모르든 간에 우리 모두의 마음속에는 '기록 파괴자'가 살고 있다.

일곱 번째 진리
· 되고 싶은 사람이 되기에 늦은 때란 결코 없다 ·

그 누구도 출발점으로 되돌아가서 출발할 수는 없다. 하지만 누구나 오늘 시작해서 새롭게 끝을 맺을 수 있다.

메리 로빈슨 Maria Robinson

단 한 번이라도 '너무 늦었나?'라고 생각한 적이 있는가? 사람들은 "너무 늙어서 사고가 굳어버렸어요", "이제야 바뀔 순 없어요", "지금 알고 있는 것을 좀 더 일찍 알았더라면 좋았을 텐데"라고 말한다. 이것은 핑계다. 전부 쓸데없는 소리다!

글래디스 버릴 Gladys Burrill은 86살에 첫 번째 마라톤을 완주했고, 92살에 호놀룰루 마라톤 대회를 완주해내면서 유명해졌다. 그녀는 포기하지 않고 끝까지 달려서 장장 9시간 53분 만에 결승선을 통과했다. 그녀는 이 대단한 성취를 인정받아서 기네스 세계기록에 등재됐다.

이가라시 테이이치 Teiichi Igarashi는 96살에 해발 3,776미터의 후지산을 등정한 최고령 등반가가 됐다. 후지산은 도쿄 남서쪽으로 대략 100킬로미터 떨어진 곳에 있는 활화산이다. 테이이치가 후지산을 등정하기 9일 전, 미국 캘리포니아 로마 린다에서 온 91살 미국인인 훌다 크룩스 Hulda Crooks가 후지산 정상에 오르면서 최고령 여성 등반가가 됐다.

나는 50살 때 권총 사격 대회에 처음 참가했다. 친구 소개로 알게 됐는데, 처음에는 40구경 권총을 들고 장애물을 통과하면서 사격하는 스포츠에 전혀 관심이 없었다. 그리고 누군가와 경쟁하는 스포츠에 뛰어들기에는 내 나이가 너무 많다고 생각했다. 하지만 나는 지역 대회에 참가했고, 나의 승리 법칙을 대회에 적용했다. 얼마 지나지 않아 나는 권총 사격 대회에서 자식뻘인 사람들과 나란히 경쟁하게 됐다. 새로운 원칙을 적용하자 대회에서 더 효율적으로 움직일 수 있었고, 심지어 내가 참석한 부문에서 승리하기까지 했다. 지금 나는 정기적으로 주 대회, 심지어 국가 대회에도 참가하고 있다. 이 경험은 꿈을 좇거나 무언가에 도전하기에 지나치게 늦은 때란 결코 없다는 사실을 내게 일깨워줬다. 특히 사고방식을 개선하는 데 있어서 너무 늦은 때란 없다.

비니 딘 워커Vinnie Dean Walker는 89살에 싱클레어커뮤니티대학교에서 사회학 학위를 수료해 최고령 졸업생이 됐다. 2011년 레오 플라스Leo Plass는 99살에 이스턴오리건대학교에서 교과 과정을 이수하고 졸업하면서 세계기록을 수립했다. 수전 보일Susan Boyle은 말했다. "세상에는 당신을 가치 없다고 여기는 사람이 충분히 많다. 그러니 자신이 그런 사람 중 한 명이 될 필요는 없다!" 무언가에 도전할 나이와 시간이 정해져 있다는 편견에서 벗어나야 한다. 그렇게 하려면 토대가 되어줄 힘이 되는 보편적인 신념 체계가 필요하다. 25살이든 75살이든 뭔가를 하기에 너무 늦었다거나 좀 더 일찍 시작했어야 한다는 핑계를 댈 순 있다. 그러나 무언가 하고 싶은 일에 도전하기에 지나치게 늦은 때는 결코 존재하지 않는다. 특히 자신이 되고 싶은 사람이 되기에 너무 늦은 때는 없다.

· 신념은 성공의 결과가 아니라 원인이다 ·

신념은 한 번씩 참고하는 사전이나 가끔 사용하는 도구가 아니다. 신념은 우리가 하는 모든 일에 영향을 주는, 나침반과 보이지 않는 힘을 만들어내는 도구다. 우수한 실적을 거둔 유능한 사람은 공통적으로 자아에 힘이 되는 신념을 갖고 있다. 이런 신념을 갖고 우리는 스스로 승리하는 환경을 조성하는 정신적 지원 체계를 만든다. 혹자는 "성공한 사람은 긍정적인 생각을 하기 쉽다"고 말할 것이다. 장담하건대, 승자는 그 자리에 오르기 전부터 이런 신념을 갖고 있었다. 바로 이것이 그가 승자가 된 이유다. 그 반대 순서가 아니다. 나역시 신념은 내 성공의 결과가 아닌 원인이었다.

자신의 신념 체계를 거스르고 있다면, 신념 체계를 다시 조정해볼 필요가 있다. 먼저 자신의 핵심 신념부터 살펴봐야 한다. 승리하는 것이 선택이라고 믿는가? 목적지에 이르는 과정과 여정을 받아들일 준비가 되어 있는가? 누가 무엇을 해내면 자신도 해낼 수 있다고 믿는가? 지금까지 얻은 모든 결과로부터 뭔가를 배울 자세가 되어 있는가? 안타까운 말이지만, 일부는 이 질문에 아니라고 답할 것이다. 왜냐하면 그들의 신념이 자신과 세상에 대한 낙관적인 생각을 뒷받침하지 않기 때문이다.

신념 체계에는 기본적으로 위계가 존재한다. 하나의 신념이 또 하나의 신념으로 이어진다. **자아에 힘이 되는 핵심적인 신념의 토대가 마련되어 있지 않다면, 자아에 힘이 되는 전략과 행동이 이어질 수 없다. 그렇다면 해결책은 무엇일까? 바로 자아에 힘이 되는 신념을 선택하는 것이다!** 가정 환경, 전통이나 주변 상황 때문에 어렸을 때부터 자기 자신에 대해 특정한 믿음을 갖고 있는 사람에게 이것은 도전이다. 그가 갖고 있는 자아로부터 힘을 빼앗는 신념은 개인의 성취를 제한하고, 심지어 용기 내서 희망하는 것도 제한한다.

모든 것은 자신의 능력을 믿는 것에서부터 시작된다. 이것이 개인적으로 추구할 목표와 우선순위를 결정한다. 그다음에 긍정적인 자아상을 확인하는 실천이 뒷받침되는 행동이 이어진다. 그러나 이것은 쇠사슬처럼 가장 약한 연결 고리에 지나지 않는다. 그러므로 자신의 제한적 신념에 도전하는 것으로 시작하라.

자아에 힘이 되는 신념은 손만 뻗으면 잡을 수 있는 거리에 있다. 우리는 승자가 되기 위해 필요한 모든 것을 갖고 있다. 단지 잠재력을 제대로 사용하는 법을 배우지 못했다고 해서 자신의 잠재력에 대한 신념의 가치를 떨어뜨리지 마라.

우리는 지적인 존재다. 우리 스스로 상상하는 것 이상으로 많은 역량을 갖춘, 기적과 같은 존재란 의미다. 결국에는 스스로 무엇을 믿을지 선택해야 하는데, 이는 자신의 마음속에 그리는 바로 그 무언가가 될 수 있다는 뜻이다. 스스로 해방시키고 개인적 힘을 만들기에 너무 늦은 때란 없다. 언제나 힘이 되어줄 보편적 신념을 갖추는 것이 첫 단계다.

MINDSET
SECRETS
—— for ——
WINNING

CHAPTER 3

승자의
자아상을
만들어라

오랜 세월이 흘렀지만, 나는 내 인생 첫 번째 전국 가라테 토너먼트에 참가했을 때의 기분을 여전히 생생하게 기억한다. 흥분, 초조 그리고 가족과 친구 앞에서 시합해야 한다는 데서 비롯한 압박감이 나를 사로잡았다. 1982년이었다. 여러 지역 대회에 참가해봤지만, 전국 대회에서 시합한다는 것이 어떤 기분이고 모습일지에 대해서는 전혀 감이 잡히지 않았다.

고약한 진눈깨비를 뚫고 몇 시간을 달려서 마침내 경기장에 도착했다. 경기장에 도착하자마자 일종의 안도감이 들었다. 나는 그곳에서 내 인생 최초로 트리플A급 극진가라테(맨손으로 상대를 가격하는 가라테—역주) 시합을 치렀다. 경기장은 쟁쟁한 선수들로 가득했고, 나는 흥분으로 후끈 달아올랐다. 나는 그 순간을 위해 매일 연습하고 준비했다. 주위 사람들은 내가 우승할 거라고 했다. 그때까지 지역 대회에서 꽤 괜찮은 성적을 거둬왔기 때문이었다.

첫 번째 탈락자 결정전이 시작됐다. 나는 상대 선수가 기다리고 있는 경기장 위에 올라섰다. 그는 검은색 도복을 입고 피처럼 붉은색 머리띠를 하고 있었다. 그의 동료들은 경기장 밖에 있었는데, 그들 역시 모두 검은색 도복에 붉은색 머리띠를 착용하고 있었다. 붉은색 머리띠는 단합의 상징 같았다. 그들은 자기 팀 선수에게 힘을 북돋아주기 위해 열심히 소리를 질렀다. "그 녀석은 하룻강아지야. 아무것도 아니라고." "본때를 보여줘. 단단히 버릇을 고쳐놔." "여기는 네 안방이야."

시합이 시작되려는 순간 상대 선수가 양팔을 위아래로 휘저으며 뱀처럼 쉭쉭 소리를 냈다. 나는 그를 보고 겁을 먹었다. 이어 심판이 "시작!"이라고 말하자 상대 선수는 귀청이 떨어질 것처럼 크게 소리를 질렀고, 나는 깜짝 놀라 집중력이 흐트러졌다. 정신을 차릴 새도 없이 공격이 들어왔다!

몇 초 뒤 나는 갈비뼈에 금이 간 채 바닥에 나뒹굴었다. 너무나 고통스러워서 숨을 쉴 수 없었다. 나는 바닥에 쓰러진 채 아버지를 올려다봤는데, 아버지는 나를 보고 실망했다는 듯이 고개를 절레절레 저었다. 나는 간신히 일어나서 경기장 가운데로 갔지만, 이미 정신적으로 패배한 상태였다. 내가 시합에서 지는 것은 시간문제였다. 몇 분 뒤 나는 토너먼트에서 완전히 탈락했다.

집에 돌아오는 길은 한없이 길게 느껴졌다. 차 안은 조용했다. 나는 완전히 낙담했지만, 가라테를 관둘 생각은 없었다. 내 사전에 포기란 없었다! 나는 조금이라도 빨리 도장으로 돌아가 내가 무엇을 잘못했는지 복기하고 싶었다. 나는 더 많이 연습하고 기술을 연마할 필요가 있다고 생각했다. 나는 '더 열심히 연습해서 그 누구보다 시합하기 좋은 몸 상태를 만들 거야' 하고 다짐했다. 나는 더 훈련하고, 더 대련하고, 더 연습했다. 그러나 나는 그때까지도 몸뿐만 아니라 마음도 훈련하는 법을 배워야 한다는 생각은 하지 못했다.

나는 '영화배우'라는 별명을 얻을 정도로 쿵푸 영화에서나 볼 법한 돌기와 공중제비 등 화려한 동작이 포함된 환상적인 기술을 익히는 데 매진했다. 그렇게 지역 대회에서는 계속 좋은 성적을 거뒀지만, 위험 부담과 압박감이 큰 대회에서 질 가능성과 그 결과로 인해 민망해질지도 모른다는 두려움에 집착했다. 그래서 큰 대회에 참여했을 때는 모든 게 내 생각대로 흘러가지 않았다. 연습하면서 연마한 모든 기술이 무용지물이 됐던 것이다.

전국 대회에 섰던 날, 나는 열심히 갈고닦은 기술을 제대로 사용할 수 없었다. 이미 정신적으로 패배한 상태로 경기장에 들어섰기 때문이다. 내가 신체적으로 얼마나 준비되어 있는지는 중요하지 않았다. 나의 자아상이 제대로 준비되어 있지 않았다. 나는 침착할 수 없었다. 압박을 받는 상황에서 적절한 기술을 선보일 자신이 없었다. 나에게는 정신적 전략이 없었다. 설상가상으로 나는 진짜 문제가 자아상이라는 것을 알지 못했다.

이 경험은 오랫동안 내가 무언가를 추구할 때 유용한 교훈이 되었다. 자아상을 구축하는 것이 가장 집중해야 할 부분임을 아는 것이 중요하다. 열심히 연습하는데도 결과는 항상 기대 이하였는가? 만약 그렇다면 이유는 자아상에 있다. 승자가 되고 싶다면 근육이나 매력이나 화술보다 자아상을 가장 먼저 강화해야 한다.

승자의 자아상을 구축하려면 구체적인 단계를 포함해서 철저하게 계획해야 한다. 엄청난 자신감을 갖기 위해 습관적으로 해야 하는 일은 자연스러운 일이 아니기 때문이다. 이와 대조적으로, 일을 망쳤을 때 우리는 부정적인 생각을 하면서 "얼간이 같으니라고. 도대체 왜 그런 멍청한 짓을 한 거야? 도대체 너는 뭐가 문제니?"처럼 자아의 기를 죽이는 질문을 되풀이하게 된다.

인간은 본능적으로 문제부터 찾는다. 거울에 비친 자신의 모습을 봐도 대부분 곧장 결함부터 찾아낸다. 가령 "내 코는 너무 커", "나는 대머리야", "나는 너무 뚱뚱해", "나는 너무 말랐어", "금발이면 좋을 텐데", "좀 더 키가 컸으면 좋을 텐데" 같은 생각을 끊임없이 한다. 실수를 저질러도 이 같은 반응이 먼저 나온다. 우리는 잘못된 점에만 집착한다. 왜냐하면 잘못된 점을 바로잡고 싶기 때문이다. 의도는 좋지만, 승자의 사고방식은 아니다. 대부분의 사람이 유능한 실력자로서 자아상을 갖지 못하는 이유다.

하지만 놀랍게도 자아상에 대해 질문하면, 대부분의 사람이 꽤 훌륭하다고 대답한다. 이 대답은 의식과 자아로부터 나온 것이다. 그렇다면 잠재의식은 어떤 대답을 할까? 잠재의식에는 어떤 자아상이 각인되어 있을까? 자신의 잠재의식에 깊이 새겨진 자아상이 무엇인지 알고 있는가? 살면서 어디로 나아갈지 알려주고 통제하는 것은 다름 아닌 잠재의식에 각인된 자아상이다.

다음은 자아상을 형성하는 요인이다.

- 과거의 경험을 어떻게 바라보는가?
- 자신에 대해 다른 사람이 하는 말 중에서 무엇을 진실로 믿는가?
- 자신이 얼마나 훌륭한 자질을 갖춘 존재라고 느끼는가?
- 현재 자신을 어떻게 바라보는가?

진정한 자아상은 의식적으로 자신을 미화한 모습이 아니고, 잠

재의식에 깊이 새겨져 있는 모습이다. 잠재의식에 더 깊이 새겨진 자아상이 스스로 성취할 수 있는 성과 수준을 결정한다. 자아상은 지금까지 자기 신념이 축적된 저장소다. 잠재의식에 자리 잡은 진정한 자아상이 내부적으로 사고방식과 소통방식을 통제한다. 당신은 잠재의식 속에서 자기 회의적이고 자신감이 없는 사람일 수도 있다. 이런 자아상이 아주 어렸을 때, 아마도 어린 시절 내내 자신의 모습이었는지도 모른다. 살아가면서 하는 모든 경험은 뇌 속에 저장된다. 자신 있고 낙관적인 사람이든 자신 없고 패배감에 찌든 사람이든 간에 우리는 잠재의식과 지금까지의 경험을 바탕으로 갖게 된 신념 속에서 편안함을 느낀다. 잠재의식 속 진정한 자아상이 당신의 정체성을 만들어낸다. 그리고 잠재의식이 언행과 정체성을 일치시킨다.

· '나다운' 구역이 중요하다 ·

자아상은 실내 온도를 일정하게 유지하도록 프로그래밍된 온도 조절 장치와 비슷하다. 실내 온도가 너무 내려가면 난방기가 가동된다. 반대로 실내 온도가 너무 올라가면 냉방기가 가동된다. 자아상은 소위 '나다운' 구역을 만들어내서 이런 일을 한다. '나다운' 것이라고 생각되는 것을 중심으로 형성된 정신적 경계선은 자아상과 함께 확장되고 수축된다. 압박감에 짓눌리는 것이 '나다운' 것이라고 생각한다면, 그것은 자기답다고 생각하는 모습의 일부가 된다. 결국 '나는 압박감에 쉽게 무너져'라고 믿기 시작한다. '나다운' 것이라고 생각하는 것이 기대 수준을 결정한다. 일종의 '자기 충족 예언'(자기

가 예언하고 바라는 것이 실제 현실에서 충족되는 방향으로 이루어지는 현상—역주)
이 되는 것이다.

이 과정을 자세히 살펴보자. 당신을 아마추어 골프선수라고 가정해보자. 지난 2년 동안 최고 성적은 86타고 최저 성적은 115타다. 그런데 어느 날, 전반 9홀을 36타로 끝냈다. 후반 9홀을 43타에 마무리하면 70타대에서 라운드를 마무리할 수 있는 것이다. 설령 50타로 후반부를 마무리하더라도 개인 최고 성적인 86타가 나올 것이다. 그런데 어찌 된 일인지 후반 9홀이 생각대로 잘 풀리지 않았다. 더블 보기(한 홀에서 기준 타수보다 두 타수 많은 것—역주)나 트리플 보기(한 홀에서 기준 타수보다 세 타수 많은 것—역주)가 나왔다.

당신은 다음 주에도 골프를 치러 나왔다. 이번에는 2번의 트리플 보기로 라운드를 시작하면서 전반 9홀을 완전히 망쳤다. 역대 최악이었다. 반면 후반 9홀에서 평소보다 더 좋은 실력을 발휘했고, 전체 라운드를 86타와 115타 사이에서 마무리했다.

두 사례 모두 평소 성적보다 좋거나 나쁜 성적을 거두지 않았다. 왜일까? 대체로 잠재의식이 특정 기대 수준에 맞춰 프로그래밍돼 있기 때문이다. 자신도 모르는 사이에 86타와 115타 사이 정도가 '나다운' 것이라고 굳게 믿고 있었는지도 모른다. 그래서 이 '나다운' 구역을 자신의 정체성을 구성하는 일부로 받아들이게 됐을 것이다. 사람들에게 "나는 보기 플레이어(1홀 평균 스코어를 보기로 끝내는 사람으로, 1라운드를 90타 전후로 치는 사람—역주)야"라고 말하고 다녔을지도 모른다.

스포츠는 물론이고 직장 생활, 인간관계, 일상생활 등 어디서든지 스스로 설정한 '나다운' 구역에 갇힐 수 있다. 당신에게 높은 실적을 올릴 수 있는 능력이 있을지도 모른다. 그러나 스스로 "승리하는 것이 나답다"라고 생각하지 않는다면, 승리할 가능성은 거의 없다. **무언가를 할 때, 우리는 그것이 자신의 정체성과 맞기 때문에 하는 것이다. 우리의 목표는 자아상을 제시해 실제 가진 잠재력의 크기와 스스로 생각하는 잠재력의 크기 사이의 격차를 줄이는 것이다.**

"너도 알잖아. 나는 스트레스 덩어리야"라는 말을 입에 달고 사는 친구가 있다. 그는 "나는 가끔 스트레스를 받아"라거나 "나는 지금 스트레스를 받고 있어"라고 말하지 않는다. 그는 자신이 스트레스 *덩어리*라고 확신한다. 이 친구를 잘 모르더라도, 그가 일상에서 상당한 스트레스를 받고 있다는 것을 쉽게 짐작할 수 있을 것이다.

나는 올림픽 금메달리스트 래니 배샴Lanny Bassham을 통해 '나다운' 구역의 존재를 처음으로 알게 됐다. 그는 《승리를 생각하며With Winning in Mind》에 다음과 같이 썼다.

누구나 경기 성적을 올리려면 무언가가 변해야 한다는 것을 알지만 변해야 하는 대상이 자신이길 원하지 않는다. 그보다는 새로운 장비를 구입해서 혹은 책을 읽거나 교훈을 얻어서 문제가 해결되길 바란다. 그리고 문제의 원인이 다른 누군가이기를 원한다. 그러나 자신을 제외한 그 누구도 자신의 자아상을 바꿀 순 없다. 직접 이 일을 해야 한다. 그 첫 단계는 자신이 문제임을 인정하는 것이다.

'나다운' 구역을 개선하려면, 스스로를 바라보는 시각이 바뀌어야 한다. 스스로 "나는 압박감을 느끼면 무너진다"라거나 "나는 늦는 편이다"라고 말한다면, 이것이 진실이라고 믿게 될 위험이 있다.

강한 자아상을 가지고 있으면 "나는 압박감을 느끼면 최고 실력을 발휘한다" 혹은 "처음부터 끝까지 강하게 밀고 나가는 것이 나답다"라고 생각한다.

지금부터 이런 사고방식을 개발하는 법을 살펴보자.

· 그 누구도 자아상을 뛰어넘을 수 없다 ·

나는 스스로를 높게 평가하는 사람을 두고 망상에 빠져 있다고 생각했고, 그래서 그런 사람들을 과소평가했다. 가라테 대회에서 이런 부류의 사람에게 패배하기 전까지는 그랬다. 이 경험으로 나는 자아상에 대해 새로운 깨달음을 얻게 됐다. 조언하는데, 이런 부류의 사람을 절대 가볍게 여기지 마라. 이런 부류의 사람은 반갑지 않고 불편할 수 있지만, 성공을 위해서라면 필요한 모든 것을 하겠다는 강력한 동기를 가지고 있다.

자신감은 건전한 자아상과 함께한다. 자아상이 형편없으면, 주저하고 의심하게 된다. 이것이 때때로 덜 유능한 사람이 더 유능한 사람을 이기는 이유다. 당신은 열정적이고, 뭔가를 열렬히 원하고, 훌륭한 직업관과 강인한 정신력, 그리고 심지어 타고난 재능을 갖고 있을 수 있다. 하지만 승자의 자아상을 만들지 않으면 당신이 승리할 가능성은 희박하다.

우리는 모두 한두 가지 정도 뛰어난 역량을 가지고 있을 것이다. 예컨대 10점 만점에 재능 점수는 8점일 수 있다. 그러나 자아상에선 재능 점수가 겨우 4점이다. 이 경우, 압박감을 느낄 때 성과는 8

점보다 4점에 가까운 수준이 된다. 그 이유는 무엇일까? **아무리 재능이 있고 타고난 역량이 출중하더라도, 많은 시간을 연습했더라도, 자아상이 형편없으면 잠재력을 완전히 발휘할 수 없다. 실력은 자신의 자아상에 딱 맞춰서 발휘되는 법이기 때문이다.**

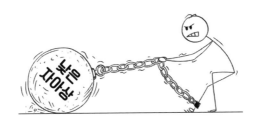

낮은 자아상은 저조한 성과와 무거운 압박감에 갇혀버리게 만든다. 우리 삶에 낮은 자아상보다 더 부정적인 영향을 미치는 것은 드물다. 이런 현실을 고려하면 자신의 능력보다 높은 자아상을 갖는 편이 훨씬 낫다는 것을 이해할 수 있을 것이다. 다만 이것은 많은 사람들, 특히 부모들이 믿는 바에 어긋난다. 부모는 과신을 두려워하며, 자신과 자녀는 '현실적인 것'을 더 좋아한다고 생각한다. 사실을 말하자면, 사람들은 그가 현재 처해 있는 처지보다 훨씬 훌륭하다. '비현실적인' 자아상은 우리가 될 수 있는 최고가 되고, 현재 역량을 넘어서 더 성장할 수 있도록 잠재력을 해방시킨다. 승리자의 자아상을 지니면 자신보다 더 재능 있지만 낮은 자아상으로 구속받는 사람보다 더 좋은 성과를 얻을 수 있다. 전설적인 존재가 되기 위해 가장 중요한 것은 정신 훈련인지도 모른다. 자아상을 개선하면 성과가 개선될 것이기 때문이다.

자아상은 적어도 자신의 재능 수준이나 그 이상에 맞춰 형성되어야 한다. 어떤 사람에게는 이 말이 이상하거나 거만하게 여겨질 수도 있다. 도대체 어떻게 개인의 정체성이 개인의 능력보다 *더 높은* 수준에서 형성될 수 있을까? **비범한 사람들은 성공하는 데 도움이 되도록 자기 자신을 바라보기로 선택한다. 자아상이 훌륭하면, 승리는 항상 선택할 수 있는 선택지가 된다. 반면 자아상이 형편없으면, 승리하는 게 당연한 사람조차 자주 실패하는 모습을 보이게 된다.**

승자의 자아상을 보여주는 가장 상징적인 사례로 "나는 최고다" 라고 선언한 무하마드 알리 Muhammad Ali를 들 수 있다. 알리는 최고의 복싱 선수였고, 그 자신도 그것을 알고 있었다. 그의 정신 훈련과 신체 준비는 10점 만점이었다. 그가 세 번이나 헤비급 세계 챔피언을 차지한 것은 어찌 보면 당연한 결과였다.

승자는 정신적으로 내부 조화를 이룬다. 기대 수준과 성과 수준이 동일하다. 승자는 자신이 우승하는 데 필요한 것을 갖추고 있다고 믿는다. 승자가 되기 위해선 자신이 승리할 수 있다고 믿는 강한 자아상이 필요하다. 자기 신념이 낮으면, 특히나 압박감을 느끼는 상황에서는 결코 최고의 실력을 발휘할 수 없다. 자아상은 이렇게나 중요하다.

· 의식은 선장이고, 잠재의식은 선원이다 ·

자아상은 잠재의식 영역에 존재한다. 자아상을 자신에 대해 가진 모든 생각이 저장된 기록 보관소라고 생각하라. 무언가에 대해 생각할 때마다 마음에는 깊은 흔적이 남는다. 좋은 성과를 거두면 자아상은 강해지고, 성과가 나쁘면 자아상은 약해진다. 자아상은 마음에 남은 흔적을 바탕으로 자신을 바라보는 시각을 생성한다. 자아상의 주된 업무는 스스로 생각하는 자기 위치를 유지하는 것이다.

다행히도 잠재의식은 제안에 매우 수용적인 모습을 보인다. 이것은 매우 바람직한 일이다. 왜냐하면 잠재의식이 자기 자신에 대해 갖고 있는 모든 생각을 주의 깊지만 비판적이지 않게 살핀다는 뜻이기 때문이다. 잠재의식은 논리적으로 상황을 해체하거나 분석할 수 없다. 이것은 의식에서 이뤄지는 일이다. 잠재의식은 단순히 우리가 제공하는 정보만 기록할 뿐이다.

우리는 잠재의식이 자동적으로 작업할 수 있을 때까지 반복과 의식의 지시를 통해 기술을 개발한다. 자아상은 자기답다고 여겨지는 수준에 맞춰서 잠재의식을 할당한다. **의식이 선원에게 지시를 내리는 배의 선장 같다면, 잠재의식은 선장의 지시를 받는 선원이라고 할 수 있다. 선장은 경로를 짜지만, 그 경로에 따라 배를 조정하는 것은 선원이다.** 아니면 의식은 배우에게 연기 방향을 잡아주는 영화나 연극 감독이라고 할 수 있다. 이렇게 생각하면, 의식이 삶의 경로를 설정할 수 있다는 것을 이해하기 쉬울 것이다. 그러나 우리가 의식이 설정한 경로에 따라 살아가게 만드는 것은 잠재의식이다. 잠재의식에 존재하는 이미지와 기억이 부정적인 자아상을 강화하면, '의식'이란 선장이 지시한 계획을 효과적으로 이행할 수 없다. 잘해내고 싶어도 항상 뭔가가 어긋나고, 실력이 제대로 발휘되지 않는다.

하지만 과거에 실패했던 경험이 반드시 미래를 좌우하는 것은 아니다. 우리는 의식을 이용해서 잠재의식에 새로운 이미지와 가능성을 새길 수 있다. 이를 위해서는 과거의 경험을 바라보는 시각을 바꿔야 한다. 이렇게 하면 마음속에서 승자를 키워내는 데 도움이 되도록 자아상을 다시 프로그래밍할 수 있다.

· 빙산 이론을 이해하라 ·

빙산을 떠올려보라. 수면 위로 보이는 부분, 즉 빙산의 일각은 전체 빙산 덩어리의 10퍼센트에도 못 미친다. 이것은 논리적이고 비판적인 사고력, 의지력, 즉각적인 집중력이 존재하는 의식을 상징한다. 수면 아래 존재하는 훨씬 더 큰 부분은 잠재의식이라고 할 수 있다. 잠재의식은 우리의 직관적이고 창의적인 활동에 대단히 큰 영향을 미친다. 이것이 바로 '빙산 이론'이다.

잠재의식은 장기 기억, 감정, 가치, 그리고 투쟁-도피 반응 같은 보호 반응의 보관소다. 본능과 자동적이거나 직관적인 행동은 잠재의식에서 비롯된다. 잠재의식에 존재하는 기억과 경험은 개인의 신념, 습관, 그리고 행동의 근간이 된다. 우리가 하는 일의 90퍼센트 정도는 잠재의식 차원에서 처리된다. 〈그림 3-1〉을 참고하라. 빙산은 수면 아래 있는 부분이 훨씬 더 크다는 것을 알 수 있다. 이부분은 우리 삶에 영향을 주는 모든 요소의 저장소를 상징한다.

잠재의식에 새겨진 무언가는 절대 지워지지 않는다. 그렇다고 과거의 경험과 이미 프로그래밍된 잠재의식에 갇히거나 좌우될 필요는 없다. 잠재의식에 건전한 사고를 주입하면 자아상을 개선할 수 있다. 부정적인 생각이나 감정을 최소화하면서 좋은 습관을 형성하는 데 도움이 되는 반복 학습과 승리하기 위한 긍정적인 감정을 부

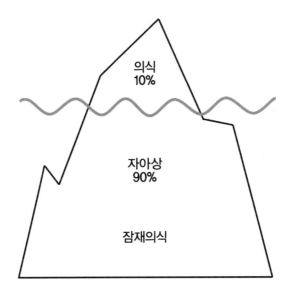

의식
10%

자아상
90%

잠재의식

그림 3-1　의식은 잠재의식을 가르친다. 그리고 자아상은 자기 자신에 대해 가진 모든 생각과 함께 성장하고 쪼그라든다. 우리가 하는 일은 대부분 의식적으로 일어나고, 잠재의식의 깊은 곳에 저장된 것에 의해 움직인다.

여하면 된다. 이렇게 하면 하드 드라이브에 데이터가 기록되듯 보다 긍정적이고 자신 있는 자아상이 잠재의식에 각인될 것이다.

·감정의 무게를 더하라·

뭔가 반복적으로 연습했지만 바라는 결과를 얻지 못한 적이 있는가? 이런 경험을 하고 나면 스트레스를 받거나 속이 상할 것이다. 농구공이 골대를 빗나가거나, 골프공이 잘 안 맞거나, 화살이 과녁에서 벗어나거나, 계약을 놓칠 때 실망하고 심지어 화가 난다. 마침내 가까스로 골대에 농구공을 넣거나 뭔가 제대로 해냈을 때조차도 앞선 실수에 집착하게 된다. 이런 상태에선 자유투 6개를 던져도 2개만 골대에 들어가거나 연속으로 버디를 놓치는 게 당연하다. 실망스러운 경험에 '감정 테두리'가 둘러지며 자신의 마음속에서 실패의 이미지가 확대된 것이다. **잠재의식은 기억을 이미지로 기록하고 처리한다. 이때 잠재의식은 각각의 기억을 똑같이 중요하게 취급하지 않는다. 잠재의식은 감정이 최고조에 달했던 순간의 경험을 우선시한다.**

많은 심리 연구 결과에서 공포, 분노, 기쁨과 같은 감정이 고조된 상태에서 일어난 사건은 그렇지 않은 사건보다 기억에 훨씬 더 오래 남는다는 것을 확인했다. 실수할 때마다 습관적으로 화를 내면, 같은 실수를 반복해서 할 가능성이 커진다. 과학자들은 이런 현상에 그럴듯한 생물학적 근거를 제시했다. 감정이 격양된 상태에 분비되는 호르몬은 신경이 새로운 기억 회로를 형성하도록 재구성된 곳에서 화학적 민감도를 높이도록 신경세포를 '준비'시킨다. 뉴욕 콜드 스프링 하버 연구소의 신경과학자인 로베르토 말리노프Roberto Malinow는 "모든 사람들에게서 이 같은 현상이 나타났다"라고 말했다. "9월 11일이란 날짜를 들으면 그날 자신이 어디에 있었는지 바로 기억해낼 수 있을 것이다. 하지만 바로 전날인 9월 10일에는 자신이 어디에 있었는지 기억하지 못할지도 모른다." 말리노프는 이 현상은 충격적인 사건에 대한 기억이 너무나 생생하고 머릿속에서 사라지지 않는 '외상후 스트레스 장애'처럼 병리학적인 모습을 띨 수도 있다고 말했다.

강렬한 감정과 연결된 생각은 신경계에 깊이 파고들어 기억에 쉽게 남는다. 그래서 감정과 엮이지 않은 생각보다 더 큰 영향력을 갖는다. 잠재의식은 강렬한 감정과 관련된 생각을 높게 평가한다. 이

점을 이해해야 경험을 처리하는 최고의 방법을 생각해낼 수 있다.

특정한 경험과 관련해서 잠재의식은 그것을 둘러싼 감정에 의해 증폭된 이미지로 분류한다. 기쁘고 신나고 슬프고 무섭고 충격적인 어린 시절의 경험이 머릿속에 깊이 각인된 것은 바로 이런 이유 때문이다. 이것은 나중에 기억으로 전환될 수 있는, 지금 경험하고 있는 사건도 마찬가지다. 열흘 동안 휴가를 떠난다고 가정해보자. 휴가에서 돌아와 가장 생생하게 기억될 추억은 최고의 순간이나 최악의 순간이라기보다는 감정적으로 가장 강렬했던 순간과 시간상 최근에 해당되는 휴가 마지막 날 경험일 것이다. 이런 사실은 승자의 자아상을 만드는 데 있어서도 큰 역할을 하기 때문에 매우 중요하다.

· 성공적 경험에 감정 테두리를 둘러라 ·

감정 테두리를 둘러서 잠재의식 속에 이미지로 저장해둔 경험에 대해 생각해보자. 이미지는 그대로이지만, 여기에 무게나 의미를 추가해 마음에서 더 많은 비중을 차지하도록 만들 수 있다. 연구에 따르면 실패에 대한 두려움을 만들어내는 가장 빠르고 효과적인 방법은 실수하는 순간에 처벌하는 것이다. 형편없는 자아상을 만들어내는 가장 효과적인 방법은 그 실수에 강렬한 감정을 덧씌우는 것이다. 어렸을 때 미식축구 시합에서 공을 떨어뜨려서 패스에 실패했던 기억 자체가 개인에게 부정적인 영향을 주지는 않을 것이다. 패스에 실패하자마자 팀원들이 괜찮다고 격려해줬다면, 이 사건에 덧씌워진 부정적인 감정은 아주 작을 것이다. 하지만 공을 떨어뜨린 순간에 그 모습을 본 모든 사람이 크게 비웃었다면 어떨까? 그러면 당혹스럽고 모욕감을 느끼지 않았을까? 시합이 끝나고 집에 돌아왔는데, 아버지가 공을 떨어뜨렸다는 이유로 벌을 주고 아무런 쓸모도 없는 녀석이라고 소리를 질렀다면 어떻게 될까? 이런 경우, 이 사건은 마음속에 어떤 흔적을 남길까? 모든 강렬한 감정이 경험의 주변을 에워싸고 두꺼운 테두리를 만들어낼 것이다. 그 결과, 그 경험은 더 의미 있고 기억하기 쉬워질 것이다.

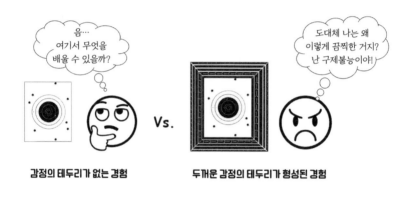

감정의 테두리가 없는 경험   두꺼운 감정의 테두리가 형성된 경험

여기서 목표는 실수 때문에 지나치게 감정적으로 되지 않는 지점을 찾는 것이다. **첫 번째 단계는 잘못된 것이 무엇인지, 왜 더 잘하지 못했는지 같은 생각을 깨끗하게 잊는 것이다.** 그보다는 그 사건에서 무엇을 배울 수 있는지에 관심을 가져라. 데이터를 수집하고 분석하면서 객관적인 관찰자가 되어서 그 무엇도 판단하지 말고 결과를 살펴라.

실수하면 감정을 최소화하라. 움직이는 자연스러운 과정을 신뢰할수록 그 과정에 덜 개입하게 될 것이다. 무엇을 배울 수 있는지에 집중하면, 해결책으로 눈을 돌리고 차선의 성과에는 감정 테두리가 거의 씌워지지 않을 것이다. 반면 분노하고 흥분한다면, 저조한 결과의 주변에 두꺼운 감정 테두리가 만들어질 것이다. 이것은 마음속에 있는 부정적인 이미지를 강화시켜서 자연스러운 과정에 집중하지 못하게 할 것이고, 같은 실수를 반복할 가능성이 커진다.

· 승리를 축하하라 ·

감정이 경험의 주변에 테두리를 만들기 때문에, 우리의 목표는 긍정적인 결과에 가능한 한 많은 무게를 두는 것이다. 성과가 좋으면, 예외 없이 축하하라. 좋은 성과를 자랑하라는 것이 아니다. 자신이 거둔 작은 승리에 가능한 한 많은 긍정적인 감정을 부여하라는 것이다. 지금이야말로 감정적일 시간이다! **연습이든 실전이든 상관없다. 목표는 좋은 성과에 가능한 한 많은 긍정적인 감정적 '무게'를 추가하고, 부정적인 결과와 관련된 감정은 최소화하는 것이다.** 긍정적인 성과를 중심으로 두꺼운 감정 테두리를 만들고, 부정적인 결과의 감정 테두리는 가능한 한 얇게 만들고 싶을 것이다. 방법은 간단하다. 성공과 연관된 감정을 만끽하라. 성공을 축하하는 물리적이고 정신적인 습관을 만들어라. 나는 "그래야 나답지!" 같은 긍정적인 감정을 강화하는 말을 되뇐다.

양팔을 하늘 높이 번쩍 들어 올려라. 춤을 추거나 소리를 질러라. 뭐가 됐든 기분 좋은 일을 하라. 좋은 성과를 낸 자신에게 감정적으로 보상하라. 과녁의 정중앙을 맞히고, 골프공을 정확하게 치고,

프레젠테이션을 성공적으로 마무리하고, 계약을 따내고, 모든 음정을 완벽하게 부르는 것처럼 자신의 좋은 성과를 긍정적인 말과 행동으로 스스로 인정하라. 이것은 말 그대로 자신의 잠재의식에 승리하는 것이 '나다운 것'이라고 말하는 것이다. 승자, 그리고 챔피언이 바로 '나'라고 잠재의식에 말하는 것이다.

승리를 축하하는 일을 건너뛰면 우리가 스스로 한 노력의 가치를 떨어뜨리고, 우리의 마음을 긍정적으로 강화시키지 못한다. 또한 정체성을 강화할 기회를 놓친다. 승자의 자아상을 창조해내는 것은 긍정적인 결과를 상세히 조사하고 긍정적인 감정으로 더 자세히 묘사하는 데서 시작된다. 뭔가 잘해내면 스스로 칭찬하는 습관을 길러라. 크든 작든 자신의 성공을 인정하라. 연습하는 동안 거둔 작은 승리도 축하하라. 이는 내재적으로 긍정적인 이미지와 감정을 저장해두는 과정이다.

타이거 우즈Tiger Woods의 경기 영상을 보면, 홀에 골프공을 넣은 뒤 하늘을 찌르듯 주먹을 들어 올리고 소리를 지르며 승리감에 흠뻑 취한 모습을 볼 수 있다. 그는 좌절과 실수보다 승리에 더 많은 감정을 표출한다. 그런데 안타깝게도 대부분의 사람이 그처럼 승리를 축하하지 않는다. 아마도 민망하거나 겸손하지 않은 것처럼 보일까 봐 걱정하기 때문일 것이다. 자신의 승리를 축하하는 법을 배우는 것이 어려운 사람도 있다. 잘했다고 자기 등을 스스로 토닥이거나 두 팔을 번쩍 들고 열정과 흥분을 표현하는 것이 어색할 수도 있다. 하지만 정말로 승자의 자아상을 만들고 싶다면 반드시 그렇게 해야 한다!

양궁에서 화살로 과녁의 중앙을 정확히 맞혔다고 가정해보자.

성공을 인정하는 그 어떤 행동도 하지 않고 과녁을 향해 다음 활시위를 당기면, 감정을 덧씌워서 의미 있게 만든 경우보다 잠재의식에 강렬하게 기록되지 않을 것이다. 그러나 장담하건대, 그 뒤에 쏘는 화살마다 과녁의 중앙을 벗어난다면 온갖 감정에 휩싸일 것이다. 불만스러운 얼굴로 입술을 삐죽 내미는 등 그 결과에 부정적인 감정을 잔뜩 입힐 것이다. 그러면 그 경험은 잠재의식에 기록된다! 목표는 냉정하게 자신의 실수를 평가하고 판단하는 것이다. 실수는 뭔가를 알려주는 정보일 뿐이라고 여겨라. 감정적인 순간에는 뭔가를 잘 배우고 생각할 수 없다. 뭔가를 놓치거나 실수하면 침착하게 "손을 좀 봐야겠어" 같은 말을 내뱉거나 '지금 일어난 일에서 내가 배울 수 있는 것은 무엇일까?' 하고 생각하라. 같은 자아에 힘을 북돋아주는 질문을 던져라.

· 긍정을 강화하라 ·

서커스 공연에서 재주를 부리는 동물을 볼 때마다 사람들은 감탄하는데, 이 동물들은 '셰이핑'(단계적으로 목표 기술을 훈련시키고 성공적으로 습득할 때 보람을 느끼게 해주는 훈련법—역주)으로 알려진 긍정 강화를 통해 재주를 부리도록 훈련받는다. 처음에 동물들은 훈련사가 바라는 행동, 즉 '재주'를 부릴 줄 몰랐다. 그래서 훈련사는 동물이 이미 할 수 있는 어떤 행동을 선택한 후 그 행동을 강화해 나가고, 시간을 들여 동물이 최종 목표에 가까운 행동을 해내도록 긍정 강화의 필수 조건을 서서히 변경한다. 훈련사는 동물이 체계적인 긍정 강화를 통해 그 행동을 완전히 습득할 때까지 이 같은 일을 지속한다. **훈련사가 행동을 강화시키면, 동물은 강화된 행동을 다시 할 가능성이 높아진다.**

우리도 셰이핑을 통해 복잡한 행동을 학습하고 자신감을 키울 수 있다. 셰이핑을 효과적으로 사용하려면 지금 자신이 할 수 있는 일에서 시작해 특정 행동을 강화해 나가야 한다. 그러면서 점진적으로 긍정 강화가 제공되기 전에 좀 더 수준 높은 기술이 요구되는 일을 해내도록 시도한다. 변화와 요구는 현실적이어야 하고, 각 단계의 난이도는 스스로 요구되는 행위를 완전히 숙지하고 강화할 수 있을 정도여야 한다. 이는 목표 확장과 긍정 강화를 결합시키는, 과업을 수행하는 데 있어 상당히 효과적인 방법이다. 미식축구 감독 지미 존슨Jimmy Johnson은 "우리는 긍정 강화에 90퍼센트 의지한다"고 말했다. 존슨은 자신의 팀을 주요 대학 미식축구 챔피언십과 슈퍼볼에서 승리로 이끈 세 명의 감독 중 한 명이자 그 일을 해낸 최초의 인물이다.

스포츠에서 경기력을 향상시키는 데 사용되는 행동 기법의 효과에 대한 연구 결과를 종합적으로 검토한 결과, 긍정 강화를 체계적으로 사용했을 때 성공률이 일관성 있게 높은 것으로 나타났다. 일례로, 청소년 미식축구팀의 경기력을 향상시키기 위해서 긍정 강화를 적용한 사례가 있다.

감독은 3가지 공격 전술을 선택했다. 이를 각각 전술 A, B, C라고 부르자. 실험 첫 단계에서 감독은 선수들이 각각의 전술을 경기에서 얼마나 자주 정확하게 구현해내는지에 대한 데이터를 철저하게 수집한 후 전술 A에서 긍정 강화를 사용하기 시작했다. 감독은 연습할 때마다 선수들이 전술 A에서 어떤 요소를 성공적으로 해내는지 철저하게 감독했고, 긍정적인 면을 발견할 때마다 선수들을 적극 칭찬했다. 단, 전술 B와 전술 C를 연습할 때는 긍정 강화를 적용하지 않았다. 얼마 뒤에 감독은 긍정 강화를 전술 B에만 적용했고, 그다음에는 전술 C에만 적용했다.

긍정 강화가 도입되기 전후 각 전술의 성공률을 분석해보니 3가지 전술 모두 긍정 강화가 도입된 이후 성공률이 올라갔다. 전술 A의 성공률은 긍정 강화가 사용된 후 61.7퍼센트에서 81.5퍼센트로, 전술 B의 성공률은 54.4퍼센트에서 82퍼센트로, 전술 C의 성공률은 65.5퍼센트에서 79.8퍼센트로 올라갔다. 체조, 수영, 야구, 골프, 테니스 등 다른 스포츠에서도 이와 유사한 결과가 확인됐다.

긍정 강화는 무엇보다 타이밍이 중요하다. **다른 조건이 동일한 상태에서 긍정 강화를 빨리 적용할수록 목표한 행동을 익히는 데 더 큰 효과를 발휘한다. 그래서 바라는 행동이 나오면 가능한 한 그 즉시 긍정 강화에 나서야 한다.** 행동이나 기술이 고도로 발달하기 전인 초반에 긍정 강화가 자주 일어나야 한다.

잦은 긍정 강화는 자신이 바라는 반응을 강화하는 데 도움이 될 뿐만 아니라 자신이 얼마나 잘하고 있는지에 대한 피드백을 자주 제공한다. 긍정 강화는 행동을 개선하는 데도 도움이 된다. 반면에 비판은 부정적인 행동을 안정화하고 변화를 막는다.

긍정 강화에는 다음 요소가 포함되어야 한다.

- 칭찬
- 설명
- 감정적 앵커링 효과

긍정 강화에는 다음 요소가 최소화되어야 한다.

- 비판(대신에 "노력이 필요하다"는 말이나 "내가 무엇을 배웠을까?"란 질문을 사용하라)
- 부정적 감정(격려와 긍정적인 자기 대화로 대체하라)
- 부정적 이미지(스스로 일어나길 바라는 것을 시각화해 긍정적인 이미지로 대체하라)

· 일어나길 바라는 것에 대해서만 이야기하라 ·

부정적인 사고는 자기 실력을 제대로 발휘하는 것을 방해해서 형편 없는 결과를 낳고, 형편없는 결과는 낮은 자아상으로 이어진다. 앞서 논의했듯, 승리를 자축하고 스스로 긍정 강화를 해야 한다. 혹여 일을 망치더라도 부정적으로 분석하거나 내면의 대화는 최소화해야 한다. 실수를 무시하거나 나쁜 성과를 좋게 꾸며 이야기하라는 것이 아니다. 그저 실수를 각색하지 말고, 있는 그대로 사실에 좀 더 집중 하라는 것이다. **긍정적인 태도가 항상 대단한 성과를 보장하는 것은 아니지만, 부정적인 태도는 항상 성과를 내는 데 방해가 된다.**

연주하기 까다로운 곡을 연습하고 있다고 가정해보자. 당신의 실력으로는 실수 없이 처음부터 끝까지 연주할 수 없다. 그렇더라도 '좀 더 연습해야겠어'라고 생각하는 데서 끝내야지, 실수에 의미를 둬선 안 된다. 실수에 감정이나 자기 판단을 더하지 말고, 그저 사실을 인정하는 선에서 끝내야 한다. 실수 없이 끝까지 연주해내고 그 성공을 축하할 때를 위해 감정을 아껴라. 그때까지는 어느 정도 거리를 두고 실수를 분석하라.

'나는 형편없는 연주자야'라고 생각하거나 '도대체 뭐가 문제인 거야?'라고 자책하면서 실수를 개인적인 결함으로 받아들이면, 잠재의식에 부정적인 이미지를 각인시키는 결과를 낳을 뿐이다. **비판적인 자기 대화는 자기 개선에 전혀 도움이 안 된다. 오히려 피하려고 애썼던 것들을 더 많이 떠안게 될 뿐이다. 기대에 못 미치는 성과를 얻더라도 부정적인 대화와 감정을 최소화해야 한다.** 우리 모두의 머릿속에는 서로 언쟁하는 2가지 목소리가 있다. 하나는 비평가의 목소리고, 다른 하나는 응원가의 목소리다. 우리가 해야 할 일은 비평가의 비판 소리를 줄이고, 응원가의 지지와 격려 소리를 높이는 것이다. 이것은 마음챙김(불교 수행 전통에서 기원한 심리학적 구성 개념으로 현재 순간을 있는 그대로 수용적인 태도로 자각하는 것—역주)에서 시작된다. 헛방망이질을 한 뒤에는 자신이 무슨 말이나 생각을 하는지에 아주 민감해져야 한다.

야구 경기를 할 때 "공을 놓치지 마", "내야 플라이(야구에서 타자가 친 공이 내야수가 잡을 수 있게 떠오르는 일. 또는 그 공—역주) 하지 마"라고 말하기보다는 "공을 제대로 맞히자"라고 말해라. 연설할 때 '무대에서 긴장하지 말자'라는 생각은 역효과를 낼 뿐이다. 그보다는 '청중에게서 긍정적인 에너지를 받자'라고 생각하는 것이 좋다. 무엇을 하든 자신을 격려하고 지지하며 긍정적인 결과에 집중해야 한다. 이렇게 하면 자신이 가진 실력을 최대한 발휘할 수 있다.

또한 다른 사람의 불평을 들어주는 데 시간을 쓰지 마라. 불평을 듣자마자 그가 안고 있는 문제를 떠안게 된다. 권총 사격 대회에 출전했고 '실점'에 대해 사람들과 이야기를 나누고 나면, 비록 다른 사람의 실점일지언정 잠재의식에는 오직 '실점'이란 단어만 남을 것이다. 그래서 사격할 차례가 됐을 때 이 단어가 뇌리에 단단히 박혀버릴 것이다. 중요한 일을 앞두고 있을 때는 그 어떤 부정적인 대화나 애정 섞인 농담에도 끼어들지 마라. **실력을 제대로 발휘하고자 한다면 일어나기 바라는 것에 대해서만 이야기하라. 이렇게 하면 더 좋은 결과를 얻을 가능성이 커진다.** 그리고 무언가 잘못됐을 때 불평하지 않도록 조심하라. 불평은 부정 강화다. 대신 잘해낸 일을 기억하고 해결책에 집중하라. 최고의 성과를 올린 일로 머릿속을 채우면, 성공할 가능성은 더욱 커진다.

· 승자의 심리를 설정하라 ·

태도를 바꾸고 자아상을 다시 설정하는 법을 배운 뒤 내 삶은 완전히 바뀌었다. 가난하게 자란 유년 시절의 경험은 내게 빈곤 심리를 조장했고, 그래서 어릴 적 나는 자신감이 부족한 아이였다. 그 이유는 보잘것없는 자아상에 있었다. 부모님은 내가 아주 어렸을 때 이혼했고, 어머니는 먹고살기 위해서 쉴 틈도 없이 두세 가지 일을 했다. 당연히 축구, 야구, 미식축구, 농구 같은 스포츠 경기를 배우거나 보러 갈 여유는 없었다. 정신적으로 격려해주고 지지해주는 사람이 거의 없는 환경에서 성장하다 보니 나는 스스로 자신감을 익혀야 했다. 리틀 리그 베이스볼에 출전했을 때, 나를 응원해주러 온 사람은 아무도 없었다. 응원해줄 사람이 잔뜩 와 있는 다른 아이들을 보면서 '저 아이들은 얼마나 실력이 좋으면 저렇게 응원해줄 사람이 많을까'라고 생각했다.

어렸을때 나는 부정적인 것에 무게를 두고 있었지만 내 잠재의식은 그 사실을 몰랐다. 내 잠재의식은 그저 의식의 '지시'를 따르고 있었다. 나의 두려움과 부족한 자신감은 잠재의식이 나를 가치 없는 존재라고 생각하게 되는 지점까지 계속 강화됐다. 전국 가라테 대회에 처음 출전했을 때, 내가 낮은 자아상을 가진 어린 소년으로 되돌아간 것은 지극히 당연한 결과였다. 나는 그때까지 승자의 인식, 자신감과 대응력을 개발하지 못하고 있었다.

수년 동안 주식 트레이더들을 지도하고, 세미나와 대학교에서 강연하고 수천 명과 대화하면서 내가 어린 시절 겪었던 일들은 아주 흔한 일임을 알게 됐다. 어린 시절에 형성된 자아상은 삶 전체에 영향을 준다. 그래서 자아상으로 많은 것을 설명할 수 있는 것이다.

성인이 된 당신은 충분히 교육받고 재능도 있다고 믿고 사회에 첫발을 내디뎠다. 그러다가 자신의 기대에 못 미치는 삶을 살고 있거나 심지어 실패했다. 도대체 무슨 일이 일어난 것일까? 다른 사람은 성공했다. 심지어 자신보다 재능도 없고, 똑똑하지도 않은 사람도 성공했다. 주된 원인은 거의 항상 빈약한 자아상에 있다. 〈그림 3-2〉를 참고하라.

좋은 소식은 변하기에 너무 늦은 때란 결코 없다는 것이다. 의식, 잠재의식, 그리고 자아상이 함께 조화롭게 움직이도록 만들면 된다. 각각의 요소가 서로를 지지할 때, 우리는 최상의 상태에서 삶을 영위할 수 있다. '긍정적인 생각을 하는 것'만으로는 부족하다. 자아상을 다시 설정하려면 좀 더 깊이 파고들어서 잠재의식을 설정하고, 정

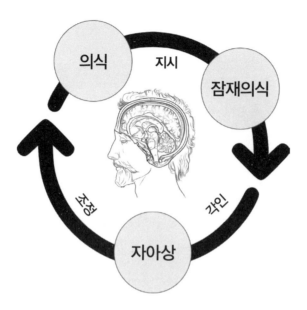

그림 3-2 의식은 잠재의식에 지시를 내리고, 잠재의식은 자아상에 이르기까지 그 지시를 실행한다. 의식, 잠재의식, 그리고 자아상이 서로 조화롭게 움직일 때 당신은 가장 강력해진다.

체성의 근간에까지 영향을 줄 수 있어야 한다. 스스로 되고자 하는 모습과 일치하는 자신의 모습에 집중하고, 그 생각을 지속적으로 강화할 때, 상황이 변하고 노력이나 역경 없이 삶이 흘러간다.

· 무의식적으로 능숙해져라 ·

의식과 잠재의식의 관계는 운전을 배우는 것에 비교할 수 있다. 운전을 배우려고 운전학원에 등록했다고 가정해보자. 첫 수업에 참여해서 자동차가 어떻게 움직이는지 알려주는 영상을 시청하고 교재를 읽었다. 이렇게 의식적으로 운전에 대한 정보가 수집된다. 당신과 운전 강사는 자동차에 함께 타고 첫 번째 도로 주행에 나섰다. 완전히 새로운 경험이어서 당신은 잔뜩 긴장한 채 매우 의식적으로 자동차를 움직인다. 아직 참고할 만한 잠재의식적 기술이나 본능 같은 것은 없다. 아직 능숙하지 않은 탓에 당신은 가속페달을 너무 많이 밟거나 브레이크를 너무 세게 밟는다. 이렇게 한동안 주행하다 보면 운전이 내재화되고 무의식적인 활동으로 변한다. 이런 단계가 되면 주행하는 도로에 집중하더라도 이제 잠재의식이 모든 것을 통제하기 때문에 운전은 '자동 주행 모드'에 훨씬 가까워진다. *말하자면 운전에 무의식적으로 능숙해진다.* 하지만 처음에 의식이 능숙한 운전자가 되는 데 필요한 모든 정보와 경험을 수집하고 잠재의식에 이미지로 그것을 새겨놓지 않았다면, 무의식적으로 운전에 능숙해지지 못했을 것이다. 성공적으로 운전하면서 자신감이 커지고 자아상도 성장한 것이다.

긍정적인 자아상은 가속페달처럼 움직인다. 하지만 자신감이 부족하면 가속페달 밟기를 꺼리게 되고, 심지어 브레이크에 발을 얹어놓은 채 운전할지도 모른다. 자아상이 빈약하고 스스로 부족하다고 생각하는 것은 운전할 때 브레이크를 마구 밟는 것과 다름없다. 그러나 자신감은 기꺼이 가속페달을 밟는 데서 나온다. 자아상은 당신이 어느 방향으로 얼마나 자신감 있게 주행하느냐를 결정하는 핵심 요인이다.

· 뭔가를 제대로 하는 자신을 포착해내라 ·

자신이 성공했는지 아니면 실패했는지 증명하기 위해 본능적으로 증거를 모으는가? 이것은 아주 중요한 질문이니, 곰곰이 생각해보기 바란다. 골프나 테니스를 잘 쳤을 때, '그저 운이 좋았을 뿐이야'라고 생각하거나 공을 엉망으로 쳤을 때, '왜 항상 이 모양이지?'라고 생각하는가? 어떤 사람들은 습관적으로 자신이 실망스러운 존재임을 증명하기 위해 증거를 모은다. 심지어 자신도 알지 못하는 상태에서 이런 행위를 한다. 승자는 자신이 공을 잘못 쳤다는 것을 알지만, 그의 사고는 '여기서 뭘 배웠지? 다음에는 더 잘 칠 수 있을 거야'라는 식으로 흘러간다. 그러고 나서 공을 잘 치면, 그는 "이렇게 공을 잘 치는 게 나다운 거야"라고 생각한다.

이 둘의 차이를 알겠는가? **그 누구도 완벽하지 않다. 항상 크고 작은 실수가 생기게 마련이다. 하지만 그 누구도 완전한 실패자는 아니다. 성공이나 발전의 순간은 항상 있다. 무언가를 제대로 해내는 자신을 정확하게 인지하는 습관을 길러라. 이것이 바로 승자의 습관이다.**

승자는 항상 더 나아지기 위해 최선을 다하고, 과거에 성공했을 때 느꼈던 감정을 정기적으로 되살린다. 이렇게 하면서 무언가 해낼 수 있는 힘이 생겨난다. 언제든지 승리했을 때의 감정을 떠올리면 압박감을 느끼는 상황에서도 자신감을 갖고 실력을 발휘할 수 있다. 여기에는 중요한 목표를 향해 나아가는 여정에서 이정표를 세우고 좌절을 극복하는 것도 포함된다. 과거에 성공했을 때의 감정을 끌어낼 수 있다면, 자신은 성공할 것이라는 기대감이 자동적으로 생겨난다.

이로써 승자가 되는 데 필요한 가장 중요한 요인을 갖추게 된다. 바로 최선을 다하면 결과가 좋을 것임을 아는 능력이 생기는 것이다.

일을 망치면 대부분은 "도대체 내 문제는 뭐지?"라거나 "왜 이렇게 멍청한 짓을 저지른 거지?"라고 자책한다. 그들은 문제가 무엇인지 파악하고 바로잡고 싶어 하지만, 이런 행동은 논리적으로 들릴 순 있어도 효과는 전혀 없다!

왜 자신의 강점에 집중하지 못하는가?

압박감이 큰 상황에 놓이면, 인간은 본능적으로 그 즉시 부정적인 생각에 끌리게 되어 있다. 그리고 갑자기 어긋날 수 있는 모든 상황과 과거에 잘못됐던 모든 사건에 집중하기 시작한다. 이것은 자신감을 훼손시킬 뿐만 아니라 제 실력을 발휘하는 데 방해가 된다.

우리가 자신의 강점에 집중하지 못하는 데는 몇 가지 이유가 있다.

- 진화 과정에서 방심하지 않도록 프로그래밍됐다.
- 문제는 대체로 긴급하게 느껴진다.
- 사회적 규범이 겸손하라고 가르친다.
- 자신의 강점을 항상 인지하고 있지 않다.
- 성장하기 가장 좋은 부분은 자신의 약점이라고 생각하는 경향이 있다.

어떻게, 그리고 왜 실패했는지에 대한 고민을 멈춰라. 그런 것을 고민하는 대신 성공에 대해 생각하라. **자신이 어떻게 실패했는지에 지나치게 집중하면, 실패 전문가가 될 뿐이다. 실수에 연연하거나 일**

이 어떻게 진행될지 걱정하는 자신을 발견한다면, 즉시 과거에 잘 해낸 일로 주의를 환기하고 최선을 다했던 자신의 모습을 머릿속에 떠올려라. 일어나기를 바라는 것에 집중하라. 최고의 순간과 성공의 느낌을 되살려서 마음속으로 원하는 일이 일어나는 바로 그곳으로 가라. 실수를 살펴서 바로잡으려면 다음 같은 방법밖에 없다. "이것이 효과 없다면, 좋은 결과는 어떤 모습일까?"라거나 "일을 제대로 처리하기 위해서 내가 무엇을 할 수 있을까?"라고 자문하라. 그러고 나서 그것을 하는 자신의 모습을 시각화하라.

이런 식으로 생각하려면 연습이 필요하다. 가장 좋은 연습은 자신이 최선을 다했던 순간에 대해 글을 써보는 것이다. 당신이 가장 자랑스러워하는 것은 무엇인가? 당신은 살면서 많은 것을 제대로 해냈을 것이다. 무언가 제대로 해냈던 바로 그 순간의 자신을 떠올리고 기억하라. 그리고 가끔 그 순간으로 되돌아가라. 습관적으로 이런 순간을 다시 떠올리다 보면 승자의 자아상이 서서히 형성될 것이다.

·승리를 기록하라·

모든 성공의 경험은 잠재의식에 흔적을 남기고, 흔적에 감정의 테두리가 씌워진다. 승자의 사고방식을 만들려면, 가능한 한 자주 이 감정을 되살려야 한다. 승리와 연관된 감정을 되살릴 때, 그 감정을 불러일으킨 승리했던 행동의 패턴도 모방된다.

이것은 노트에 일기를 쓰는 것만큼 간단한 일이다. 성공 일기를 써서 자부심을 지지해주는 데이터를 자세하게 기록한다. 자신감을 북돋을 필요가 있거나 승자의 사고방식에 따르고 싶을 때, 승리 일기를 꺼내서 읽는다. 도전적이거나 두려운 일을 앞뒀을 때, 가령 곧 무대에 오른다거나 업무와 관련된 중요한 면담을 앞둔 것 같은 상황에서 승리 일기를 참고하라. 그러면 잘해낼 수 있다는 자신감이 생길 것이다. 무엇보다 성공이 어떤 '맛'인지 기억날 것이다. 승리 일기에 사진 같은 자료를 추가할 수도 있다. 승리의 감정을 되살리는 데 도움이 되는 모든 것을 승리 일기에 기록하라.

· 재능만으로는 충분하지 않다 ·

마지막으로 이 세상에는 재능 있는 사람이 많다는 것을 아는 게 중요하다. 하지만 재능만으로는 승자나 챔피언이 될 수 없다. 승자의 자아상을 갖고 있지 않다면, 또 다른 한 명의 '능숙한 실패자'가 될 뿐이다. 능숙한 실패자의 특징은 능력 있고 어떤 부분에서는 재능마저 타고났으나 건전한 자아상이 없다. 이것이 그의 균형을 무너뜨린다. 건전한 자아상의 부재는 스스로 의심하게 만든 과거의 경험으로 귀결된다. 이로 인해 스스로 자격이 없다거나 완전히 유능하지 않다고 믿게 된다. 그저 실패하고 난감하거나 조롱받거나 거절당할까 봐 두려워하는 사람도 있다. 한 사람으로서 자신의 가치를 운동선수, 사업가, 아내나 남편으로서의 성과에 연결시키기 때문에 이런 일이 벌어지는 것이다.

자신이 이런 부류에 해당한다면, 지금이야말로 다른 사람보다 덜 유능하다고 생각하는 자아상을 던져버릴 때다. 지금은 강력하고 자신감 있는 자아상을 만들어야 한다. 항상 스스로 바라던 사람이 되는 데 늦은 때란 절대 없다. 다만 이렇게 하기 위해선 '내면의 승자'를 만드는 데 반드시 전념해야 한다. 다시 말해, 최고 수준의 자아상을 만들면서 자신의 역량을 최고 수준으로 개발해야 한다. 그렇게 하면 서서히 바라는 모습이 되는 데 익숙해질 것이다.

**MINDSET
SECRETS**
—— for ——
WINNING

CHAPTER 4

목표에 전념하게
만드는 열쇠

진심으로 커다란 목표를 성취하거나 대단한 무언가를 해내고 싶다면, 일단 전념해야 한다. 사전에 '전념'이라는 단어의 정의가 나와 있지만, 나는 모든 사람이 같은 의미로 사용한다고 생각하지 않는다. 무슨 이유에서든 자신이나 다른 누군가에게 전념해봤다면, 그 행위를 표현하는 데 전념한다는 말로는 충분하지 않다는 것을 잘 알 것이다. 자신의 모든 것을 오롯이 쏟아붓는 행위를 전념한다는 한마디로 뭉뚱그릴 수는 없다. **무언가에 전념한다는 것은 처음에 느꼈던 흥분과 기쁨이 희미해진 뒤에도 자신이 하겠다고 결심한 일을 계속해 나가는 것이다.** 열정이 사라진 뒤에도 그리고 목표를 달성하려면 얼마나 많은 노력과 투지가 필요한지 깨닫고 나서 부담감이 커진 뒤에도, 그 밖에 무슨 일이 있더라도 목표를 향해 나아가는 데 전념해야 한다.

목표에 계속 전념하게 만드는 열쇠는 *기대*다. 자신이 승리할 것이라 기대하는 사람은 목표에 전념하기 쉽다. 이것은 오만함에서 비롯된 게 아니다. 성공적인 결과를 얻어낼 때까지 인내하며 묵묵히 주어진 일을 해 나가는 데 진심으로 헌신하기 때문에 전념할 수 있는 것이다. 여기에는 무엇을 해야 하는지 아는 것인 지적인 전념과 그보다 중요한 감정적 전념을 모두 포함한다. 우리는 승리가 어떤 느낌인지 알고 있기에 다시 그 경험을 하기 위해 포기하지 않고 나아가는 것이다.

1966년 미국 올림픽 여자 농구 대표팀 감독이었던 타라 밴더비어 Tara VanDerveer 는 선수들이 승리에 강하게 전념하도록 만들고 싶었다. 그녀는 선수 개개인이 신체적으로 단련하는 것을 넘어서 감정적으로 챔피언이 되는 것이 어떤 느낌인지 경험할 수 있기를 바랐고, 그래서 올림픽이 개최되기 몇 달 전 애틀랜타 올림픽 농구 경기장에서 모의 메달 수료식을 진행했다. 이 자리에서 모든 선수들은 목에 금메달을 걸었다. 밴더비어는 선수들이 우승 의지를 높이고 경기에 더욱 전념할 수 있도록 목에 금메달을 걸었을 때 느낀 환희를 마음속에 새기기를 원했다. 그리고 몇 달 뒤 실제로 그들은 올림픽 금메달을 목에 거는 환희를 경험했다!

위대한 챔피언은 단단한 자신감이라는 공통점을 가지고 있다. 이것이 챔피언과 다른 평범한 사람들의 차이다. 챔피언은 열심히 노력하고 준비해서 자신감을 발휘할 바탕을 어렵게 갖춘다. **챔피언은 승리 전문가일 뿐만 아니라 진심으로 자신이 승리하리라 믿는 사람이다. 왜냐하면 승리하기 위해서 해야 하는 일에 진정 전념해왔기 때문이다.**

승리가 전부는 아니지만 승리를 원하고, 승리를 위해 훈련하고, 승리를 기대하는 것이 중요하다. 감정적으로 강하게 무언가를 보고 느끼면 전념의 강도가 세진다. 의사에게 죽을 병에 걸렸다는 소리를 들으면 누구나 감정적으로 격해지는 것과 같다. 죽음의 공포에 동기가 부여되면서 건강을 개선하기 위해 극적인 행동을 취하게 된다. 담배를 끊고, 체중을 감량하고, 건강에 좋다는 음식을 챙겨 먹는다. 감정적으로 자극된 기대는 부정적인 결과로 인한 '공포 요인'에 의해서만 생겨나지 않는다. 감정과 승리의 맛은 승자가 되는 희열과 기대를 만들어낼 수 있고, 반드시 만들어낼 것이다. 비록 모의지만 1996년 미국 올림픽 여자 농구 대표팀은 시상대에 올라 금메달을 목에 걸었을 때 강렬한 감정을 느꼈을 것이다. 그들은 훈련하고 실제 경기를 치를 때 그 감정을 되살렸다.

'농구 황제' 마이클 조던Michael Jordan은 "위대한 일을 하기 전에 자신의 위대함을 기대해야 한다"고 말했다. 모두가 승자가 되길 원하지만 진심으로 승자가 될 거라고 믿는 사람만이 실제로 승자가 될 기회를 손에 쥔다. 금메달을 원하는 것은 의식적 욕구이고, 금메달을 기대하는 것은 무의식적 신념이다. 이 둘 사이에는 큰 차이가 있다. 세 차례나 세계 레슬링 챔피언이 된 리 켐프는 저서 《금메달》에서 "어린 레슬링 선수였던 나는 내 방에서 시상식 흉내를 내곤 했다. 챔피언으로 내 이름을 불렀고, 시상대의 1위 자리에 오르는 역할극을 했다"고 말했다.

· 여정을 받아들여라 ·

승자의 사고방식을 만들어 나갈 때는 온갖 역경에도 계속 나아가겠다는 집념을 갖고 목표에 전념해야 한다. 그렇지 않으면 장애물이 눈앞에 살짝 어른거리기만 해도 포기하게 된다.

사실 사람은 누구나 전념이라는 것을 한다. 그러나 대부분은 난관에 봉착하거나 어느 틈엔가 도전할 일이 생기거나 장애물이 앞길을 막아서, 해내겠다는 동기는 사라지고 의심을 하는 단계로 이어진다. 이 모든 부정적인 감정은 열정뿐만 아니라 자신감을 갖고 나아가는 힘까지 갉아먹는 약점, 즉 '감정적 아킬레스건'을 만들어낸다. 그 결과, 목표에 대한 전념이 약해진다.

목표를 향한 여정이 험난해지자마자 포기해버린 사람들은 보통 "내가 생각한 것보다 어려운 일이었어", "사회생활을 하는 데 너무 방해가 됐어", "내가 정말로 원했던 게 아니었어" 등 포기할 수밖에 없었던 핑계를 수없이 찾아낸다. 이것이 1월이면 피트니스클럽에 신규 회원이 가득하지만 4월이나 5월쯤 되면 계속 나오는 회원이 보이지 않는 이유다. 무언가를 약속해도 약속을 지키는 데 필요한 노력의 양을 고려하지 않으면, 전념의 진정한 의미를 놓치게 된다. 모든 과목에서 A를 받는 데 전념하지만 열심히 공부하지 않는 학생이 있다. 바라는 결과를 얻기 위해 진심으로 전념하지 않으면, 목표에 충실하겠다는 것은 공허한 약속에 불과할 뿐이다. 아주 많은 사람이 목표를 세웠다가 포기하고 중도에 관두는 이유는 거짓된 기대 때문이다. 이들은 목표를 향한 여정에서 극복해야 하는 장애를 열정의 짜릿한 부분이 아니라 힘들고 단조로운 노동으로 여긴다.

처음에 목표에 전념하기 시작할 때는 신나고 희망에 부푼다. 그러다가 도전이나 장애와 마주하면 목표를 향한 힘겨운 여정에 의심이 생기고 자신감이 사라진다. 그러다 결국 능력과 결의가 시험받는다. 반면 목표한 바를 제대로 이뤄낸 소수는 무슨 일이 있든 목표를 향해 끝까지 나아간다. 이들은 전념과 관련해서 결과가 전부가 아님을, 성취의 과정임을 이해한다. **목표에 전념하면 진정 적절한 단계를 이행한 결과로 성공이 현실화될 것이다.** *과정*에 전념하고 여정을 받아들여라.

누군가가 세상에서 가장 높고 등반 과정이 험난하기로 악명 높은 에베레스트산을 등정하는 것을 목표로 삼았다고 가정하자. 한 해 평균 600명이 넘는 사람들이 에베레스트산 정상을 밟는다. 이는 에베레스트산 등정에 도전한 사람의 절반 정도에 지나지 않는다. 그러니 에베레스트산 등정을 삶의 목표로 삼는 사람이 있을 법하다.

에베레스트산 정상, 즉 '세상의 꼭대기'에 오르는 도전은 매우 험난한 여정에 전념할 것을 요구한다. 먼저 에베레스트산에 오를 수 있는 여건이 형성되어야 하고, 높은 산봉우리를 오르는 고된 훈련을 완수해야 한다. 도전에 나선 대부분의 사람들이 선택하는 경로인 남쪽에서 에베레스트산을 오르기 위해 네팔에 도착하는 것은 시작에 불과하다. 에베레스트산을 오르는 것은 단숨에 할 수 있는 일이 아니다. 베이스캠프에서 베이스캠프로 이동하면서 산에 오르기 좋은 날씨를 기다려야 하고, 눈보라를 이겨내야 하고, 험난한 환경을 인내해야 한다. *이것이* 에베레스트산에 오르는 과정이다. 그리고 이것이 에베레스트산을 정복하려면 가져야 하는 전념의 강도다. 에베레스트산 정상에 오르는 것은 전념에 대한 보상에 불과하다. 에드먼드 힐러리Edmund Hillary 경은 티베트 산악인이자 안내자인 텐징 노르가이Tensing Norgay와 함께 최초로 에베레스트산 정상에 올랐다. 그는 "우리가 정복한 것은 에베레스트산이 아니라 우리 자신이다"라는 유명한 말을 남겼다.

목표를 향한 여정에 도사리고 있는 모든 장애를 필요한 경험으

로 받아들이면, 좌절과 불행은 중도에 포기할 이유가 되지 않는다. 실패라고 불리는 경험은 목표를 성취하기 위해서 반드시 거쳐야 할 단계이고 신나는 경험으로 여겨야 한다.

힐러리는 실패한 탐험을 포함해서 훈련하고 산을 오르는 데 많은 시간을 투자했다. 1953년 5월 29일, 그와 노르가이는 사람들이 불가능하다고 생각했던 일을 해냈다. 더 이상 발 디딜 곳이 없는 곳에 이를 때까지 그들은 한 발 한 발 나아가겠다고 전념하고, 여기서 힘을 얻어 그들은 세상에서 가장 높은 곳에 자신의 두 발로 올라섰다.

힐러리와 노르가이는 밴더비어가 이끈 미국 올림픽 여자 농구 대표팀처럼 에베레스트산 정상에 오르는 목표에 깊이, 그리고 감정적으로 전념했다. 이렇게 강렬한 감정으로 가득한 기대가 있으면, 바라던 결과를 넘어서는 성취를 이루고 훨씬 더 위대한 일에 전념할 수 있게 된다. 목표를 달성하기 위한 자신의 노력을 믿고, 과정을 포기하지 말고 끝까지 나아가라. 그러는 가운데 감정이 당신을 목표로 이끌 것이다.

·기대의 힘·

대부분은 지적으로 큰 목표를 이뤄내려면 전념과 집념이 필요하다는 것을 알지만, 역경과 곤란에도 불구하고 인내하며 계속 나아간다는 것이 무슨 의미인지 실제로 경험하는 사람은 거의 없다. 집념은 기대치에서 나온다.

이렇게 생각해보자. **성공할 것임을 절대적으로 확신한다면 포기**

하지 않고 고집스럽게 끝까지 밀어붙일 수 있는가? 물론 당연히 그렇게 할 것이다! **집념은 기대나 노력할 가치가 있는 확신에 관한 문제다.** 다음과 같은 질문을 던져보라. "나는 무엇을 확신하는가? 나는 무슨 일이 있더라도 성공할 때까지 무조건 노력하고 끝까지 버텨낼 의지가 있는가?"

기대는 우리에게 예상하지 못한 방식으로 영향을 줄 수 있다. 적절한 조건이 갖춰지지 않으면 기대는 실패의 두려움을 촉발시킨다. 이와 관련해서 종이를 뭉쳐서 공처럼 만든 뒤 거리가 다른 세 지점에 서서 쓰레기통에 던져 넣는 실험이 진행됐다. 종이 공을 던지는 지점은 쓰레기통 바로 앞, 5미터 떨어진 곳, 그리고 10미터 떨어진 곳이었다. 실험 참가자들은 5미터 거리에서 가장 큰 불안감을 느꼈다.

쓰레기통 바로 앞에선 그 누구도 실패할 것으로 생각하지 않는 반면, 10미터는 너무 멀어서 성공하리란 기대 자체가 없다. 5미터 거리에선 종이 공을 쓰레기통에 던져 넣을 수 있으리라고 기대하면서도 한편으로는 실패할 수 있겠다는 생각을 한다.

그렇다면 어떻게 해야 두려움을 통제하면서 기대치를 최대한 높일 수 있을까? **자신의 기량을 최대한 발휘하는 사람은 자신의 기량을 거의 발휘하지 못하는 사람에게는 없는 무언가를 갖고 있다. 유난히 강한 기대를 가지고 있어서 과정에 집중해 압박감에서 어느 정도 벗어날 수 있다. 이는 자신의 기량을 성공적으로 발휘할 수 있는 추진력이 된다.** 내 경우, 결과를 잊고 최선을 다했을 때 큰 성공을 거뒀다. 과정을 제대로 밟는 것에 집중하면 성공이 따라온다. 이해하기 쉽게 이야기를 하나 들려주겠다.

어느 날 친구 한 명이 찾아와 며칠간 우리 집에 머물렀다. 그는

"내가 아주 맛있는 마초볼 수프(닭고기 수프에 누룩 없는 빵을 고명으로 넣은 음식—역주)를 만들어줄게"라고 말했다.

나는 "그거 좋지. 난 마초볼 수프를 정말 좋아해"라고 대답했다.

친구가 만든 마초볼 수프를 음미하면서 나는 어떻게 이렇게 맛있는 수프를 만들 수 있느냐고 물었다. 그가 뭐라고 답했을까? 그는 "그거야 간단하지. 상자에 적힌 조리법을 그대로 따라 하면 돼"라고 대답했다.

· 레몬 케이크를 뭉갤 수 있는가? ·

주식 트레이딩 세미나가 진행되는 3일 동안 나는 내 투자 전략을 낱낱이 설명해준다. 그리고 세미나 마지막 날이 되면, "여기 모인 사람 중 6개월 동안 투자 수익률 100퍼센트를 달성할 거라고 생각하는 사람은 손을 들어주세요"라고 묻는데, 매번 손을 드는 사람의 수는 비슷하다. 강의실에 모인 100명 중 극소수의 사람만 손을 든다.

세미나에 참여한 이들은 모두 나의 주식 트레이딩 전략에 대해 알아야 할 모든 것을 들었다. 나는 장장 30시간 동안 여러 가지 사례를 들어가면서 모든 것을 자세히 설명했다. 세미나에 참여한 이들 가운데는 이미 이 목표를 달성한 사람도 있었다. 이들은 주식 트레이딩에 관해 필요한 모든 지식, 사례, 그리고 주식시장에서 최고의 실적을 얻기 위한 계획이 적힌 교재를 갖고 있었다.

나는 손을 든 사람들을 보며 "지금 손을 든 사람 모두가 세 자릿수 수익률을 달성할 것이라고 장담할 수 없습니다. 다만 손은 들지 않은 사람은 절대로 그 목표를 달성하지 못할 것이라고 장담할 수 있습니다"라고 말했다.

내가 이렇게 말하면 강의실에는 고요한 적막감이 감돈다. 일부는 불안해하고, 일부는 눈에 보일 정도로 기분 나빠 한다. 작년에는 한 남자가 벌떡 일어서더니 "그럼 지금 저는 무엇을 해야 하나요? 제가 그 목표를 달성할 수 없다면 제가 지금 시간을 낭비하고 있는 건가요?"라고 물었다.

이에 나는 "아닙니다. 제가 질문했을 때 손을 들지 않는 것은 그 목표를 달성할 수 없다고 스스로 말한 셈입니다. 물론 저는 선생님이 그 일을 해낼 수 있다고 생각합니다! 선생님이 살면서 해온 다른 모든 것처럼 이것은 하나의 과정일 뿐입니다. 저는 선생님에게 제가 승리한 과정을 모두 들려줬습니다. 예전에 계획을 따라 뭔가를 했다면, 이번에도 다를 건 없습니다"라고 대답했다.

그러고 나서 나는 다른 질문을 던졌다. "제가 지금 레몬 케이크 조리법을 알려준다면 집에 가서 레몬 케이크를 구울 수 있을 거라고 생각하는 사람이 있나요?"

이 질문에 모두가 손을 들었다.

이 두 질문의 차이는 도전에 심리적으로 어떤 테두리를 둘렀느냐에서 비롯된다. 산봉우리를 올려다보면서 "우와, 저렇게 높아?"라고 생각하는가, 아니면 "레몬 케이크 조리법처럼 한 걸음 한 걸음 집중해서 베이스캠프에서 베이스캠프로 이동하면, 모든 게 하나로 연결되면서 정상에 오를 수 있지 않을까?"라고 생각하는가? 나는 내 말을 모두가 이해할 수 있도록 잠시 아무 말도 하지 않았다. 그러고 나서 "스스로 '처음 질문에 왜 손을 들지 않았을까?'라고 물어보시

길 바랍니다"라고 덧붙였다.

· 부여된 진행 효과 ·

사람들은 목표에 가까워졌다고 믿으면 그 목표를 달성하기 위해 더 열심히 노력한다. 완전히 처음부터 시작하지 않아도 된다는 것을 알기에 더 많은 동기가 부여되는 것이다. 이것을 '부여된 진행 효과'라고 한다. 부여된 진행 효과는 목표를 달성하는 데 필요하고 생각되는 노력의 양은 줄어들고, 목표와 관련해서 어느 정도 성과가 있었다는 생각이 강화되는 현상이다. 그렇다면 이것이 최고의 기량을 발휘해 목표를 달성하는 것에 어떻게 부합할까?

목표를 추구하는 과정에서 그동안 어떤 진전이 있었는지, 또는 얼마나 유리한 위치에서 출발했는지 생각해봐라. 이렇게 하면 목표를 추구하면서 동기와 절제를 유지해 나갈 가능성이 커진다.

목표를 향해 나아가면서 이뤄낸 진전을 시각적으로, 그리고 비유적으로 수량화해야 한다. 이렇게 하면 자신이 목표를 이루기 위해서 완전히 처음부터 시작한 것이 아님을 알 수 있을 것이다. 목표를 달성하는 과정이나 삶에서 이뤄낸 진전을 평가하는 법을 찾아라. 설령 아직 시작하지 않았더라도 목표를 추구하는 여정에서 심리적으로 자신을 멀리까지 데려갈 수 있는 특성, 역량, 그리고 우위를 갖고 있을 것이다. 보잘것없다고 생각할 수 있지만, 이는 목표를 달성하는 데 있어 중요한 의미를 갖는다.

가령 피아노를 배우는 것을 목표로 세웠다고 하자. 당신은 지금까지 단 한 번도 피아노를 쳐본 적이 없다. 그렇다고 완전히 처음부터 시작하는 것보다 심리적으로 목표와 가까운 곳에서 시작할 수 있도록 해줄 만한 것이 아무것도 없다는 뜻은 아니다. 다른 악기를 연주할 줄 알아서 손가락을 잘 움직일 수도 있고, 건반을 치기 쉬운 신체조건을 가졌을 수도 있다. 설사 아무것도 떠오르지 않더라도 걱정할 필요는 없다. 피아노를 쳐본 적이 한 번도 없다는 것은 연습하는 데 방해가 되는 나쁜 습관이 없다는 뜻이기도 하다. 마음속으로 목표 달성률이 0퍼센트가 아니라 25퍼센트 정도라고 생각하면, 상당한 심리적 우위를 차지하게 될 것이다. 설령 인위적이더라도 마음속으로 유리한 지점에서 출발했다고 생각함으로써 목표에 도달하겠다는 동기를 강하게 부여할 수 있을 것이다.

조셉 C. 누네스Joseph C. Nunes와 자비에르 드레제Xavier Dréze는 부여된 진행 효과를 무료 세차용품을 경품으로 받을 수 있는 포인트 적립 카드를 이용해서 연구했다. 그들은 2가지 포인트 적립 카드를 소비자들에게 나눠줬다. 하나는 8번 구매하면 세차용품을 무료로 받을 수 있는 카드였고, 다른 하나는 도장 2개가 이미 찍혀 있는 카드로 10번 구매해야 세차용품을 경품으로 받을 수 있는 카드였다. 소비자가 어느 카드를 받든지 무료 세차용품을 받는 데 필요한 노력의 양은 8번 구매로 동일했다. 그런데 도장 10개를 받아야 하는 카드에 미리 찍어둔 도장 2개는 상당히 의미 있었다. 포인트 적립 카드를 나눠주고 9개월 뒤 무료 세차용품을 받아간 소비자를 비교해보니 도장 2개가 찍혀 있는 카드를 받은 경우가 8개의 도장을 받아야 하는 카드를 받은 경우의 2배에 달했다.

1930년대 심리학자 클락 헐Clark Hull은 쥐가 미로에서 먹이를 찾는 데 걸리는 시간을 쟀는데, 먹이에 가까워질수록 더 빨리 달렸다. 저드슨 브라운 Judson Brown은 1940년대 헐의 연구를 확장했다. 그는 먹이를 향해 달리는 쥐를 강제로 멈추도록 했을 때 앞으로 나아가기 위해서 잡아당기는 힘이 얼마나 강한지 측정하기 위해 쥐의 몸에 장치를 달았다. 그는 먹이 근처에서 쥐를 멈추게 했을 때 잡아당기는 힘이 먹이에서 멀리 떨어진 곳에서 멈추게 했을 때보다 훨씬 더 크다는 것을 확인했다.

부여된 진행 효과는 어떤 식으로든 목표에 가까워졌음을 알려주면 *더 큰 추진력*이 발휘된다는 것을 보여준다. 결제 서비스업체 페이팔은 누적 결제 금액과 승급하는 데 필요한 결제 금액을 이용자에게 알려주기 위해 프로필에 초록색 체크마크를 표시한다. 승급에 필요한 결제 금액의 80퍼센트나 90퍼센트에 도달했다는 것을 보면 이용자는 강하게 동기부여된다. 100퍼센트가 채워지는 것을 보고 성취감을 느끼고 싶기 때문이다.

부여된 진행 효과를 활용할 때는 추구하는 목표와 일관성이 있어야 한다. 유리한 위치에서 출발하는 데 도움된다면, 그것이 무엇이든지 목표를 달성하는 여정에서 힘이 되고 동기부여에 강하게 기여할 것이다.

· 성공을 기대하는 법을 배워라 ·

승자는 처음부터 낙관적인 성향을 타고났거나 낙관적인 태도를 갖는 법을 안다. 어느 쪽이든 부정적이고 비관적이면 승자가 되기 어렵다는 것을 안다. 낙관주의는 자기 자신을 위해 스스로 만들어내는 감정이다. 긍정적인 기대는 일종의 낙관주의라고 할 수 있다. 그렇다고 긍정적인 기대가 맹목적인 낙관주의를 의미하는 것은 아니다. 그보다는 *정당한 낙관주의*라 봐야 한다. 성공을 기대한다고 해서 경주에서 승리하거나 높은 산을 정복할 순 없지만, 성공을 기대하지 않으면 목표한 결과를 실현해내고야 말겠다는 결심을 유지할 수 없다. 정당한 낙관주의는 우리가 집념을 갖고 끝까지 나아가도록 이끌어주며, 성공하는 데 필요한 기술과 자신감을 기를 수 있도록 동기를 제공한다. 우리는 성공하는 것이 어떤 기분인지 알고 있다. 그 기분을 스스로 하는 모든 일에 적용하라.

1999~2000 대학 농구 시즌이 시작되고 연습 첫날, 미시간주립대학교 농구팀의 탐 이조Tom Izzo 감독은 농구대 밑에 사다리를 놔뒀다. 그는 선수들에게 가위를 나눠주면서 농구대 그물망을 자르라고 시켰다. 이것은 전국 대회 우승 팀이 우승을 축하하기 위해 행하는 일종의 의식이다. 그해 미시간주립대학교 농구팀은 전국 대회에서 우승했다.

승리를 기대하지 않는다면 위대한 일을 해내기 어렵다. 찰리 존스Charlie Jones는 《무엇이 승자를 만드는가What Makes Winners Win》에서 수영 선수 존 네이버John Naber의 일화를 소개했다. 네이버는 1976년 몬트리올 하계 올림픽에서 은메달을 땄던 때를 회상하면서 "당시 나는 '금메달을 딸 수 있는' 정신 상태가 아니었다. 좀 더 집중했다면, 수영장에서 최고의 모습을 보여줄 것이라 기대했다면, 0.3초 더 빨리 헤엄쳤다면, 그러면 금메달을 목에 걸지 않았을까?"라고 말했다. **긍정적인 기대가 성공을 보장하지는 않지만, 부정적인 생각은 실**

패와 거의 완벽하게 연관된다는 것을 많은 연구 결과가 보여준다. 이것이 승자가 의심과 두려움 때문에 부정적인 생각에 굴복하길 거부하는 이유다. 승자는 낙관적인 태도를 갖지 않으면 숭고한 목표를 이뤄내지 못할 것임을 안다. 승자는 성공을 놓치거나 실패하면 무엇을 해야 하는지, 성공했을 때 어떤 기분인지에 집중한다. 승자는 도전과 중압감이 큰 상황을 성공할 기회로 여기고, 나머지는 실패할 위험으로 여긴다. 전설적인 복싱 트레이너이자 코너맨인 안젤로 던디Angelo Dundee는《나는 오직 승리만을 이야기한다I Only Talk Winning》에서 "살면서 우리는 긍정적인 생각과 부정적인 생각을 한다. 그런데 긍정적으로 생각한다고 해서 돈이 더 많이 드는 것은 아니다"라고 말했다.

· 승자가 되리란 기대를 품어라 ·

이제 기대의 힘을 이해했을 것이다. 그렇다면 승리하는 사고방식을 만들고 목표를 달성하기 위해 기대의 힘을 어떻게 활용할 수 있을까? 열쇠는 목표에 대한 '근접성'에 있다. 42,195킬로미터를 달리는 마라톤 선수는 출발점에서보다 결승선으로 가는 최종 구간에서 더 빨리 달린다. 이론적으로 마라톤 선수는 결승선을 거의 눈앞에 두었을 때 가장 천천히 달려야 한다. 그쯤 되면 피곤하고 녹초가 됐을 것이기 때문이다. 그러나 예외 없이 모든 마라톤 선수가 최종 구간에서 더 빨리 달린다. 왜냐하면 결승선에 거의 도달했음을 알기 때문이다.

만약 우리도 결승선을 볼 수 있다면, 목표에 도달하기 위해 마지막으로 숨겨진 힘까지 짜낼 것이다. 이 원리는 부여된 진행 효과와 결합되어 진행 사항을 기록하고 아무리 작더라도 성취를 인정하는 행위가 얼마나 중요한지 강조한다. 이 원리는 자신이 '출발선'에서 얼마나 멀리까지 왔는지 보여줄 것이다. 우리는 목표에 가까워지고 있다!

로드아일랜드대학교 연구진에 따르면, 목표를 달성할 수 있다고 생각하는 것은 실제로 목표를 달성하는 데 큰 영향을 미친다. 자신에게 승리할 능력이 없다고 생각하면, 낮은 기대 때문에 동기가 떨어진다. **최고의 기량을 발휘하는 사람은 이전의 성공에서 느낀 감정을 현재 추구하는 목표에 이용한다. 이 능력은 자신감, 자존감, 그리고 긍정적인 기대 같은 성공의 추진력이 되는 긍정적인 감정을 연쇄적으로 촉발시킨다.**

대부분의 사람들이 성공보다 실수와 실패를 더 많이 기억한다. 자신에게는 참고할 만한 과거의 성공 경험이 없다고 생각하는 사람도 있다. 하지만 누구나 기댈 만한 과거의 성취를 갖고 있다. 개인적으로 최선을 다했고 최고의 모습을 보여줬던 순간 말이다. 이런 경험은 현재 추구하는 목표와 같은 분야나 맥락일 수도 있고 아닐 수도 있지만, 맥락의 정확성은 무언가를 해냈다는 것을 아는 데서 오는 경험의 질만큼 중요하지 않다.

조금만 생각해보면 과거에 무언가를 성취해낸 경험을 쉽게 찾을 수 있다. 초등학교에 다닐 때 받아쓰기 시험에서 1등을 했거나, 청소년 미식축구 대회에서 득점했거나, 그저 자녀에게 좋은 부모였다는 것을 아는 것도 지금 힘을 얻을 수 있는 과거의 성취가 되어준다. 한 번 더 말하자면, 중요한 것은 구체성이 아니다. 승자가 되는 데 있어서는 기분과 감정의 질이 중요하다!

·과거 성공의 순간을 되새겨라·

성공에 대한 기대감을 갖기 위해서는 과거에 뭔가를 해냈던 상황을 생생하게 떠올리고, 그때의 감정을 되살려내야 한다. 이렇게 하는 것이 어려울 수도 있지만 시도하라! 여기서 궁극적인 목표는 특히 역경과 마주했을 때 사용할 수 있는, 일상적인 사고방식의 일부로 만드는 것이다. 어느 정도 노력하고 연습하면 누구나 습관화할 수 있다.

내 딸이 이 과정을 해내도록 도와준 이야기를 해주겠다. 딸아이가 처음으로 보조바퀴 없이 자전거를 탔던 때의 이야기다. 어느 날 딸아이가 "아빠, 보조바퀴 없이는 자전거를 탈 수 없어요. 무섭단 말이에요"라고 말했다. 나는 "좋아! 그 두려움이 네가 자전거에 더욱 집중하게 해줄 거야. 그런데 생각해보렴. 한때는 걸을 수 없다고 생각했는데, 지금 넌 뛰어다니잖아"라고 답해주었다.

집 앞마당에 원뿔형 기둥을 세우고 30분 정도 딸아이가 보조바퀴 없이 자전거를 탈 수 있도록 도왔다. 나는 딸아이의 자전거를 잡아주다가 몇 초 동안 손을 놓았다가 다시 잡아주기를 반복했다. 그러면서 점점 손을 놓는 시간을 늘려갔다. 어느 순간, 나는 자전거에서 손을 완전히 떼고 딸아이가 자전거를 타는 것을 지켜봤다. 딸아이는 잔뜩 신이 나서 "아빠! 아빠! 저 혼자 자전거를 타고 있어요!" 하고 소리쳤다. 딸아이가 너무 대견했다. 확신하건대, 모든 부모가 소중히 간직할 순간일 것이다.

5학년 졸업식에서 국가를 부를 단원을 뽑는 오디션을 앞두고 불안해할 때, 나는 딸아이 심리적 근접성을 만들어주기 위해서 이 경험을 이용했다. 나는 딸아이에게 처음으로 보조바퀴 없이 자전거를 탔던 때를 떠올려보라고 말했다. "성공했을 때 어떤 기분이었니? 두려웠지만 도전을 멈추지 않았고, 넌 결국 해냈어." 딸아이는 신나서 대답했다. "네, 맞아요!"

한 달 뒤 우리 부부는 졸업식에 모인 수백 명의 학생, 가족, 그리고 교직원 앞에서 씩씩하게 국가를 부르는 딸아이의 모습을 지켜봤다. 딸아이는 최종 오디션까지 올라가서 마침내 단원으로 뽑혔다.

딸아이는 최근에 축구를 시작했는데, 두 시즌 연속 골을 넣지 못했다. 어느 날 집으로 오는 차 안에서 딸아이는 "나는 절대로 골대에 골을 넣지 못할 거예요. 골을 넣을 만한 실력이 안 되거든요"라며 투덜거렸다. 이에 나는 다시 한번 과거의 성공을 상기시켰다. 보조바퀴 없이 혼자서 처음 자전거를 탔던 일과 수많은 경쟁자를 물리치고 수백 명 앞에서 국가를 불렀던 일을 떠올려보게 했다. "예전에도 넌 똑같은 소리를 했지. 하지만 넌 연습을 하면서 어떻게 해야 하는지 방법을 찾아냈고, 마침내 해냈어." 그러고 나서 딸아이와 함께 축구장으로 갔다.

나는 골을 넣고 못 넣고는 딸아이의 능력과 아무런 상관없다고 말해주었다. 보조바퀴 없이 자전거 타는 법을 배운 것처럼, 과정을 올바르게 이행하는 방법을 배우는 데 집중해야 한다고 말했다. 우리는 경기장에서 정확한 지점으로 이동하고, 팀원들과 소통하고, 골대를 막는 선수가 없는 지점에서 공을 달라고 요청했다. 그리고 이 과정을 계속 연습했다. 두 차례 경기를 치른 뒤 세 번째 경기에서 마침내 딸아이는 첫 번째 득점을 했고, 딸아이 팀은 그날 경기에서 이겼다.

이 사례에서 무엇을 알 수 있는가? 작은 승리는 성취 과정에서 더 큰 승리로 이어진다. 바로 자신감을 형성하고 기술을 연마하는 과정이다. 우리 모두에게 이런 경험이 한두 가지는 있을 것이다. 도전에 성공하거나 두려움을 극복한 순간 말이다. 이 경험을 그때 느꼈던 감정과 함께 생생하게 되살리는 과정은 다음 목표를 달성하도록 도와주는 추진력이 될 수 있다.

· 이미지 트레이닝을 완성하라 ·

기대는 우리 마음속에서 형성된다. 지금 성공하는 것은 미래의 성공을 기대할 수 있는 최고의 방법이다. 구체적으로 무언가를 하기 전에도 상상력을 발휘해서 성공에 대한 기대를 품을 수 있다.

우선, 아무런 방해도 받지 않을 만한 조용한 장소를 찾고, 아주 편안한 상태를 취해라. 5~10분 동안 심호흡하라. 코로 숨을 들이마시고 입으로 내쉬어라. 긴장이 풀리고 몸이 편안해지면, 다음 단계에 따라 행동해라.

1. **정신적으로 놀라운 무언가를 잘해냈던 때로 되돌아가라.** 성공했다고 느꼈던 순간을 찾아라. 그 일은 최근에 일어난 일일 수도 있고, 아주 어린 시절에 일어난 일일 수도 있다. 운동 경기나 직장, 가정, 학교에서 성취감을 느꼈거나 재미로 어떤 일을 해낸 기억일 수도 있다.

2. **눈을 감고 그 기억에 몰입하라.** 처음 경험하는 것처럼 그때 느꼈던 흥분과 감정을 생생하게 되살려라. 가능한 한 자세하게 기억해내라. 시각, 청각, 미각, 후각 등 모든 감각으로 당신이 경험했던 모든 것을 자세히 떠올려라. 그때 가졌던 감정에 구체적으로 집중하라. 그리고 그 감정을 다시 경험하라.

3. **심호흡하라.** 숨을 5초 동안 참아라. 그리고 천천히 일정한 속도로 숨을 내쉬어라. 이렇게 하면 긴장이 풀리고 더 깊이 집중할 수 있을 것이다. 이제 다시 성공의 기억을 되살려라. 성공했을 때 느꼈던 모든 감정을 강렬하게 느끼고, 마음속에서 그때의 경험을 확장시켜라. 이 과정을 반복하라. 심호흡하고, 집중하고, 그때의 감정을 느끼고, 성공했을 때의 감정과 경험을 강화하라.

이 과정을 10~15분 동안 되풀이하라. 익숙해지면 30분 정도는 실행할 수 있을 것이다. 이미지에 집중하고, 머릿속에서 긍정적인 과거의 경험을 영화처럼 재생시키고, 그 경험과 연관된 감정에 집중하라. 각각의 이미지에 가능한 한 많은 감각을 동원하라. 무엇이 들리는가? 무슨 냄새가 나는가? 무엇이 느껴지는가?

이것은 최고의 실력을 발휘했던 순간에 느꼈던 감정을 생생하게 되살리는 데 도움이 될 것이다. 필요할 때마다 그 감정을 불러내서 과거의 성공으로부터 힘과 자신감을 얻는 법을 배우게 될 것이다. 과거에 승리했던 경험을 과소평가하고 대수롭지 않게 여기는 자신을 발견할지도 모른다. "그때 그 일은 별거 아니었어"라고 말하는 자신을 발견할지도 모른다. 하지만 당시에 그 일은 대단한 성취였다! 그때의 감정을 되살려서 거기서 현재 추구하는 목표를 달성하기 위한 힘을 얻어라.

· 선택적 기억력을 가져라 ·

자기 반성은 분명 바람직한 사고방식이지만 문제, 과거의 실수와 불행에 연연하는 것은 부정적인 감정을 확대하고 나쁜 경험을 뇌리에 깊이 각인시킬 뿐이다. 머릿속으로 형편없었던 성과를 반복해서 재생할지도 모른다. 그 당시 상황을 머릿속으로 생각할 때마다 자신감은 바닥을 치고 절망감이 치솟을 것이다. 자신을 함부로 대하거나 정말로 나쁜 경험을 했다면, 여생 동안 그것을 기억하게 될 것이다. 이것은 인류가 생존하기 위해서 진화시켜온 핵심 기능 중 하나다. 그래서 우리가 부정적인 경험을 되새기는 것은 아주 일반적인 행동이지만, 좋은 성과를 내는 사람은 여기서 예외다.

승자는 같은 장면을 반복해서 떠올리면, 그 장면이 실제로 일어날 가능성이 커진다는 것을 안다. 그래서 승자는 자신의 성공을 기억하고, 자신의 실패는 편리하게 '잊는다'. 약점을 개선하기 위해서라도 모든 성과를 정확하게 기록하는 것이 좋지 않냐고 묻는 사람이 있다. 그런데 승자는 오직 자신에게 힘이 되는 것과 승리하는 것에만 관심이 있다. 승자의 목표는 자신감을 쌓고 최고의 실력을 발휘하는 데 힘이 되도록 과거를 기억하는 것이다. 그렇다고 승자가 무엇이 잘못됐는지 분석하고, 실수를 바로잡고, 약점을 보강하지 못한다는 것은 아니다. 승자는 피드백을 어떻게 받아들여야 하고 어떻게 조정해야 하는지, 과정을 '완벽하게 이행하는' 법을 안다.

가장 중요한 것은 이것이다. 승자는 실패가 차지할 정신 공간을 최소화하고, 승리에 더 많은 정신 공간을 할애한다. 여기서 교훈은 승리를 안겨준 과정을 반복할 가능성을 높이기 위해서는 좋은 경험을 했고 좋은 성과를 올렸던 때를 기억하고 음미해야 한다는 것이다.

·최후의 맹세를 했나?·

무언가 대단히 잘 해내겠다고 다짐하고 전념한다고 해서 즉시 대단한 결과가 얻어지는 것은 아니다. 로스쿨을 몇 달 다녔을 뿐, 변론 경험이 거의 없는 사람이 법정에서 제대로 변론할 수 있을까? 그가 첫 번째 변론에서 졌다고 한들 과연 그게 놀랄 일일까? 의예과 수업을 겨우 두 번 듣고 수술실에 들어가서 수술을 집도할 수 있을까? 이런 일은 절대 없어야 한다. 만에 하나 수술을 집도했는데, 환자가 완치되지 않았다고 한들 놀라워할 일일까? 물론 둘 다 완전히 말도 되지 않는 시나리오다. 그런데 주위를 둘러보라. 의외로 이런 경우가 많다. 테니스 라켓이나 골프채를 막 샀거나 주식 계좌를 이제 막 개설해놓고 당장 좋은 결과가 있기를 기대한다. 그러곤 성공이 쉽게 손에 잡히지 않으면 핑계를 대고 포기해버린다. 그들은 전문적 지식이나 기술, 그것을 갈고닦을 시간과 인내심이 필요하다는 것을 인정하지 않는다.

처음 주식 트레이딩을 시작했을 때 나의 투자 수익률은 끔찍할 정도였다. 몇 년 동안 나는 기껏해야 그저 그런 투자 수익률을 기록했다. 하지만 나는 인내의 힘을 이해하고 있었다. 내가 마침내 성취해낸 성공은 타고난 재능이나 순전한 운에서 비롯된 게 아니라, 무조건 참고 견디겠다고 기꺼이 최후의 맹세를 한 결과였다.

무조건적인 전념은 무조건적인 사랑과 비슷하다. 자신에게 되돌아오는 것이 무엇이냐와 상관없이 충실하게 목표에 매달린다. 무조건적으로 전념하겠다고 맹세하지 않으면, 목표를 추구하는 과정에서 포기 쪽으로 절반은 이동한 셈이다. 목표를 추구하는 내내 "아주 고통스럽지 않은 한 이 일을 계속하겠어"라고 자신에게 말하는 셈이다. 올림픽에 출전한 선수가 이런 태도를 갖고 있다고 생각할 수 있는가? 장담하건대, 이런 태도를 지닌 선수는 절대 금메달을 목에 걸 수 없을 것이다.

무언가에서 크게 성공한 사람은 모두 비슷한 태도를 갖고 있다. 원하는 일이 일어날 때까지 죽도록 노력한다. 중도 포기는 주어진 선택지가 아니다. 대단한 성공을 일군 사람들은 모두 목표에 전념한다. 이런 자세로 끝까지 가지 못한다면 상황이 조금만 힘들어져도 금방 포기하게 된다. 목표까지 가는 여정의 정상 궤도에서 벗어나거나 포기하고 싶게 만드는 일은 일어나게 마련이지만, 목표를 향해 끝까지 나아가겠다고 맹세하면 중간에 그만두고 싶은 유혹에 절대 굴복하지 않게 된다. 목표를 성취해낼 때까지 끈질기게 나아갈 힘을 얻는 것이다.

중도에 포기하지 않고 계속 배운다면 원하는 바를 결국 성취해낼 수 있다. 지식과 기술은 공부하고 연습하면 습득된다. 하지만 중도에 포기하는 자는 그 무엇도 이뤄낼 수 없다. 승자는 끝까지 해내겠다는 자신의 집념을 자랑스러워하며, 그것이 평범한 사람과 자신을 구분하는 핵심 요인이라는 것을 안다. 우리는 비범한 사람이다. 이런 사고방식에 따라 행동한다면 우리 모두는 그 누구도 부정할 수 없고, 부정하지 않을 정도로 성장하게 될 것이다.

· 배를 불태워라 ·

'배를 불태우다'란 표현은 오랜 습관과 방식으로 되돌아갈 길이 없다는 의미를 가지고 있다. 1591년 에르난 코르테스 Hernán Cortés 는 무리를 이끌고 신세계를 향해 항해를 떠났다. 지금의 멕시코 베라크루스에 도착했을 무렵, 그의 선원들은 너무 지쳤고 너무 두려워했다. 그들은 집으로 되돌아가서 예전처럼 살 수 있기만을 원했다. 이런 분위기를 읽은 코르테스는 선원들에게 배를 불태우라고 명령했다. 다른 선택지를 남기지 않고 계속 앞으로 나아갈 수밖에 없는 조건을 만들기 위한 그의 결단이었다. 배를 불태운다는 것은 과거의 방식과 분리되는 것 이상을 의미했고, 그들이 주어진 임무를 완수해낼 수밖에 없게 만들었다. 그가 이상화됐고 동시에 비난받아왔다는 것을 나는 인정한다. 하지만 이것이 이 일화의 핵심은 아니다. 배를 불태워 없앤다는 것은 퇴로를 차단하고 안전한 그물망을 없앴다는 뜻이다. 다시 말해, 이들은 더 이상 되돌아갈 곳이 없었다.

　학교를 중간에 그만두고 주식 트레이딩을 시작했을 때, 사람들은 내게 "주식 트레이딩이 잘 안 되어도 되돌아갈 곳이 없는데, 걱정되지 않느냐?"고 물었다. 나는 "전혀 걱정되지 않아. 사실 그것이 주식 트레이딩을 잘해내야 하는 이유야. 나에겐 다른 선택지가 없거든"이라고 답했다.

우리는 살아가면서 다양한 신체적, 정신적, 감정적, 의식적 투쟁을 벌인다. 우리 삶에 대단한 변화를 일으키기 위해서는 이런 투쟁의 근원을 찾아야 한다. 우리는 안락하고 익숙한 곳으로 다시 데려다주겠다고 유혹하는 우리 자신만의 배를 찾아야 한다. 그리고 그 배를 불태워야 한다.

· 작은 성공이 큰 성공으로 이어진다 ·

점점 많은 사람들이 빠른 성공을 원한다. 나는 이것을 '베루카 솔트 증후군'이라고 부른다. 영화 〈초콜릿 천국Willy Wonka & the Chocolate Factory〉에 등장하는 베루카를 아는가? 그녀는 황금 티켓의 두 번째 주인공이었다. 귀여운 소녀로 묘사됐지만, 사실 베루카는 부유하고 버릇없는 아이의 전형이다. 베루카는 "지금 당장 내게 줘", "지금 갖고 싶어" 같은 말을 입에 달고 살았다.

지금 성공을 원하는 태도를 유지하면 진정 대단한 일을 해내거나 무언가를 정말로 잘해낼 수 없다. 올림픽 체조 선수는 평균대 위에서 뒤로 공중제비를 하면서 경기를 시작하지 않는다. 대신, 겨우 몇 센티미터 높이의 평균대에 올라선 채 경기를 시작한다. 그는 높이 1미터, 폭 10센티미터인 평균대에서 기가 막힌 공중 기술을 선보이기 위해 연습하고 자신감을 키우기 위해 노력한다.

작은 걸음이 모여서 위대한 여정이 완성된다. 데이비드 고긴스David Goggins는 130킬로그램이 넘는 거구였지만, 네이비실 일원이 됐고 39시간 동안 단 한 번도 쉬지 않고 320킬로미터를 달렸다. 어떻게 그런 성과를 이뤄낼 수 있었느냐는 질문에 그는 "솔직히 말해서 모든 것은 내 침실이 지저분하고 침대가 정리되지 않았다는 것을 인정한 데서 시작됐다. 소소한 집안일을 하는 데서 시작됐다"고 말했다.

작은 도전을 하나씩 달성해 나가는 경험을 큰 도전을 정복하는 데 이용할 줄 아는 것이 중요하다. 인간이기 때문에 우리는 자신의 선택이 원하는 결과로 이어질 가능성을 끊임없이 계산한다. **정상까지의 여정을 생각하지 않고 그저 산 정상만 바라보면, 아찔한 높이에 그저 주눅부터 든다. 그래서 산을 오를 시도조차 하지 않게 된다. 하지만 첫 번째 베이스캠프까지 등정하고 나서 한 걸음씩 내디디다 보면 두 번째 베이스캠프, 그리고 그다음 베이스캠프로 묵묵히 산을 오르는 자신을 보게 될 것이다.** 이 모든 것을 한데 엮으면 정상에 오른 자신의 모습이 머릿속에 그려지기 시작한다. 그러면 산을 정복하리란 기대가 커지면서 자신감도 상당히 커진다.

단번에 거대한 목표를 이뤄내겠다는 생각에 압도된다면, 또는 큰 도전을 작은 부분이나 뚜렷이 구분되는 단계 혹은 더 작은 도전으로 분해하지 못한다면 이 모든 일은 일어나지 않을 것이다. 이것이 바로 점진적인 진척의 힘이자 추진력을 만들어내는 동력으로, 자신감을 만들어낸다. 핵심은 기대이고, 과정을 이행하고 성공하는 데 필요한 것에 대한 인식을 관리하는 것이다.

작은 결정이 큰 결정으로 이어지고, 작은 성공이 더 큰 성공으로 이어지는 법이다. 이런 개념이 기대에서 중요한 역할을 하고, 도중에 포기하지 않고 하던 일을 계속해 나가게 만드는 열쇠가 된다. **잠재력이 부족해서 실패하는 게 아니다. 자신의 능력을 자신하지 못하고**

중도에 포기하기 때문에 실패하는 것이다. 승자는 비전이 있고, 궁극적으로 가고자 하는 곳이 어디인지 안다. 승자는 도전을 자신이 관리할 수 있는 수준으로 분해하고 작은 도전을 하나씩 해결하면서 결국 더 큰 도전을 이뤄낸다. 그렇게 승자는 자신이 추구하는 목표를 향해 한 걸음씩 다가간다. 단기 목표를 달성하는 것은 승자가 끝까지 장기 목표를 추구할 수 있도록 해준다. 승자는 무언가를 점진적으로 진행하는 것의 힘을 이해하고, 자신의 노력을 이용하는 법을 안다. 이것이 목표 근접성을 만들어내는 또 다른 방법이다.

· 전념의 4단계 ·

주목할 만한 성과는 우연히 나오지 않는다. 언제나 목표에 전념하는 것이 선행된다. 이번 장의 처음으로 돌아가보자. *자신*의 목표에 대한 전념 수준을 다시 한번 생각해볼 때다. 새로운 목표에 전념하기에 앞서 현재 목표에 얼마나 전념하고 있는가?

다음은 전념의 4가지 단계다.

참여 단계: 무언가에 참여하는 것도 '전념'이라고 부를 수 있다면, 이 단계에서는 모두가 즐겁다. 이 단계에서는 즐거운 시간을 보내는 것이 주된 목표다. 하지만 활동이나 노력이 너무 수고로워지거나 더 이상 재미있지 않으면 관두고 싶어진다. 기술을 개선하거나 완벽하게 만들기 위해 열심히 노력하지 않고, 오직 그 행위가 주는 즐거움에만 전념하고 있기 때문이다. 목표를 추구할 때, 어린아이는 1

단계를 뛰어넘어 다른 단계에서 출발하는 경우가 거의 없다. 어린아이는 재미를 원한다. 즐겁지 않고 진지하게 임해야 할 때 어린아이는 그것을 오래하고 싶어 하지 않는다.

학습 단계: 사람들은 대개 목표를 추구할 때 학습 단계에서 출발한다. 어떤 운동을 하거나 활동에 참여하면서 그것을 꽤 즐기고 있을지도 모르며, 진지하게 기본적인 원리를 배울 생각을 하고 있을지도 모른다. 처음부터 다시 시작해야 하는 상황은 자동적으로 당신을 학습 단계로 보낸다. 이 초기 단계에서는 기초를 완벽하게 이해하는 것이 중요하다. 기초를 숙지하지 못하거나 어떤 식으로 접근해야 하는지 경험할 기회가 없으면, 기반이 약하기 때문에 다음 단계로 넘어가는 것이 어렵다.

경쟁 단계: 이 단계에서는 그 활동에 좀 더 깊이 개입한다. 사람들에게 높이 평가받는 경쟁자가 될 정도로 충분히 그것을 잘해내고 싶다. 대회에 나가거나 무대에서 공연하면서, 이것이 단순한 참여와는 차원이 다른 것임을 이해하게 된다. 자신만의 훈련 습관을 만들고 훈련법을 마련한다. 코치를 찾아 실력을 향상시키겠다는 의도로 정기적으로 연습할 수도 있다.

승리 단계: 이 단계에서 목표는 경쟁력을 갖는 것뿐만 아니라, 승리하는 것이다. 동급 최고가 되거나 적어도 최고의 자신이 되고 싶다. 최고가 되기 위해서 기꺼이 자신의 모든 것을 건다. 이것은 가장 높은 전념 단계다. 재미있자고, 또는 인정받는 경쟁자가 되자고 그

일을 하는 게 아니다. 승자가 되기 위해 그 일을 하고 있는 것이다. 이제 다음 단계로 나아가기 위해 노력할 때다. 피곤하거나 스트레스를 받거나 짜증 나거나 집중하기 어렵더라도 승리를 위해 일정에 맞춰 연습한다. 마음을 비우고 전념한다. 승리에 모든 것을 건다.

위 4가지 단계 중 어디서든 시작할 수 있다. 승자가 되겠다는 의도를 가지고 곧장 승리 단계로 갈 수도 있다. 하지만 대부분 참여 단계나 학습 단계에 관심을 보이거나 개입한다. 승리하기 위해 목표에 전념해서 승리 단계까지 가는 사람은 드물다. 지금 당신은 어느 단계에서 목표에 전념하고 있는가?

· 전념 수준이 목표 단계에 적절한가? ·

이제 목표에 어느 정도로 전념할지 결정했으니, 아주 중요한 질문을 하겠다. "지금의 전념 단계가 목표 단계에 적절한가?" 매사 거의 그렇듯이, 조화는 중요하다. 신념, 목표, 생각, 행동을 모두 일직선상에 둬야 한다. 다시 말해서 조화롭게 서로에 맞춰서 조정해야 한다. 예컨대 **전념 수준이 기대 수준에 못 미치면 목표를 낮추거나 전념 수준을 높여야 한다.**

월가에 처음 발을 들였을 때, 나는 벗인 스티브와 동업했다. 나는 스티브에게 "나는 세계 최고의 주식 트레이더가 될 거야. 이 목표를 달성하는 데 생각보다 오래 걸릴지도 몰라. 이 일을 시작하기 전에 우리가 같은 목표를 추구하고 있다는 것과 목표를 달성하는 데 기한은 없다는 것을 분명히 해두고 싶어. 성공할 때까지 할 거야. 포기란 없어!"라고 말한 뒤 이어 "함께하겠어?"라고 물었다.

이것이 바로 승리 단계에 해당하는 전념 수준이다. 그 뒤로 어떻게 됐는지는 여기서 굳이 말할 필요가 없을 것이다.

·편한 것만 찾지 마라·

목표에 무조건적으로 전념하면서 비범해지기 위해서는 필요한 모든 것을 해야 한다. 한 예로 코치를 둘 수 있다. 학습 단계나 경쟁 단계에서 필요한 기술을 배우거나 누군가와 경쟁하려는 사람은 주변에서 코치를 찾을 것이다. 이때는 편리함이 가장 우선시된다. 반면 전념 수준이 승리 단계에 해당하면 승리할 생각으로 연습해야 하므로 가장 가까운 곳에 있는 코치가 아니라 최고의 코치를 찾게 된다. 최고의 훈련과 지도를 받고자 기꺼이 아주 먼 곳까지 갈 것이다. 승자가 되기 위해선 이렇게 편리의 유혹을 극복해야 한다!

20대 때 보디빌딩을 하면서 나는 아주 엄격한 훈련 일정을 짰다. 사람들은 보통 보디빌딩에서 가장 어려운 부분이 근력을 강화하는 웨이트 트레이닝이라고 생각하지만 그보다 힘든 것이 식단이다. 당시에 나는 하루에 일곱 끼를 먹었다. 아침에는 달걀흰자 12개, 오트밀 한 그릇, 물, 그리고 보충제를 섭취했다. 나머지 여섯 끼는 낮에 먹었다. 메뉴는 삶은 닭가슴살, 소고기나 생선 100~200그램 정도를 채소나 쌀과 함께 삶아 먹었다. 그리고 잠자리에 들기 전에 달걀흰자와 땅콩버터 한 숟가락을 먹었다. 또한 매일 피트니스클럽에 가서 스트레칭과 준비 운동을 했다. 몇 년 동안 이 일정대로 움직였다.

내가 이러한 식단과 훈련 일정을 유지하면서 전념 수준을 관리할 수 있었던 것은 흔들리지 않는 의지로 계획에 따라 움직였기 때문이다. 내게는 알람 기능이 있는 시계가 있었는데, 두 시간마다 알람이 울리도록 설정했다. 알람이 울리면 영양사가 만들어준 식단에 따라 음식을 섭취했다. 편리한 시간이나 심지어 배가 고프다고 음식을 먹지 않았다. 정해진 식단에 따라 정확하게 음식을 섭취했다.

승리 단계에서 요구되는 전념이란 바로 이런 것이다. **무슨 일이 있더라도 포기하지 않고 끝까지 목표를 추구하는 집념이 있으면, 아무리 힘들어도 흔들릴 일이 없다. 목표에 대한 전념이 약해지도록 내버려두지 말고, 목표를 이루기 위해 해내야 하는 도전에 '다시 응하고' 목표에 전념해야 한다. 목표에 전념하게 만든 이유로 되돌아가라. 처음에 왜 그 일을 해내겠다고 맹세하고 전념했는지 떠올려라.**

체중을 15킬로그램 정도 감량하겠다고 결심한 이유가 고등학교 동창회에서 멋있어 보이고 싶어서라면 목표에 도달하기 힘들 수도 있다. 반면 체중 감량의 이유가 당뇨병 등 각종 성인병의 위험을 낮춰 수명을 늘리고 건강한 삶을 유지해 어린 딸이 성인이 되어서 결혼하고 아이를 낳는 모습을 보고 싶어서라면 이 모든 것은 의미 있는 이유이자 목표이기 때문에 당신은 포기하지 않고 끝까지 체중을 감량하기 위해 노력할 것이다. 모든 것은 목표에 얼마나 전념하느냐에 달려 있다. 전념하는 것을 넘어서 목표 의식이 충분히 강하다면, 당신은 목표를 달성하기 위해 끝까지 노력할 것이다.

· 포기하고 싶을 때 무엇을 해야 할까? ·

나는 "일이 전혀 진척되지 않은 상태로 몇 년간 어떻게 견뎌냈나요? 무엇이 계속 나아가게 했나요?"라는 질문을 자주 받는다. 열쇠는 내가 '사용한 자원'을 바라보는 시각에 있다. 혹자는 내가 목표에 도달하지 못했던 6년을 실패라고 보고, 그런 상황이었다면 자신은 결코 성공할 수 없었을 거라고 말한다. 이들은 자신에 대한 믿음을 잃고 중도에 포기하지만, 나는 그 반대였다. 나는 내가 1년씩 목표에 가까워지고 있다고 생각했다. 하루하루 지날 때마다 지금 여기서 그만두면 바로 코앞까지 와 있는 성공을 놓치고 말 것이라고 생각했다. 즉 시간이 흐를수록 "목표에 분명 가까워지고 있어"라고 생각했다.

나는 항상 앞만 바라봤고, 정신적으로 부여된 진행 효과를 적극적으로 사용했다. 성과는 점진적이지만 목표에 가까워지고 있다고 생각했다. 이렇게 나는 결의를 잃지 않고 목표에 더 강하게 전념할 수 있었다.

큰 목표를 성취하고 싶다면, 이렇게 생각해야 한다. 큰 목표에 도달하는 것은 생각보다 더 오랜 시간이 걸리는 법이다. 그저 그런 성과를 올리는 사람은 썩 좋지 않은 출발을 포기해야 할 이유로 보는 반면, 승자는 그것을 다시 힘을 내서 결승선을 힘차게 통과할 기회로 여긴다. **역경 속에서 기회를 찾고 그 기회를 성공하는 과정의 부분으로 받아들이지 못하면, 좌절은 항상 목표에 이르지 못한 것에 대한 핑계가 될 것이다.** 결과에 지나치게 몰입하면 실망하고 만다. 그러니 과정에 집중하고 정신적으로 목표에 가까워지고 있다고 믿어라. 이 과정에 도달한 순간 기회를 잡을 준비가 된 것이다.

·실망을 잘 다뤄라·

성과가 좋지 않았다면, 가령 1등으로 들어오고 싶었는데 8등으로 결승선을 통과했다면 분명 기분이 매우 나쁠 것이다. 자책하게 될지도 모른다. 하지만 후회와 '……했어야 했는데', '……할 수 있었는데', '……했더라면', '나는 쓸모없는 ……이야'라는 생각에 승자는 절대 시간을 쓰지 않는다.

과거의 실패에 연연하면 무력한 상태에 빠지고, 무력감에 시달리면 다음에 해야 할 일에 동기가 부여될 수 없다. 나는 불유쾌한 기분을 느낄 시간을 단 몇 분만 허락한다. 기분이 엉망인 채로 결코 하루를 넘기지 않도록 한다. 단 몇 분 동안만 발로 차고 소리를 지르거나 울면서 엉망인 기분을 마음껏 표출한다. 짧은 시간이지만 불만스러운 감정을 털어내고 화를 삭이고 좋지 않은 성과에 불평하기에는 충분하다. 이것으로 끝이다! 그러고 나서 나는 다시 승자가 되는 과정에 정신과 감정을 집중한다. 여기서 중요한 것은 내게 동기를 부여하는 요인과의 접점을 계속 유지하는 것이다. 마치 영원히 꺼지지 않는 불꽃처럼 기교, 과정, 그리고 여정에 대한 열의를 계속 품고 있어야 한다. 무언가 망쳐버렸다면 엉망진창인 기분을 느끼고 싶은 만큼 느끼고, 실망감을 있는 그대로 받아들여라. 단, 잠시 동안만이다. 그러고 나서는 다시 목표에 전념해야 한다.

포기하고 싶은 바로 그 순간에는 갈림길 앞에 서 있다고 생각하라. 포기하면 쉬운 길만 찾는 겁쟁이가 돼버리는 것이다. 명예의 전당에 이름을 올린 야구 선수 토니 그윈Tony Gwynn은 "자신을 속이고 그럭저럭 살아가기는 쉽지만 이것은 누구나 할 수 있는 것이다"라고 했다.

자신의 감정을 제어하지 못하면, 감정에 통제당하게 된다. 절망감에 빠졌을 때, "지금 운전대를 잡고 있는 것은 누구인가? 나인가 아니면 패배자처럼 행동하고 포기하게 만드는 이 더러운 기분인가?"라고 스스로 물어라. 그러고 나서 "바로 이 순간 내가 내린 결정이 말 그대로 내 운명을 결정한다"라고 말해라. "승자는 이런 순간에 어떻게 할까?" 그렇다. 그게 바로 이 질문에 대한 답이다.

· 못 믿겠지만 사실이다 ·

지난 몇 년 동안 최고의 성과를 내는 사람들을 연구하고 더욱 발전할 수 있도록 도와주면서 나는 문제는 능력 부족에 있지 않다는 결론을 내렸다. 헨리 포드 Henry Ford 가 말했듯, "누구나 자신이 할 수 있다고 생각하는 것보다 훨씬 더 많은 일을 할 수 있다".

문제는 대부분의 사람이 자신의 능력에 대한 믿음이 부족하거나 없다는 데 있다. 이런 면 때문에 자신이 무엇을 진정 잘 해낼 수 있는지 찾을 기회를 얻기도 전에 포기하곤 한다. 사람들은 자기자신을 과소평가하는 경향이 있다. 그래서 생각보다 일을 완수하는 데 오래 걸리면 중도에 포기하거나 실패했다고 지레짐작하고는 자신이 '옳았다'는 것을 증명하려고 든다. 목표한 일이 금방 이뤄지리라고 생각하는 것 역시 일종의 과소평가다. 사람들은 흔히 "나에겐 이 일을 해내는 데 필요한 자질이 없어", "그것은 내 운명이 아니었어", 또는 "진짜 원하는 일은 아니었어"라고 말한다. 전부 핑계에 지나지 않는 헛소리다.

알버트 아인슈타인Albert Einstein은 "모든 사람은 천재다. 하지만 나무를 오르는 실력으로 물고기를 판단한다면, 그 물고기는 자신이 멍청하다고 생각하면서 평생 살아갈 것이다"라고 말했다. 이 시점에 내가 하고 싶은 질문은 "당신의 천재성은 무엇인가?"다.

'운명으로 정해진 것'은 없다. 스스로 실제로 일어나게 만들어낸 것이 있을 뿐이다. 무언가를 몹시 원하고, 그것을 이뤄내기 위해서 기꺼이 노력한다면, 최고의 경쟁자가 되고 승자가 될 수 있다. 이를 위해서는 전념과 용기만 있으면 된다. 목표에 도달하는 데 필요한 것을 찾아내고 목표를 달성할 것이란 기대를 만들어내는 것은 자기 자신의 몫이다.

이것은 도전적인 일이다. 자칫 잘못하면 자신의 자아와 자부심이 위태로워질 수 있기 때문이다. 자신의 모든 것을 걸었는데도 원하는 결과가 바로 나오지 않으면 자존감에 타격을 입게 된다. 하지만 성공으로 가는 길은 멀고도 험난하게 마련이다.

좌절을 맛봤다고 해서 과정에서 벗어나선 안 된다. 무언가에 간절해지면 그 대상을 움켜쥐고 매달리게 된다. 결과에서 심리적으로 거리를 두고, 현재 상황은 그저 과정의 부분에 지나지 않음을, 일시적임을 상기하라. 목표한 바를 이뤄낼 때까지 한 발 한 발 나아가겠다고 맹세하고 전념하면 원하는 것을 이루게 될 것이다.

토머스 에디슨Thomas Edison은 삶의 실패자들을 두고 "포기하는 순간 자신이 성공에 얼마나 가까워졌는지 깨닫지 못한 자"라고 이야기했다. 너무나 많은 사람이 정상을 눈앞에 두고 포기한다. 이들은 포기하지 않고 조금만 더 노력했다면 남은 거리를 충분히 갈 수 있었다는 사실을 알지 못한다.

어려운 고비에 맞닥뜨리면 목표를 이뤄내겠다고 다시 한번 맹세하고 전념하라! 꿈이 우리를 결승선까지 이끌고 가도록 만들어라. 승리든 패배든 목표까지 가는 여정에서 경험하는 모든 것을 똑같은 열정으로 받아들여라. 이것이 태산을 한낱 두더지가 쌓은 흙 더미로 만드는 방법이다.

우리는 승자가 되겠다고 최후의 맹세를 했다. 이것은 우리가 실패할 수도 있다는 뜻이다. 로버트 그린Robert Greene은《마스터리의 법칙Mastery》에서 "결국 당신에게 꼭 맞는 분야, 틈새나 기회를 생각해 내게 될 것이다. 그것을 찾으면 한번에 알아볼 수 있을 것이다. 왜냐하면 그것이 당신을 어린아이처럼 궁금해하고 신나게 만들 것이기 때문이다. 그것은 옳다고 느껴질 것이다. 일단 그것을 찾으면, 모든 것이 제자리를 찾을 것이다"라고 했다.

그러나 그린의 이 말을 마법의 지팡이라고 오해하지 마라. 이것은 자동적으로 일어나지 않는다. 이런 일이 일어나려면 전념과 집념이 필요하다. 모든 것은 스스로에게 갖는 기대에 달려 있다.

CHAPTER 5

결정의
스위치를 켜라

당신이 운명적으로 될 수밖에 없는 사람은 당신이 되겠다고 결정한 사람
이다.

랄프 왈도 에머슨 Ralph Waldo Emerson

바로 지금, 우리는 모든 것을 바꿀 수 있다. 우리에게는 모든 것
을 바꿀 수 있는 힘이 있다. 다른 사람들과 마찬가지로 우리는 어떤
삶을 살아갈지 스스로 결정할 수 있는 힘이 있다. 그것은 바로 선택
의 힘이다. 다른 사람이나 사건을 통제할 순 없지만 무슨 생각을 할
지, 무엇을 할지, 그리고 그것이 자신에게 무슨 의미를 지닐지는 선
택할 수 있다. 이 3가지 결정이 궁극적으로 우리의 운명과 그것을
넘어선 모든 것을 결정한다.

평상시보다 5분 늦게 집을 나선 덕분에 운좋게도 고속도로에서
많은 사상자를 낸 충돌 사고를 피할 수 있었다. 제시간에 집을 나섰
다면 그 사고로 목숨을 잃었을지도 모른다. 몇 년 뒤 아이를 낳았는
데, 이 아이는 자라서 미국 대통령이 됐다. 대통령은 아주 중대한 결
정을 내려서 지구상의 모든 생명체를 없앨 수 있는 핵전쟁을 막아

전 세계를 구했다. 5분 늦게 집을 나선, 별로 중요해 보이지 않는 결정으로 전 인류를 구하게 된 것이다!

이런 일이 가능할까? 물론이다. 이런 일은 지금도 일어나고 있다. 이를 '나비 효과'라고 부른다. 나비 효과는 나비가 어딘가에서 날갯짓을 하면 지구 반대편에서는 태풍이 일어난다는 내용이다. 우리가 내리는 결정 하나하나가 중요하다. 긍정적이든 부정적이든 변화를 만들어낼 때, 그 변화에 영향받는 사람은 우리뿐만이 아니다. 우리 주변 사람은 물론이고, 우리가 알지도 못하는 사람에게 영향을 미칠 수 있다.

스티븐 킹Stephen King의 걸작 중 하나인 장편소설 《11/22/63》에 제이크라는 인물이 등장한다. 그는 어느 식당의 식료품 저장고에서 우연히 1958년으로 이어지는 포털을 발견한다. 제이크는 기가 막힌 아이디어를 떠올린다. 역사를 바꾸면 세상이 더 좋아질 거라고 생각한 것이다. 그는 존 F. 케네디John F. Kennedy 대통령의 암살을 막기 위해 1963년이 될 때까지 과거에서 살기로 결정한다. 그는 이 변화가 인류에게 대단히 유익한 영향을 미칠 거라고 믿는다. 리 하비 오스왈드Lee Harvey Oswald를 몇 년 동안 따라다닌 끝에 그는 가까스로 케네디 대통령이 저격당하는 것을 막는다. 제이크는 이 일로 세계가 더 좋아졌을 것이라고 기대하고 현재로 돌아온다. 하지만 정반대 일이 일어났다. 전 세계에서 지진이 발생해 그의 집은 폐허가 되어버렸고, 핵전쟁이 일어나 대부분의 세상이 파괴됐다. 기대와 전혀 다른 상황에 정신이 나간 채 제이크는 다시 한번 1958년으로 되돌아가서 역사를 초기화한다. 이 이야기는 독립적으로 일어나는 일은 없다는 것을 보여준다. 모든 사건은 변화의 촉매 역할을 한다. 우리가 내리는 결정은 우리가 현재 보거나 추측하는 것 이상으로 큰 영향력을 발휘한다.

5년, 10년, 또는 20년을 되돌아보면, 현재의 삶을 형성한 중요한 결정들을 찾을 수 있을 것이다. 좋은 결정도 있고, 나쁜 결정도 있을 것이다. 어떤 사람은 특정한 결정을 내려서 좋은 직업을 구했거나, 새로운 인연을 시작하거나 끝냈거나, 삶을 바꿀 기회를 얻었을지도 모른다. 어떤 사람은 자신의 결정으로 감옥이나 그보다 더 나쁜 상황에 이르게 됐을지도 모른다. 이것이 선택의 힘이다. **지난날을 되돌아봐라. 과거에 지금과 완전히 다른 삶을 살았을지도 모르는 결정이 있는가?**

결정은 궁극적으로 개인에게 달려 있는 문제다. 우리는 무엇을 믿고, 무엇에 집중하고, 사건을 어떻게 받아들이고, 어떻게 반응할지 선택할 수 있다. 이 선택이 우리를 둘러싼 세계를 구축한다. 살아가면서 우리는 끊임없이 갈림길 앞에 서게 된다. 결정을 내려야 하는 중요한 길목에서 우리의 역사가 쓰인다. 그 순간 그 이상의 일이 결정되는 것인지도 모른다.

지금 당장 우리가 내리는 그 결정이 우리의 미래를 만든다. 모든 결정이 완벽할 수는 없지만, 양질의 선택을 내릴 순 있다. 이를 위해서는 결정을 이끄는 동인이 무엇인지부터 이해해야 한다.

· 고통인가 기쁨인가 ·

삶은 크고 작은 결정의 연속이다. 일부 결정은 아침 식사 메뉴를 정하는 것처럼 일상적이지만 이직하고, 새 집을 마련하고, 관계를 한 단계 발전시키고, 꿈을 좇는 것처럼 중대한 결정도 있다. 누군가에게 결정은 정보를 수집하고 장단점을 파악하는 과정이지만, 결정을 내리는 것을 극도로 괴로워하는 사람도 있다. 그들은 결정을 내려야 한다는 사실에 고통스러워하다가 완전히 무력해진다. 잘못된 결정을 내리는 것을 몹시 두려워하는 것이다. 그런데 이것은 운전하면서 속도를 줄이지 않고 커브 길을 도는 것과 다를 바 없다.

내 친구 이야기를 들려주겠다. 그를 '데이브'라고 부르자. 데이브는 한동안 '메리'를 만났다. 둘은 사이좋은 연인이었고, 그야말로 천생연분 같았다. 하지만 결혼 이야기가 나올 때마다 데이브는 그 자리에서 얼어붙었다. 그는 메리와 만날 때마다 행복했고 그녀가 아닌 다른 누군가와 함께하는 것에 관심이 없었지만, 결혼이라는 중요한 결정을 내릴 자신은 없었다.

"결혼이라니! 난 넷플릭스 계정을 개설하는 것도 긴장돼. 이런 일 조차도 나한테는 엄청나게 중요한 결정처럼 느껴지거든"이라고 데이브는 말했다.

나는 데이브가 자신이 어떤 사람이라고 생각하는지 솔직히 이야기해준 게 고마웠다. 그런데 데이브만 이런 게 아니다. 이 책을 읽으면서 결정을 내리거나 맹세하는 데 망설이고 어려워했던 자신의 모습을 떠올리며 당혹스러울 수도 있다. 도대체 결정을 내리는 것이 왜 이렇게 힘든 걸까?

우리가 내리는 모든 결정, 우리가 하는 모든 행동은 기쁨을 추구하느냐 아니면 고통을 피하느냐를 고민한 결과라고 할 수 있다. 결정을 내리기 어렵게 만드는 이 같은 힘이 우리에게 동기를 부여한다.

자고로 인간이란 존재는 고통을 피하고 기쁨을 얻고 싶어 한다. 결정을 내리는 것은 복잡한 일이다. 당장의 고통을 피하는 것은 당장의 기쁨을 얻는 것보다 인간에게 훨씬 더 큰 동기를 부여한다. 그래서 사람들은 기쁨을 얻는 것보다 고통을 피하는 데 더 많은 노력을 기울인다. 그 결과, 잘못된 결정을 내릴지도 모른다는 두려움 때문에 사람들은 자신이 바라는 것을 좇는 대신 그 어떤 결정도 내리지 않는다. 그저 나쁜 결정을 내릴까 봐 너무나 두려워한다.

'결정하다'란 뜻을 지닌 영어 단어 '디사이드decide'는 다른 모든 가능성을 말 그대로 '잘라낸다'라는 의미를 지닌 라틴어 '디사이더decider'에서 유래했다. 의미심장하지 않은가? 다른 선택지를 '잘라내는 것'은 무언가를 좀 더 의미 있는 것으로 성장시키기보다는 포기한다는 것처럼 들린다. 결국 모든 것은 '고통'과 '기쁨' 두 단어에 달려 있다.

우리는 심리적으로 고통-기쁨 원리에 어떤 식으로든 영향을 받는다. 실제로 개인의 신념, 가치, 행동, 그리고 습관은 모두 이 원리에 기반을 두고 있다. 오늘의 '나'는 살면서 고통과 기쁨의 경험을 어떻게 받아들이고, 그 의미를 바탕으로 어떻게 행동하느냐 하는 것의 결과물이다.

좋은 소식은 사람들에게 추진력을 제공하는 것은 진짜 고통이나 기쁨이 아니라 고통과 기쁨을 *어떻게 바라보느냐*다. 이것은 우리에게 상당히 힘이 되어준다. 왜냐하면 무언가를 어떤 의미로 받아들일지 스스로 통제할 수 있다는 뜻이기 때문이다. **동기부여의 비결은 고통스러운 것과 기쁜 것에 어떤 의미를 부여하느냐라고 할 수 있다. 우리 모두 자신이 경험하는 것에 의미를 부여할 수 있다. 그런데 대**

부분이 이 놀라운 능력을 제대로 활용하지 못한다.

이와 관련된 완벽한 사례가 나의 주식 트레이딩이다. 추측이 핵심인 이 분야에서는 잠재 수익과 비교해서 위험을 잘 관리해내는 것이 무엇보다 중요하다. 모든 투자 결정은 절대적인 확실성이 아닌 확률에 바탕을 둔다. 주식 트레이딩을 처음 시작했을 때, 나는 고통-기쁨 원리의 중요성과 그것이 주식 트레이더로서 나의 성공과 어떤 관련이 있는지 완벽하게 이해하지 못했다. 나는 주식 계좌에 찍힌 손실액을 매우 부정적이고 고통스러운 것으로 받아들였다. 그래서 무슨 대가를 치르더라도 실패를 피해야 한다고 생각했다. 나는 주식 트레이딩을 정말로 잘하는 것의 기준은 손해를 보지 않는 것이라고 생각했다.

그러다가 나는 모든 주식 트레이더가 투자 손실을 경험한다는 것을 알게 됐다. 심지어 소위 '거물' 트레이더도 수익을 얻은 거래만큼이나 손실을 본 거래가 많았다. 주식 트레이딩에서 손해를 보는 것은 불가피한 일이며, 수익을 얻거나 손실을 입는 횟수를 통제할

순 없다. 다만 *얼마나* 손실을 입을지는 통제할 수 있다. 성공한 주식 트레이더는 수익보다 손실액을 적게 만들어서 투자 손실을 관리한다. 이것은 내게 '큰 깨달음을 주었다. 나는 수익과 손실을 새로운 시각에서 바라보게 됐다.

과거에 나는 손실을 입는 것은 고통스러운 일이고, 거기서 끝이라고 생각했다. 그래서 손실이 발생하면, 주가가 떨어지는 주식을 팔고 손실의 고통을 회피하려고 애썼다. 수익률이 회복되리라는 희망을 가지고 끝까지 가격이 떨어지는 주식을 팔지 않은 적도 있다. 수익률을 회복되는 것은 물론 기쁜 일이다. 그러나 이 잘못된 사고방식 때문에 나는 적은 손실을 엄청난 손실로 바꾸기도 했다. 이는 수익을 갉아먹고, 나의 위험 관리 계획을 엉망으로 만들었다.

이런 일을 여러 차례 겪으면서 나는 원칙을 고수하고 자산을 보호하기 위해 작은 손실을 감내하는 것은 기쁨이라고 생각하기로 했다. 이 새로운 사고방식으로 나는 작은 손실을 더 크고 파괴적인 손실을 피할 수 있는 기회로 보게 됐다. 이 모든 것은 고통과 기쁨에 대한 인식을 바꾸면서 일어난 일이다.

같은 경험을 한 두 사람이 있다. 그런데 한 사람은 그것을 기쁨으로, 다른 사람은 그것을 고통으로 여긴다. 이런 차이를 만드는 것은 경험을 고통과 연관지을지 아니면 기쁨과 연관지을지에 대한 우리의 선택이다. 우리가 하는 모든 것은 우리가 고통과 기쁨을 어떻게 바라보느냐에 달려 있다. 혹자는 연인 관계가 끝나면 자신의 행복도 끝날 거라고 생각하지만, 같은 상황을 완벽한 영혼의 동반자를 찾을 수 있는 기회로 보는 사람도 있다. 이런 감정은 우연히 구체화되지 않는다. 우리가 이런 감정이 구체적으로 어떤 모습으로 구현됐으면 좋겠다고 결정하는 데서 시작된다.

어떤 상황이든 우리에게 도움이 되거나 방해가 될 수 있다. 이것은 우리가 상황을 어떻게 해석해서 어떤 의미를 부여하느냐에 따라 결정된다. 우리는 감정을 느끼려면 기준이 충족되어야 한다고 생각하는데, 그 기준의 의미도 스스로 결정한 것이다. 마다가스카르에는 '파마디하나'라는 특이한 장례 문화가 있다. 마다가스카르 사람들은 5년이나 7년마다 천으로 싼 조상의 시체가 안치된 납골당에서 '유골의 귀환'이라고도 불리는 이 의식을 치른다. 사람들은 무덤을 파헤치고 천으로 싸인 시체 위에 와인이나 향수를 뿌린다. 음악대는 신나는 곡을 연주하고, 가족들은 그 음악에 맞춰 시체와 함께 춤을 춘다. 이 의식을 고인에게 가족의 소식을 전하고 은총을 비는 기회라고 보는 사람도 있고, 죽은 이를 기리고 이야기하는 기회로 받아들이는 사람도 있다. 어쨌든 파마디하나는 성대하고 기쁨이 넘치는 의식이다. 이 자리에 슬픔은 존재하지 않는다.

파마디하나를 극단적인 사례라고 말할 수도 있지만, 여기엔 우리가 기억해야 할 핵심이 있다. 고통과 기쁨에 대한 인식이 바뀔 때, 우리는 완전히 다른 결정을 내린다. 경험은 물론이고, 감정도 변한다. 보다 중요한 것은 고통과 기쁨에 대한 인식은 저절로 변하지 않는다는 것이다. 우리 스스로 상황을 어떤 의미로 받아들일지 결정한다. 인식은 살아가는 데 있어 강력한 지적 도구다. 상황이 바뀌면, 그에 대한 인식도 바뀌고 대응 방식도 변한다. 무언가 선택하는 능력은 '나'라는 개인이 가진 힘이다. 고통과 무엇을 연관 지을지, 그리고 기쁨과 무엇을 연결할지 스스로 결정해야 한다. 경험을 인식하는 방식을 조절하면, 스스로 행복에 대한 정의를 내릴 수 있게 된다.

·힘에 맞서지 말고 이용하라·

26살 때, 아버지가 돌아가셨다. 예기치 못한 불행에 나는 당황해서 아무것도 할 수 없었다. 그날 아침 4시에 받았던 전화를 결코 잊을 수 없다. "마크, 아버지가 심장마비를 일으켰어." 당시 아버지는 겨우 57세였다. 나는 아버지가 내 곁에 없을 수도 있다는 생각을 단 한 번도 해본 적 없었다. 내 삶에서 가장 충격적인 사건이었다. 나는 아버지의 죽음으로 완전히 무너졌다. 온 세상이 뒤집힌 것 같았다. 나에게 아버지는 슈퍼맨이었다. 어떻게 슈퍼맨이 세상을 떠날 수 있는 거지?

아버지는 위기의 순간마다 든든한 버팀목이 되어주었다. 10대 때는 나를 괴롭히던 극심한 불안 발작을 극복할 수 있도록 도와주었다. 아버지는 내게 남자답게 행동하라고 말하는 대신에 모든 것을 받아들여야 한다고 말해주었다. 그 말에 나는 눈이 번쩍 뜨였다. 나는 불안 발작과 싸우려고 할수록 내 내면에서는 더 많은 에너지가 억눌려서 압박감을 만들고, 그 결과 불안 발작이 더 심해진다는 것을 이해하게 됐다. 아버지는 "불안은 상륙하는 태풍 같으니 그냥 내버려둬라! 비명을 지르거나, 녹초가 될 때까지 달리거나, 손에 피가 날 때까지 샌드백을 쳐야겠다면 그렇게 해라. 하지만 부정적인 에너지가 압박감을 만들도록 내버려두지는 마라. 방향키를 잡아라"라고 말했다. 나는 이 말을 절대 잊지 못할 것이다. 아버지의 말을 들으며 불현듯 나의 에너지를 원하는 방향으로 돌릴 수 있다는 것을 깨달았다. 불안한 감정을 표현하고 그 '태풍'을 품으면서 나는 힘을 얻었다.

아버지의 조언은 아이러니하게도 내가 아버지의 죽음을 받아들이는 데도 도움이 됐다. 아버지가 돌아가셨을 때, 나는 너무나 화가 났다. 의사, 신, 심지어 건강을 제대로 돌보지 않은 아버지에게도 화가 났다. 나는 아버지를 내게서 빼앗아가서 내가 성공하는 모습을 지켜보지 못하게 만든 책임이 있다고 생각되는 모두에게 화가 났다.

그러던 어느 날 나는 아버지가 다시는 돌아올 수 없다는 사실을 인정했다. 나는 선택해야만 했다. 분노와 고통이 나를 파괴하고 비통하게 만들도록 내버려둘 수 있었지만, 나는 이 에너지를 받아들여서 레이저 빔처럼 생산적인 방향으로 흘려보내기로 했다. 나는 아버지를 기리며 내가 되고 싶은 사람이 되고자 했다. 아버지는 그런 나를 자랑스러워할 게 분명했다. 아버지의 상실로 인해 생겨난 에너지를 이용하는 것이었기에, 아버지도 사실상 그 에너지의 일부라는 생각이 들었다.

이런 깨달음은 상황을 완전히 반전시키며, 나의 성공 궤도에 추진력을 더해 주었다. 나는 자기 개선에 집중했다. 나는 신체적으로, 정신적으로, 그리고 영적으로 건강해지려고 노력했다. 나는 성공한 주식 트레이더를 넘어서서 위대한 주식 트레이더가 되겠다고 결심했다. 내가 경험한 모든 성공은 이 시기의 영향을 받아 가능해졌다고 생각한다.

나는 매일 내가 하는 모든 것은 아버지를 추모하기 위한 것이라고 혼잣말을 했다. 나는 아버지의 죽음으로 인해 생긴 고통을 동기부여의 원천으로 보고, 그 에너지를 기쁨과 만족으로 전환했다. 상실감에 휩쓸려 모든 것을 포기하는 대신에 나는 내 감정이 보다 긍정적인 쪽으로 흘러가도록 방향을 조정했다. 아버지의 죽음은 내가 더 완전하게 나의 잠재력을 발휘하면서 살 수 있는 계기가 되어주었다. 내가 성취해낸 모든 것은 내가 인식을 바꾸면서 나타난 직접적인 결과라고 할 수 있다. 아버지의 죽음이 사실상 나의 소중한 '선생들' 중 하나였다.

솔직히 말하면, 나는 아버지의 죽음으로 인한 고통을 기쁨으로 바꾸지는 못했다. 대신 고통으로 표현되는 아버지의 죽음이 갖는 의미를 바꿨다. 나는 내 기분과 감정을 재해석해서 이를 주체할 수 없는 고통이 아니라 내게 힘이 되는 에너지로 봤다. 이것은 나에게만 해당되는 이야기가 아니다. 스피드 스케이트 선수 댄 젠슨Dan Jansen은 1988년 동계 올림픽에 출전했다. 유력한 우승 후보로 꼽히던 그는 500미터 경기를 앞둔 날 아침, 어머니에게 전화를 받았다. 여동생이 죽어가고 있다면서, 마지막으로 그에게 작별 인사를 하고 싶어한다고 했다. 그로부터 네 시간 뒤, 그는 전화 한 통을 받았다. 여동생이 세상을 떠났다는 전화였다. 여동생에게 마지막으로 전한 말이 금메달을 따겠다는 약속이었지만 그는 결국 금메달을 목에 걸지 못했다. 다만 그는 하늘나라로 간 여동생에게 한 약속에서 힘을 얻었고, 절대 포기하지 않은 덕분에 마침내 세계 기록 보유자가 됐다.

자신에게 물어라. "내가 고집스럽게 움켜쥐고 있는 과거의 에너지는 무엇인가? 일어나지도 않은 일을 걱정하면서 어떤 감정을 동여매고 있는가? 나는 무엇과 싸우고 있는가? 긍정적이고 생산적인 방식으로 어디로, 그리고 어떻게 방향을 조정해서 이 에너지를 외부로 보낼 수 있을까?"

상황을 탓할수록, 또는 과거에 몰두하면서 살수록 우리가 지닌 에너지는 부정적으로 바뀌고, 훼손된다. 생각을 바꾸고 과거에 그만 휘둘리겠다고 결정하는 순간에 과거와 고통은 우리에 대한 통제력을 잃는다. 여기서 핵심은 불안이나 공포가 자신을 무력화시키도록 내버려두는 것이 아니라 당당히 맞서 에너지로 활용하는 것이다.

· 결정을 내리겠다고 결정하라 ·

매일, 하루 종일 우리는 결정을 내린다. 대부분 이것 대신 저것을 선택하는 소소한 결정이지만, 삶을 완전히 바꾸는 결정도 있다. 예컨대 흡연 같은 오래된 습관을 버리거나 운동과 건강한 식습관처럼 새로운 습관을 갖는 것이다. 대부분의 사람들에게는 결코 행동으로 옮기지 않는 잠재적 결정이 많이 있다. 사람들은 할 수 있거나 해야만 하는 일이지만 결정을 내릴 시간이 없다고 말한다. 왜 이런 행동을 하는 걸까? '결정을 내리기로 결정하는' 중요한 순간에 도달하지 않았기 때문이다.

우리가 살면서 내린 모든 결정 중에서 가장 중요한 결정은 결정을 내리겠다는 결정이다. 마침내 방아쇠를 당겨서 생각만 해오던 일을 실제로 하게 된 순간이기 때문이다. 결정하겠다고 결정할 때까지는 변화에 충분히 전념하고 있다고 할 수 없다. 현재 상황에 충분히 질리지 않았거나, 완전히 실패하지 않았을지도 모른다. 어떤 사람은 지겨운 것조차 지겨운 순간에 이르러서야 결정을 내린다. 아니면 마침내 무언가를 몹시 원하는 순간에 이르렀고, 단 1분이라도 그것을 가지지 못한 상황을 견딜 수 없어졌을 수도 있다. 심지어 과거에 그 목표를 달성하기 위해 몇 번 시도한 적이 있을 수도 있다. 그리고 "지금 바로 시작할 거야. 더 이상 결정할지 여부를 놓고 고심하지 않겠어. 오늘 나는 결정을 내리기로 결정했어!"라고 자신에게 말한다.

　10대 때 나는 담배를 피웠다. 또래 압박(비슷한 연령의 친구들이 암묵적으로 정한 규칙이나 지침에 따라 생각하고 행동하도록 요구하는 힘—역주)은 어리고 무언가의 영향을 쉽게 받을 때 더욱 강하게 작용한다. 당시 내 주변의 모든 아이들이 담배를 피웠다. 그저 멋있어 보이기 위해 다들 담배를 피워댔다. 그러다가 나는 격투기에 흥미를 갖게 되었고, 흡연이 몸에 굉장히 나쁘다는 것을 알게 되면서 금연해야겠다는 생각이 들었다. 몇 주 동안 담배를 피우지 않았는데, 금단 현상 때문에 정신이 나갈 것만 같았다. 그래서 다시 담배를 피웠다. 내가 결정을 내리기로 결정할 때까지 나의 흡연은 계속됐다.

　토니 로빈스Tony Robbins은 "진정한 결정을 내리면 즉각적으로 변화가 일어난다"고 했다. 어느 날 아침 나는 침대에서 일어나 "지금이 바로 시작할 때야. 참을 만큼 참았어"라고 외쳤다. 그 즉시 생각의 스위치가 켜짐에서 꺼짐으로 바뀌면서 나는 흡연자에서 비흡연자가 됐다. 그 이후 다시는 담배를 피우지 않았다. 비결이 뭐냐고? 나는 결정을 내리기로 결정했다! 나는 더 이상 흡연자가 아니라고 결정했다.

　진정한 변화는 어떤 사람이 되고 싶다고 생각하는 것을 그만두고 즉시 바로 그 사람이 됐을 때 일어난다. 어떤 사람이 되고 싶다고 생각하는 게 아니라 지금의 자신이 바로 그 모습이라고 결정할 때까지 비전은 그저 꿈에 불과하다. 꿈을 실현하려면, 그저 변화를 원하지 말고 스스로 그 '변화'가 되어야 한다.

　결정을 내리는 순간에 이르는 데 며칠, 몇 달, 또는 심지어 몇 년이 걸릴 수도 있다. 애석하게도 어떤 사람들은 그 순간에 도달하겠다는 결정을 결코 내리지 않을 것이다. 변하는 데 시간이 필요하다고 이야기할 때, '시간'은 사실 결정을 내리는 순간까지 가는 데 걸리는 시간을 뜻한다.

결정하는 순간에 우리는 여정을 시작한다. 그 길은 옳을 수도 있고, 옳지 않을 수도 있다. 금연하기 위해서 내가 했던 실패한 시도들은 사실 모두 '진정한' 결정이 아니었다. '진정한' 결정이었다면, 나는 당장 흡연을 중단했을 것이다! 나는 여전히 결정을 내리려고 시도하고 있었을 뿐이다. 하지만 일단 금연하겠다는 최종 결정을 내리자 나는 흡연은 생각조차 할 수 없는 완전히 딴사람이 됐다. 이보다 훨씬 더 중요한 것은 내가 내린 최종 결정이 흡연 습관을 버리는 것이 아니었다는 것이다. 나는 내 정체성에 도전했고, 흡연과 직접적으로 충돌을 일으키는 일을 하기 시작했다. 나는 조깅, 수영, 역도, 그리고 격투기를 시작했다. 나는 결정을 내렸고, 바로 그 순간 내가 되고 싶었던 사람, 비흡연자 정체성이 움직이기 시작했다.

· '해본다'는 것은 없다 ·

나는 항상 내가 할 수 없는 일을 한다. 그 일을 하는 법을 배우기 위해서다.

파블로 피카소 Pablo Picasso

위대한 성취는 그저 우연이나 시도에 의해 이뤄지지 않는다. 목표를 달성하는 데 필요한 일을 하겠다고 결정해야 위대한 성취가 이뤄진다. 어떻게 해야 할지 방법을 알 수 없어도 괜찮다. 우리 곁에는 방법을 배울 수 있도록 우리를 도와줄 누군가가 항상 존재한다. 다만 우선 행동으로 옮겨서 배움의 궤도에 들어가겠다는 결정을 해야한다. 하거나 하지 않거나, 오직 2가지만 존재한다. *해보는 것*은 엄밀히 따져보면 하지 않는 것이다.

*해본다*고 말하는 것은 핑계에 불과하다. 결과에 대한 책임에서 자유롭게 만들어 실패할 가능성을 만들어내는 것이다. 반면 해보는 것이 아니라 한다면, 핑계는 없고 오직 결과만 있을 뿐이다. 여기에는 엄청난 차이가 있다!

운동해서 좋은 몸매를 가지려고 *시도*하고 있는가? 좀 더 건강한 식단을 먹으려고 *시도*하고 있는가? 영업 상담을 더 많이 하려고 *시도*하고 있는가? 시도는 그만해라! 운동해라! 좋은 몸매를 가져라! 건강하게 먹어라! 영업 상담을 늘려라!

사전에서 '시도'라는 단어를 지우는 데서 시작하라. '시도'는 아무것도 이뤄내지 못하는 쓸데없는 단어다. 랄프 왈도 에머슨 Ralph Waldo Emerson은 "해라, 그러면 힘을 얻을 것이다"라고 말했다. 꿈에 그리던 삶을 살고 싶으면 결과에 전적으로 책임지겠다는 결정을 내려라. 비난하지 말고 대응하라. 이것은 모든 핑계를 없앤다는 의미다. 일이 계획대로 풀리지 않으면, "원하는 결과를 얻기 위해 내가 하거나 하지 않은 게 뭐지?"라고 자문하라. 결과가 마음에 들지 않으면 접근법을 바꿔라. 다른 것을 하라. 해보지 말고 하라! 결정하라. 지금 바로 결정하라.

· 행동은 견인력을 만든다 ·

"세렝게티에서 사자는 매일 먹기 위해서 가장 느린 가젤보다 더 빨리 달려야 한다. 그렇지 않으면 사자는 굶주리고 결국 죽게 될 것이다. 세렝게티에서 가젤은 매일 잡아먹히지 않기 위해서 가장 빠른 사자보다 더 빨리 달려야 한다. 그렇지 않으면 가젤은 죽을 것이다"라는 아프리카 속담이 있다. 사자든 가젤이든, 지금 당장 일어나서 달려야 한다.

지연은 병이다. 목표를 앞두고 절대 해서는 안 되는 행동이다. 의도와 행동 사이에는 분명한 차이가 있다. 반드시 뭔가를 해야 한다는 것을 알지만 행동으로 옮길 엄두를 내지 못할 때 이 둘의 차이를 확실히 느낄 것이다.

사람들은 모든 것이 '완벽하면' 하게 될 것이라고 말하곤 한다. 그러면서 모든 것이 갖춰지거나 원하는 조건이 마련될 때까지 기다리고, '언젠가' 할 것이라고 말하며 계속 생각하고 분석한다. 분명히 말하는데, 지금 당장 당신이 할 수 있는 모든 것을 배우고 준비하라. 이것은 지연이 아니다. "시작할 거야. 언젠가. 아마도 곧. 그냥 지금이 아닐 뿐이야"라고 생각한다면, 그것은 지연이다.

"나는 운동을 시작할 준비가 됐어"라거나 "휴가만 다녀오면 바로 다이어트를 시작할 거야"라는 식의 말을 하는 사람들이 있다. **무언가에 전념하는 것을 연기할수록, 그 일을 미루는 게 더 쉬워진다. 그 일을 해야 하는 순간에 가까워질수록 두려움이 커지고 의심의 목소리가 머릿속에서 훨씬 더 큰 소리를 내기 때문이다.**

의심은 신발에 들어간 자갈 같다. 자갈을 빼내지 않고 그대로 두면 발에 상처가 생기고, 상처를 돌보지 않으면 감염될 수도 있다. 그 상태로 아무것도 하지 않으면 감염 때문에 목숨을 잃을 수도 있다. 의심은 지연과 함께 곪아 터지고 커진다. 완벽한 시기나 모든 해답을 알게 될 때를 하염없이 기다리면, 절대 시작할 수 없을 것이다.

꿈, 비전, 목표는 창의적으로 생각하고 행동할 때 달성되고 성취된다. 창의성 바퀴는 행동할 때 돌아간다. 실수할까 봐 걱정된다면, 기대를 조정하면 된다. 일단 시작하면 실수는 하게 되어 있다! **목표를 추구할 때, 실수하지 않도록 아무것도 하지 않는 것보다는 실수를 하더라도 불완전하게 무언가를 하는 편이 낫다. 가만히 있는 것보다 작지만 한 걸음이라고 내디뎌야 한다.** 빨리 시작할수록 목표까지 갈 수 있는 추진력을 제공할 중요한 교훈을 얻을 수 있다. 지식, 꿈, 열정만으로는 부족하다. 중요하다고 생각하는 것을 해야 한다. 행동하기 가장 좋은 때는 바로 지금이다!

·극성을 바꿔라·

우리의 마음은 무위無爲를 정당화하는 설득력 있는 논거를 만드는 데 능수능란하지만, 우리에게 강한 동기를 부여할 수도 있다. 변해야 하는 것은 바로 우리의 관점이다.

관점을 바꾸는 비결이 있다. 두려움의 극성을 바꾸는 것이다. 두려움으로 무력화하는 대신에 영감을 얻어야 한다. 우리 자신에게 던져야 할 질문은 이것이다. 행동하지 않았을 때 무슨 희생을 치르는가? 삶의 가장 중요한 부분에서 어떤 경험을 놓치거나 지나치거나 갖지 못하게 될 것인가? 두려움 때문에 행동하길 미뤘기 때문에 생길 장기적인 고통에 집중하고, 그 고통을 지금 느껴라. 그러면 두려움을 행동의 추진력으로 이용할 수 있을 것이다.

결정을 내려야 하는 갈림길에 서면 스스로에게 "내가 행동하지 않으면 건강, 돈, 인간관계, 직업, 자존감, 기쁨, 행복, 자유에 관해서 내가 잃게 되는 것이 무엇일까?"라고 자문하라. 인간관계에서 행동하지 않으면 희생하게 될 것은 무엇인가? 바라던 몸매를 얻는 데 감수해야 하는 희생은 무엇인가?

게으름이 주는 짧은 기쁨을 행동하지 않았을 때 감수해야 하는 고통으로 대체하라. 그러면 고통이 동기를 부여할 것이다. 짧은 고통은 잠깐의 기쁨보다 강력한 동기 요인이다. 여기서 핵심은 이를 자신에게 도움이 되도록 활용하는 것이다. 당신이 던져야 하는 질문은 "행동하지 않으면 장기적으로 나는 어떤 고통을 경험하게 될까? 그리고 계속 미루기만 한다면 무엇을 희생하게 될까?"이다. 브렌든 버처드 Brendon Burchard는 《두려움이 인생을 결정하게 하지 마라 The Motivation Manifesto》에서 "대단히 용감한 행동은, 심지어 두려운 순간에도 중요한 말을 하는 것이다. 비겁한 행동은 우리의 마음이 우리가 더 숭고하고 용감하게 하는 것을 보길 바랄 때 두려움에 따라 행동하는 것이다"라고 했다. 자신이 원하는 모든 긍정적인 결과와 가능성에 대해 생각하라. 그리고 그것을 얻으려다 보면 실수하게 마련이라는 사실을 인정하고 받아들여라. 가장 위대한 성취는 자신감이 생기기 전에 행동할 용기를 갖길 요구한다. 두려움을 받아들일 때 그 두려움은 제거되기 시작하고, 행동하면서 완전히 사라진다.

요점은 바로 이것이다. 우리는 꿈꿀 수 있고, 긍정적으로 생각할 수 있고, 계획하고 목표를 설정할 수 있다. 그러나 행동하지 않는다면 아무것도 이뤄지지 않고, 여전히 그 자리에는 두려움이 있을 것이다. 성공하고 위대한 일을 해내고 싶다는 소망은 행동하려는 의지가 두려움과 무관심보다 큰지 작은지에 따라 실현되느냐 마느냐가 결정된다. 운명은 행동하는 자의 편이다.

·결정 감사勘査·

의사결정력에 점수를 매긴다면, 당신은 어떤 성적표를 받게 될까? 이를 확인하고 싶다면, '결정 감사'를 실시해 삶의 다양한 영역에서 스스로 내린 의사결정의 수준에 점수를 매겨보라. 이는 어느 부분에서 자신감 있게 결정하는지, 그리고 어느 부분에서 결정을 잘 내리지 못하는지를 이해하는 데 도움이 된다. 오래 생각할 필요는 없다! 첫 번째 직감이 가장 정확하다.

　의사결정력을 평가하다 보면, 머릿속에 그림이 그려질 것이다. 가령, 일이나 돈과 관련된 문제와 저축, 미래 계획에 관해서는 우수하다. 새로운 기회를 잡는 데선 나쁘지 않지만, 연인 관계와 가족 관계에는 젬병이다. 이 평가에 따르면 직장 생활과 금융 생활은 꽤 건전하지만, 연인 관계와 가족 관계에선 많은 어려움을 경험하고 있을 것이다. 자신에게 솔직해지면 결정을 내릴 때 좀 더 자신감을 가지고 힘을 내야 하는 부분을 찾을 수 있다. 여기서 목표는 다방면에 매우 우수한 의사결정력을 발휘하거나 적어도 모든 부분에서 '우수한' 의사결정력을 발휘하는 것이다.

	매우 우수하다	우수하다	보통이다	나쁘다	매우 나쁘다
직장 생활					
돈, 투자, 저축 등 금융 생활					
미래 계획 세우기					
새로운 기회 얻기					
연인 관계					
가정 생활					
개인 성장과 학습					
건강					
여가 생활					
교우 관계와 사회생활					
직업, 일과 관련된 부분					
결단력 있는 행동하기					
즉흥적으로 행동하기					
위험 감수하기					
꿈 좇기					

　중요한 결정을 내리지 못한다면, 의사결정'근筋'을 키울 수 없다. 운동을 한 번도 해본 적이 없어서 근육이 약한 사람이 되고 만다. 정확히 말하면, 의사결정근이 위축된다. 이렇게 되면, 나쁜 결정을 내리기 쉬워진다. 계속 나쁜 결정을 내리다 보면 상황은 훨씬 더 악화된다. 매사에 몸을 사리고 실수를 하지 않으려고만 하면, 의사결정력에 자신감을 잃고 사고의 범위는 점점 편협해진다.

　주도적인 사람이 되어야 한다. 무언가 결정하는 게 가장 어렵다면 작은 결정을 내리는 것부터 시작하라. 그러면 점점 자신감이 생겨서 결정을 내리는 행위가 편안하게 느껴질 것이다. 일이 계획대로 풀리지 않더라도 그 상황에서 배울 점을 찾으면, 그것을 바탕으로 더 분명하고 통찰력 있게 행동하게 되며, 더 많은 정보를 갖고 다음 결정을 내릴 수 있다. 설령 다음 결정이 앞선 결정보다 더 큰 것이더라도 말이다.

· 마음 다이어트 ·

이제는 생각과 인식이 힘을 갖고 있다는 것을 알게 됐을 것이다. 사건이나 경험에 고통이나 기쁨 중 어떤 의미를 부여하느냐에 따라 힘의 크기와 성격이 결정된다. 자신의 머릿속에서 일어나는 일을 얼마나 통제할 수 있는가? 도전을 원한다면, 에밋 폭스Emmet Fox의 7일 다이어트를 해보라. 7일이 부담스럽다면 하루나 이틀만이라도 시도해보라. 부정적인 생각을 피할 수 있을 것이다. 지레 겁먹을 필요는 없다. 왜냐하면 7일 동안 부정적인 생각을 전혀 하지 않는 것은 불가능하기 때문이다. 연습을 한번 해보자.

부정적인 생각이 떠오를 때마다 즉시 긍정적인 생각으로 대체한다. 부정적으로 생각하기를 멈추거나 항상 긍정적인 생각만 할 수는 없을 것이다. 그러니 가능한 한 긍정적인 생각을 하는 법을 배운다. 그리고 부정적인 생각에 해결책을 찾아 대응하는 법을 배운다. 부정적인 생각을 알아차리고, 대체하고, 떨쳐버려라!

우리는 하루 종일 자신과 소통한다. 자기 자신과의 대화에서 수만 가지 생각이 떠오른다. 7일 마음 다이어트에 도전하면 자기 자신과의 대화를 통해 얼마나 힘이 빠지는지를 금세 알아차릴 수 있을 것이다. 부정적인 생각을 대체하는 것은 우리가 자기 자신과 긍정적으로 소통한다는 것을 의미한다. 이것은 가장 강력한 마음챙김법으로, 이를 '대치요법'이라고 할 수 있다. 부정적인 것에 덜 집중하고, 부정적인 생각이 떠오를 것 같은 순간을 인지하고, 부정적인 생각을 의식적으로 긍정적인 생각으로 대체하라.

이제는 '그거 흥미로운데'라거나 '좋은 생각이네. 언젠가는 해봐야지'라고 생각하지 마라. 지금 바로 변화를 만들어내라! 오늘 바로 마음 다이어트를 시작하라!

·소통의 질·

자기 자신과의 대화에 몰입하는 가장 효과적인 방법 중 하나는 질문하는 것이다. 물론 '올바른' 질문을 해야 한다. 왜냐하면 무엇을 묻든지 마음이 그 질문에 모두 대답할 것이기 때문이다. **삶의 질은 당신이 마음에 하는 질문의 질에 의해 결정된다. 힘이 되는 질문을 하면 힘이 되는 대답을 얻고, 힘 빠지는 질문을 하면 힘 빠지는 대답을 얻게 된다.** "왜 이렇게 실수를 많이 했지? 도대체 나는 뭐가 문제인 거야?"라고 물으면, 실수했던 경험에 대한 인식을 강화해 힘 빠지는 답을 얻게 된다. "이 실수에서 무엇을 배울 수 있을까?"같이 힘이 되는 질문을 하면, 마음이 해결책을 제시하고 동기를 부여한다. 중요한 것은 어떤 식으로 질문하느냐와 자기 자신과 어떻게 소통하느냐다.

인간의 뇌는 결론을 찾도록 프로그래밍되어 있다. 자이가르닉 효과(첫사랑을 잊을 수 없는 것처럼 미완성 과제에 대한 기억이 완성 과제에 대한 기억보다 더 강하게 남는 현상—역주)는 이를 증명해준다. 1972년 제임스 하임바크James Heimbach와 제이콥 제코비Jacob Jacoby는 광고에 등장하는 노래가 자이가르닉 효과를 이용한다는 논문을 발표했다. 음악의 한 구간을 들은 청취자는 자연스럽게 끝까지 듣고 싶은 충동을 느끼게 된다. 이들은 청취자는 노래가 없는 것보다 인지하기 쉬운 노래가 삽입된 광고 콘텐츠를 끝까지 청취한다는 가설을 세웠다.

자기 자신과의 대화에서 나누는 매력적인 질문도 마찬가지다. 이 질문에는 반응해야 한다. 즉, 질문을 끝까지 들어야 한다. *자기 자신*에게 질문하면, 마음은 그 질문에 대한 대답을 찾지 않을 수 없다. 그리고 이것은 이미지를 만들어낸다. 더 구체적으로 말하자면, 자기 자신에게 힘이 되는 질문을 하면 대체로 힘이 되는 반응을 얻게 된다. 그리고 이것이 우리의 잠재의식에 관여해 깊이 각인될 가능성이 크다.

스스로에게 하는 말은 자신의 주변에 강한 영향을 줄 뿐만 아니라 자기 자신에게 더 강한 영향을 준다. 왜냐하면 *당신*은 매일 하루 종일 *당신 자신*에게 끊임없이 말을 걸기 때문이다. 자신의 생각을 면밀히 관찰하라. **여느 사람과 다름없다면, 반복적으로 사용하는 말이 분명히 있을 것이다. 그 말은 당신에게 힘이 되는가, 아니면 당신의 잠재의식에 불안과 실패를 프로그래밍하는가?** 일이 꼬이면 보통 "절대 기회를 못 잡을 거야"라고 자기 자신에게 말한다. 이것은 전혀 힘이 되는 말이 아니다. 이런 말을 계속하다 보면 정체성의 일부가 되어서 자신을 소중한 기회를 잡지 못하는, 운이 없는 사람이라고 생각하게 될 것이다. 이러면 삶에서 일어날 확률이 낮은 시나리오에 자동적으로 끌리게 되고, 자신은 왜 그렇게 '운이 없는지' 고민하게 된다.

2018년 노스캐롤라이나에서 개최된 권총 사격 대회 초반에 내 총이 심각한 오작동을 일으켜 나는 득점 없이 초반을 마무리했다. 좋은 성적을 얻지 못할 게 불 보듯 뻔했다. 나는 '만회할 기회는 절대 없을 거야'라고 생각하는 나를 발견했다. 이런 상황에서는 자신은 운이 없는 사람이라고 생각하기 쉽다. 하지만 나는 부정적인 생각이 든다는 것을 인지하자마자 다른 생각을 하기로 마음먹고 내게 힘이 되는 2가지 강력한 질문을 던졌다. 그것은 "득점 없이 시작했지만 마무리를 잘하면 기분이 엄청나게 좋지 않을까?", "대회를 잘 마무리할 수 있는 최고의 기회는 뭐지?"였다. 나는 그날 대회를 4위로 마무리했는데, 1위를 거머쥐었을 때보다 기분은 더 좋았다.

자기 자신에게 해야 하는 힘이 되는 질문은 다음과 같다.

- 무엇이든 가능하다면 나는 무엇을 할까?
- 내가 두려움이 없다면 무엇을 시도해볼까?
- 어떻게 하면 내 삶을 더 재미있게 만들 수 있을까?
- 올해 내가 가장 신나는 일은 무엇일까?
- 나의 완벽한 하루는 어떤 모습일까?
- 나는 내 삶의 어느 부분에서 완전히 변할 준비가 되어 있을까?
- 지금 당장 나는 무엇에 감사할까?
- 나는 어떻게 이 세상에서 차이를 만들어낼 수 있을까?
- 내게 가장 중요한 것은 무엇일까?
- 나 자신에 대해서 내가 가장 사랑하는 것은 무엇일까?

· '생활 습관'으로 만들어라 ·

자기 삶에서 하고 싶은 결정과 행동에 무엇이 있는지 생각할 때는 단기적인 변화와 영속적인 변화를 구분해야 한다. 사람들은 항상 더 나아지려고 노력한다. 가령 얼마 뒤 고등학교 동창회가 있다. 그러면 사람들은 체중을 감량하려고 급하게 다이어트를 한다. 다행히 체중을 감량했더라도 동창회가 끝난 뒤 예전처럼 먹기 시작하면 바로 이전 체중으로 되돌아간다. 왜일까? 오직 일시적인 변화만을 만들었기 때문이다.

대부분은 자신에게 좋은 것이 무엇인지를 알고 있으며, 삶의 변화 이면에 존재하는 철학을 이해한다. 그러나 지식은 표면적으로 드러나는 힘이 아니다. 그저 잠재적인 힘일 뿐이다. 차이는 알고 있는 것으로 무언가를 할 때 생긴다. 무언가를 이해하는 것은 그저 첫 단계에 지나지 않는다. 이해하는 바를 행동으로 옮기지 않으면, 아는 것은 아무런 의미가 없다.

자신의 삶을 개선하고 영원한 변화를 만들고 싶다면, 새로운 시각에서 습관을 바라보는 법을 배우고 받아들여야 한다. 우리 모두에게는 잠재의식에 너무나 깊이 각인되어서 아무 의심 없이 매일 습관적으로 하는 일이 있다. 양치질이 그렇다. 심지어 양치질에 대해서 생각조차 하지 않는다. 양치질이 지겨워서 한 달 동안 양치질을 하지 않는 경우는 없다. 오직 기분이 좋을 때만 샤워하는 경우도 없다. 다른 결정과 행동도 이와 같아야 한다. 목표가 위대한 화가가 되는 것이든, 전설적인 마라톤 선수가 되는 것이든 간에 말이다. 화가나 마라톤 챔피언이 되기 위해 당신은 규칙적으로 연습할 것이다. 마지 못해 연습하지는 않을 것이다. 왜냐하면 그것이 생활방식의 일부이기 때문이다. 그러므로 좋은 '생활 습관'을 만들고 유지해야 한다.

운동, 건강한 식습관, 스포츠 대회 참가하기, 책 쓰기, 연기 수업 듣기, 음악 연주 등 당신의 목표가 무엇이든 새로운 습관은 양치질처럼 자동적으로 의심 없이 하는 수준에 이를 정도로 뇌리에 깊이 각인되어야 한다. 이런 일상을 협상의 여지 없이 반드시 해야 하는 것으로 만들면, 그것을 하는 데 도움이 되는 결정을 내리는 것이 더 쉬워진다. 왜냐하면 그 생활 습관은 삶에서 일어나는 다른 모든 것의 중심이 되는 것들 중 하나가 될 것이기 때문이다. 그 결과, 그 생활 습관을 유지하는 것이 더 이상 고통스럽지 않게 된다.

·충고가 아닌 지혜를 구하라·

대체로 중요한 결정을 내릴 때, 우리는 충고와 격려를 구한다. 주로 친구, 부모님, 형제자매, 그리고 다른 가족 구성원들이 그 대상이 된다. 이것은 우리 뇌에 설정된 기본값이다. 이런 이들에게 충고와 격려를 구하는 것은 확실히 편리하지만, 이들이 조언을 듣고 격려를 얻기에 최악의 대상일 수도 있다. **왜일까? 이들은 당신을 아끼기 때문에, 당신을 실패와 실망으로부터 보호하고 싶어 한다.** 그래서 "안전하게 해라"라거나 "의지할 수 있는 것을 마련해라"라고 이야기한다. 또한 "왜 군이 위험을 감수하려고 하느냐?"라고 되묻는다. 모두 좋은 의도에서 하는 말이지만 이런 조언들을 받아들이면, 진짜 위대한 일은 그게 무엇이 됐든 결코 해낼 수 없다.

제대로 된 조언을 얻는 비결이 있다.

첫째, 조언이 아닌 지혜를 구한다. 조언은 해야 하는 것을 알려주는 반면, 지혜는 해야 하는 것을 찾는 법을 알려준다. 조언에만 기댄다면 항상 누군가의 조언을 필요로 하게 된다. 지혜가 있으면 자기 운명의 주인이 되는 법을 배울 수 있다.

둘째, 자신을 약하게 만드는 모든 것을 피한다. 자신을 무력하게 만드는 것이 무엇인지 알아보는 간단한 테스트가 있다. 조언이 건설적이거나 고무적이지 않다면, 그것은 당신을 약하게 만드는 것이다. 듣고 싶지 않은 이야기일 수도 있지만, 제대로 된 조언은 반드시 건설적이고 해결책에 기반을 두고 있어야 한다. 내가 만난 성공한 사람들 중에서 고무적이지 않은 사람은 거의 없었던 반면, 내가 본 많은 성공하지 못한 사람들은 부정적인 면만을 내게 보여줬다. 그리고 그것을 이 세상과 빨리 공유하고 싶어서 안달이 나 있었다.

셋째, 자신보다 더 똑똑하고, 더 숙련되고, 더 성공한 사람을 찾아라. 특히 자신이 성공하고 싶은 분야에서 이런 사람을 찾아야 한다. 가족과 친구처럼 자신과 아주 가까운 사람이 이 기준에 부합할 수도 있고 부합하지 않을 수도 있다. 도움을 구할 때는 2 대 1 규칙을 활용하라. 당신이 말하는 것의 2배를 들어라. 말을 하려거든 자신이 얼마나 똑똑한지 증명하려 들지 말고 질문을 해라.

· 자신만의 '이사회'를 구성하라 ·

대기업에는 이사회가 있다. 이사회의 역할은 회사가 전략을 세울 때 방향을 잡아주고, 조언을 해주는 것이다. 이사진은 엄선된 다양한 전문가들로 구성되며, 이들은 회사가 목표를 달성하도록 돕는다.

우리는 모두 '이사회'를 갖고 있다. 우리의 이사진은 어머니와 아버지, 신부나 목사 등 영적 지도자, 제일 친한 친구, 배우자와 직계 가족 등 우리가 선택하고 신뢰하는 사람들이다. 그러나 가까운 주변에 있는 사람들만으로 이사진을 구성할 필요는 없다. 자신에게 어떤 식으로든 좋은 영향을 주는 사람들을 선택하라. 왜냐하면 그들이 무엇을 믿고 목표를 달성하기 위해서 어떻게 할 것이냐에 영향을 줄 것이기 때문이다. 이사진과 개인적인 친분이 없어도 괜찮다. 친분이 없어도 그들은 당신에게 영향을 줄 수 있다.

내 이사진은 우리 시대의 위대한 사상가들과 내게 영향을 준 책의 저자들로 구성되어 있다. 나는 10년, 20년, 30년 전에 구입한 책과 오디오 프로그램을 지금도 읽고 듣는다. 같은 책과 오디오 프로그램을 다시 읽고 들으면서, 가능한 한 자주 나의 이사진과 만나 관계를 유지한다. 나는 내가 성공하는 데 지대한 영향을 준 책과 오디오 프로그램으로 '성공 도서관'을 만들면서 그들과 처음 만났다. 나는 어디서나 그들을 만나기 위해 디지털 성공 도서관도 만들었다. 내 이사진의 대다수는 자신이 나에게 얼마나 많은 '조언'을 해줬는지 알지 못한다. 이것은 나만의 작은 비밀이다. 이것이 나만의 비밀이라고 해서 그들이 내게 주는 영향력이 줄어드는 것은 아니다.

당신도 이런 방식으로 당신만의 이사진을 구성할 수 있다. 그들에게 허락을 구할 필요도 없다. 그러니 아무에게나 조언을 구하고 만족하지 마라. 자신에게 영향력을 행사하는 사람의 범위를 넓히고, 이사진이 되기 위해 갖춰야 할 기준을 높여라. 교훈과 영감을 얻을 수 있는 자신만의 이사회를 구성하라. 교훈과 영감을 많이 얻을수록 결정하고 행동하는 데 더 많은 지지와 힘을 얻게 될 것이다.

· 무엇을 결정할 것인가? ·

이 순간에도 삶을 바꿀 기회는 있다. 모두가 마찬가지다. 그런데 누구나 똑같이 삶을 바꿀 덫에도 빠질 수 있다. 이 덫은 삶을 부정적으로 바꾼다. 나도 덫에 빠져봤기 때문에 안다. 누구나 자신의 삶을 위태롭게 만들거나 운명의 궤도를 훼손시키는 나쁜 결정을 내릴 수 있다. 그러나 과거의 경험과 연관된 부정적인 감정을 긍정적인 감정으로 바꾸고 통제해서 삶을 긍정적인 방향으로 재조정할 수도 있다. 흡연자가 담배 한 개비를 끝으로 금연해서 '전前' 흡연자가 될 수도 있고, 알코올중독자가 마지막 술잔을 내려놓고 술을 입에 단 한 방울도 대지 않을 수도 있다. 제한적 신념과 행동도 담배와 술처럼 단칼에 잘라낼 수 있다. **변화는 순식간에 일어난다. 당신은 자기 세계의 주인이 될지 아니면 현재 처지의 희생자가 될지 결정할 수 있다. 오늘부터 스위치를 켜고 꿈을 활성화시켜라. 하지만 먼저 결정하기로 결정해야 한다.**

선택은 당신의 손에 달려 있다. 무엇을 결정할 것인가? 현상을 그대로 유지할 것인가? 과거가 똑같은 미래를 만들도록 내버려둘 것인가? 자신이 얼마나 건강하고, 부자가 되고, 행복할 것이냐를 결정할 기회를 스스로에게 허락할 것인가?

자신의 능력을 믿고 행동하기 전까지는 자신의 진정한 잠재력이 무엇인지 결코 알 수 없다. 승리, 실수, 그리고 과거에서 교훈을 얻어라. 그리고 나서 꿈을 향해 무조건 행군해라. 그러면 자기 자신에게 놀라게 될 것이다!

당신은 삶에서 성공과 열정을 누릴 자격이 있고, 자기 자신을 헌신할 큰 목표를 가질 자격도 있다. 누구나 흥미롭고 지적으로 도전이 되는 삶을 살아갈 자격이 있다. 지금 이 책을 읽고 있다는 사실이 내면 밖으로 나오려고 몸부림치는, 대단한 무언가가 존재한다는 방증이다. 내가 말할 수 있는 것은 자신이 자기 삶을 사랑하지 않는다면, 다른 사람에게 더 큰 영향을 받아서 휘둘릴 수 있다는 것이다. 그러니 그렇게 하도록 내버려두지 마라.

이제 과거는 뒤로하고 미래를 창조할 때다. 당신은 행복과 풍요의 삶을 창조하는 승자다. 기억하라. 당신이 경험할 현실은 발견되는 것이 아니라 창조하는 것이다. 꿈꾸는 삶을 창조하려면 두렵고 불안하고 초조한 생각을 그만둬야 한다. 그 대신에 흥미를 느끼는 것에 대해 생각하고, 하고 싶은 것이 무엇이든 그것에 집중해야 한다. 미국 연설가협회 창립자인 카베트 로버트 Cavett Robert 는 "두근거림을 주는 가슴속 나비들을 없애지 마라. 그 나비들이 편대 비행을 하도록 만들어라"라고 했다.

어서 움직여라. 스위치를 켜라. 이보다 더 좋은 때는 없다. 지금 최고의 자신이 되겠다고 맹세하고 전념하라. 절대 되돌아보지 마라.

**MINDSET
SECRETS**
—— for ——
WINNING

CHAPTER 6

갖춰야 하는 것과
해야 하는 것

무언가를 대단히 잘하고 싶다면, 그 '무언가'에 열정을 품어야 한다. 그렇게 생각하지 않는가? 자신이 싫어하는 일을 끝까지 해내서 잘하게 되는 사람이 얼마나 될까? 열정이 있으면, 일하거나 연습하라고 설득하고 강요할 필요가 없다. 17살 스노보더 레드 제라드Red Gerard 는 2018년 평창 동계 올림픽에서 금메달을 따서 세계를 놀라게 했다. 그가 스노보딩에 엄청난 열정을 갖고 있는 것은 지극히 당연하다. 그의 민첩성, 속도에 대한 사랑, 스노보드 위에서 아찔한 점프를 하는 실력은 그가 경기를 완벽하게 해내고 올림픽 챔피언이 되는 꿈을 달성할 수 있게 도왔다.

물론 열정만 있다고 무엇이든 할 수 있는 것은 아니다. '갖춰야 하는 것'과 '해야 하는 것'이 성공을 결정한다. 그저 원한다고 해서 성공할 순 없다. 무언가를 몹시 원해왔다면, 이미 그것을 손에 넣거나 적어도 의미 있는 진척이 있었어야 한다. 중요한 것은 자신에게 무엇이 가장 중요한지 아는 것이다.

"그것을 할 수 있었으면 좋았을 텐데. 시간이 충분하지 않았어" 라고 사람들은 말하지만, 사실 그것이 자신에게 충분히 중요하지 않았던 것이다. 우선순위가 더 높은 다른 무언가가 그들에게 있다는 이야기일 것이다. 왜냐하면 우리 모두에게 주어지는 시간은 똑같이 24시간이기 때문이다.

나는 올림픽 챔피언들과 사회적으로 대단한 성공을 일군 사람들을 연구하면서 그들이 자신이 추구하는 목표를 최우선적으로 중요하게 여겼기 때문에 성공했음을 알게 됐다. 그들이 가장 열정을 보이는 것, 그들이 완전히 집중하는 것은 그들의 삶에서 다른 그 무엇보다 더 중요했다. 물론, 목표를 향해 발을 떼고 계속 나아가려면 열정의 불꽃이 필요하다. 하지만 그 일을 아무리 사랑해도 열정만 갖고 그만한 성취를 이뤄낼 수는 없다.

· 목표를 이뤄내는 것과 설정하는 것은 다르다 ·

우리가 살면서 경험하는 것은 원하거나 바라는 것이 아니다. 스스로 설정한 목표와 관련된 것도 아니다. 모든 것은 스스로 우선순위를 두고 집중한 것과 관련 있다. 우선순위는 목표를 달성하는 데 있어 핵심이다. 왜냐하면 목표를 추구하면서 우선순위에 따라 순차적으로 결실을 맺는 데 필요한 희생을 기꺼이 하기 때문이다.

대부분의 사람이 목표를 가지고 있다. 이들에게 목표는 스스로 갖고 싶거나 성취하고 싶은 것이다. 좋다! 하지만 목표를 달성하려면 목표를 설정하는 데서 멈추지 말고 더 나아가야 한다. 사람들이 흔히 세우는 목표에는 건강한 식단 유지하기, 체중 감량하기, 피트니스 클럽에 더 자주 가기, 은퇴 생활을 위해 저축하기 등이 있다. 그런데 이런 것들은 일어나기를 바라는 일반적인 '바람'일 뿐이다. 목표를 갖는 것은 이보다 더 깊은 개입과 구체성이 요구된다. 목표를 갖는다는 것은 세밀하게 수립된 계획과 끝까지 계획을 고수하겠다는 맹세와 함께 무언가를 해내고자 하는 노력이 포함된 의미다.

목표를 설정하는 것에 관한 100건이 넘는 연구 결과를 종합적으로 검토한 결과, 90퍼센트 정도에서 긍정적인 효과를 확인했다. 그런데 그저 목표를 설정하는 것에 그치지 않으려면 목표가 애매하지 않고 구체적이어야 했다. 연구 결과는 사람들이 "최선을 다하라"라는 말만으로는 최선을 다하지 않는다는 것을 설득력 있게 보여준다. 하지만 예를 들어서 이번 시즌이 끝날 때까지 2미터 높이까지 점프하기, 벤치 프레스 무게를 최대 100킬로그램까지 늘리기처럼 자세하고 진행도를 측정할 수 있는 목표와 기한이 있으면 성과가 눈에 띄게 개선됐다. 목표가 구체적일수록 목표를 달성할 가능성이 커진다.

목표의 3가지 단계

대부분의 사람이 목표를 세울 때, 기본적으로 '결과'를 상상한다. 다시 말해, 이들에게 목표는 결과다. 예를 들면 좋은 몸매를 유지하는 것을 목표로 삼는다. 그래서 열심히 운동하기 시작한다. 누군가는 올해 말 마라톤을 완주하는 것이 목표다. 좋다! 마라톤을 완주하겠다는 열정과 실제로 달려서 결승선을 통과하는 순간 사이에는 컨디션 조절과 훈련이 존재한다. 다른 모든 목표처럼 마라톤을 완주하려면 과정과 성과가 필요하다. 단계가 명확할수록 목표에 도달할 가능성은 커진다. 목표를 달성하기 위해 거쳐야 하는 단계는 크게 3가지로 구분할 수 있다.

1. 과정
2. 성과
3. 결과

*과정*은 이행하는 데 필요한 것이 무엇인지 보여준다. **과정은 목표를 향해 나아가는 여정에서 가장 중요한 부분이다. 왜냐하면 과정을 제대로 설계하면 결과가 자연스럽게 나올 것이기 때문이다.** "오늘 운동할 때 가슴 근육을 만들기 위해서 10번씩 4세트 운동해야지"라고 생각하는 게 과정이다. 위의 예시를 따르면, *성과*는 최소한 무게를 10퍼센트까지 올리고 힘을 짜내서 두 번 더 운동하는 것이 될 수 있다. *결과*는 12월 31일까지 체지방 10퍼센트를 달성하고 순근육량을 4퍼센트 높이는 것이 된다.

이것은 성과와 성공 가능성을 높이기 위해서는 목표가 구체적이어야 한다는 것을 보여준다. "더 건강하게 먹고, 더 많이 운동하고, 체중을 줄일 필요가 있어"처럼 애매한 목표 대신 구체적인 행동 계획을 세워야 한다. 매일 칼로리 섭취량을 어느 정도까지 줄이고, 일주일에 한 번은 붉은 고기만 섭취하고, 녹색 채소와 물을 얼마나 더 많이 먹겠다는 식으로 행동 계획을 세워야 한다. 자신의 목표 또는 결승선은 정한 날짜까지 15킬로그램을 감량하는 것이다. 이제 구체적인 목표와 계획이 마련됐다. 여기서 중요한 일을 하나 더 하지 않으면 목표를 달성할 수 없다. 바로 이 목표를 최우선 순위로 만들어야 한다.

·최우선 목표는 무엇인가?·

우리 모두에겐 많은 목표가 있다. 사업체 키우기, 건강과 몸매 유지하기, 화목한 가정을 꾸리고 가족과 좋은 시간 보내기, 45살에 은퇴하기, 쓰고 싶던 책 출판하기 등이 목표일 수 있다. 목표가 중복될 수도 있다. 은퇴하면 가족과 좋은 시간을 더 많이 보낼 수 있다. 사업체를 성공적으로 성장시키면 일찍 은퇴할 수 있다. 하지만 한번에 전부 잘할 순 없다. 하나의 큰 목표가 우선시되어야 한다. 그렇다면 어느 목표를 최우선에 둘 것인가?

자신에게 가장 중요한 것이 무엇이든, 그것이 최우선이 되어야 한다. 그러나 여기서 양보해야 하는 것이 있다. 최우선이 되는 목표는 단 하나뿐이다. 나머지는 그것을 중심으로 돌아간다. 최우선이 되는 목표를 달성하려면 몇몇 목표는 희생이 요구될 수도 있다. 다시 말해, 삶의 어떤 부분에는 신경을 많이 쓸 수 없게 된다. 장담하건대, 지금 이 순간 자기 삶에서 기본적인 최우선 목표가 다른 모든 것에 도움이 될 테지만, 그것이 해야 할 일 목록의 가장 위에 적혀 있어야 하는 진짜 최우선 목표가 아닐 수도 있다. **다음과 같이 물어봐라. "무엇이 최우선 목표가 되어야 할까? 다른 모든 것이 뒷전으로 밀려도 상관없는 목표는 무엇인가?" 이 질문의 대답이 바로 자신의 최우선 목표다.**

큰 목표를 달성하려면 삶에서 무언가는 후순위로 밀려나야 한다. 지금보다 훨씬 젊었을 때, 나의 목표는 35살에 경제적 자유를 얻는 것이었다. 내가 돈 한 푼 없고, 정규 교육도 받지 못했고, 심지어 뚜렷한 직업도 없는 백수였다는 것을 생각하면 이것은 그야말로 장

대한 목표였다. 나는 그 무엇도 내게 방해되지 않도록 만들어야 했다. 나는 경제적 독립을 달성할 때까지 결혼과 가정을 꾸리는 것을 미뤘다. 최우선 목표를 달성하기 위해서 해야 하는 일이 내 개인적인 삶과 충돌을 일으킬 것임을 알고 있었기 때문이다. 경제적 자유를 얻자 나머지 목표를 달성하는 것은 훨씬 더 쉬워졌다. 지금 나는 아주 행복한 가정 생활을 하고 있고, 의미 있는 취미 활동을 즐기고 있으며, 책을 쓰고, 교육가로서 전 세계 사람들을 도와주고 있다.

최우선 목표는 당신 삶의 시간과 맞바꿀 만한 가치가 있는 꿈이어야 한다. 그리고 그 목표를 달성하는 데 그 무엇도 방해가 되어선 안 된다. 내 경우, 최우선 목표가 나머지 다른 목표를 달성하는 데 도움이 됐다. 바로 이것이 목표 체계를 구조화하는 방법이다. 우선순위를 분명히 하면, 자신의 삶을 위해 최고의 결과를 설계하는 것이 훨씬 더 쉬워진다. 목표를 설정하고 우선순위를 정하면, 하나의 목표가 다른 목표를 달성하는 데 도움이 된다. 주요 목표를 달성하는 것은 도미노 효과를 일으킨다. 하나의 목표가 달성될 때 다음 목표를 달성하는 데 장애 요인이 되는 것은 사라지는 것이다.

·가장 원하는 것은 가장 중요한 것을 당해낼 재간이 없다·

목표의 우선순위를 매기는 것 역시 과정이다. 이것은 자신은 누구인지, 무엇이 되기를 원하는지, 그리고 진심으로 무엇을 이뤄내고 싶은지를 중심으로 깊은 자기 성찰을 하는 데서 시작된다. 그런데 대부분의 사람이 자신이 정말로 원하는 것이 무엇인지 알지 못한다. 물론 자신이 갖고 싶은 것이 무엇인지는 안다. 대개 좋은 직업, 경제적 안정, 건강, 행복, 존경, 좋은 가정일 것이다. 아니면 큰 집, 멋진 차, 여행 등을 원할 수도 있다. 사람들은 이런 백일몽에 빠진 채 자신에게 *가장 중요한 것*이 무엇인지 명확하게 알지 못한다.

　무언가 간절하게 원하는 것이 그것을 손에 넣을 수 있는 열쇠라면, 앞으로 갖게 될 것에 대해 생각해보고 그것을 얻는 게 얼마나 쉬울지 생각해보라. **바라고 희망하고 원하는 것과 실제로 추구하는 것, 그리고 삶을 살아가는 방식은 별개다. 그 사이에 소위 '우선순위 정하기'라 불리는 단계가 존재한다.** 우리는 자각하지도, 알지도 못하는 사이에 이미 우선순위를 정하고 있다. 우리는 항상 저것 대신 이것을 하겠다거나 B를 하는 대신 A를 하는 것에 집중하겠다고 선택한다. 이런 선택은 대체로 무의식적으로 이뤄진다. 매일, 매 시간, 매 분 우리는 갈림길 앞에 서고 어느 것을 우선할지 선택한다. 이 모든 선택이 엮여서 우리가 궁극적으로 어떤 삶을 살고 어떤 성취를 해낼지 결정된다. 진심으로 원하는 삶을 살고자 한다면 우리는 우선순위를 정하는 데 신중해져야 한다. 왜냐하면 선박 주위를 짙은 안개가 뒤덮듯이 집중을 방해하는 일이 불가피하게 일어나서 길을 헤맬 때, 원하는 목적지까지 길을 비춰줄 등대를 얻게 될 것이기 때문이다. 요약하자면, 원하는 것과 우선 사항은 일치해야 한다.

진정한 우선 사항은 저절로 생기는 것인가?

나는 함께 일하는 사람들과 간단한 훈련을 하곤 했다. 나는 그들에게 자신이 원하는 모든 것, 스스로 얻기를 바라는 모든 욕구와 목표를 목록으로 작성하라고 말하고는 순서를 매기도록 한다. 자신이 가장 원하는 것을 제일 위에 적고, 그다음으로 달성하고 싶은 것은 그 밑에 적는 식으로 우선순위를 정한다. 그들이 작성한 목록은 대체로 비슷했다. 대개 경제적인 성공과 새 집, 고급 차, 여행 등 돈으로 얻을 수 있는 물질적인 것을 원했다. 가끔 특정 분야에서 인정과 존경을 받으며 자리 잡는 것처럼 본질적인 것을 원하기도 했다.

나는 작성한 목록을 거둬서 구석에 두고 5~6개월 정도 흐른 뒤에 모두에게 중요도순으로 자신의 삶에서 절대적으로 중요한 것을 적으라고 했다. 그들은 가족, 건강, 신, 안정, 자유 등 대부분의 사람이 공감할 만한 것을 종이에 적었다. 이제 '짝짓기' 게임을 할 때다. 나는 그들이 앞서 작성한 소망 목록을 꺼내 상위권에 적힌 항목과 이번에 작성한 중요 목록을 비교해보라고 했다. 거의 모든 사람이 일치하는 항목이 거의 없었다. 대개 돈이 소망 목록의 맨 위에 있고, 가족이 중요 목록의 맨 위에 있었다. 큰 집, 고급 차, 그리고 100만 달러 단위의 투자 계정이 소망 목록에서 돈의 뒤를 이었지만, 중요 목록에서는 고용 안정, 휴가 시간, 가족과 보내는 주말 등이 가족의 뒤를 이었다.

두 목록에서 확인되는 격차는 실로 놀랄 만했다. 원하는 것과 우선하는 것이 거의 일치하지 않았기 때문이다. 두 목록의 불일치는 어떤 부분이 노력과 집중을 방해하고, 심지어 죄책감을 느끼게 만들어서 목표를 추구하는 것을 어렵게 만드는지 보여준다. 우리는 지금 하는 일에서 경제적 성공을 거두거나 선택한 분야에서 승자가 되기 위해 노력하지만, 목표를 추구하지 못하도록 자신을 밀어내는 힘과 많은 시간을 가족과 보내지 못하는 것에 죄책감을 느낀다.

작가이자 심리학자인 웨인 다이어Wayne Dyer 박사는 "타인의 좋은 평가와 무관하게 자신의 삶을 사는 법을 배워야 한다"고 말했다. 자신이 진정 바라는 삶을 살아가기 위해서는 열정적으로 추구하는 것에 충실하고, 그 열정을 우선 사항으로 만들어야 한다. 그러면 목표를 설정하는 것뿐만 아니라 그것을 '달성'해서 자신의 꿈이 무엇인지 알고 추구할 수 있게 된다. 그렇다고 건강이나 가족을 희생해서 돈, 물질이나 성취를 추구해야 한다고 말하려는 것은 아니다. 여기서 내가 보장할 수 있는 게 하나 있다. **자신이 가장 중요하다고 생각해서 가장 많은 시간을 투자하는 것이 현실화될 가능성이 가장 크다. 다시 말해, 스스로 우선적으로 추구하는 것이 결국 자신이 얻게 되는 것이다.**

우리 스스로 정한 우선순위가 삶에 어떤 식으로 접근하고, 원하는 삶을 얻기 위해 기꺼이 무슨 일까지 할 수 있는지를 결정한다. 모험심이 자신의 삶에서 가장 중요하다고 믿는 여자와 안정을 최우선으로 여기는 남자가 있다. 이 남녀는 살면서 비슷한 결정을 내릴까? 두 사람 중 누가 스카이다이빙이나 번지점프에 도전할 가능성이 클까? 또는 사랑과 친밀감이 가장 중요하다고 생각하는 사람과 자유나 개인 공간이 다른 무엇보다 중요하다고 여기는 사람이 있다. 누가 결혼처럼 헌신적인 관계를 맺을 가능성이 클까? 이 두 사람이 결혼한다면 어떤 일이 일어날까?

다음을 연습해봐라.

1. 자신에게 가장 중요한 것의 목록을 작성하라.
2. 어떤 가치에 따라 살고 싶은지 정하라.
3. 자신에게 주어진 대부분의 시간을 어떻게 쓰고 싶은지 고민하라.

자신이 가장 중요하다고 생각하는 것을 목록으로 작성하고, 그것을 살면서 추구하고 싶은 가치를 적은 목록과 비교해보자. 두 목록이 일치하는가? 대부분 개인적으로 추구하는 가치와 감당해야 하는 책임이 서로 충돌하는 경험을 할 것이다. 이것을 조율할 필요가 있다. 우선 사항이 스스로 진정 원하는 욕구와 일치하지 않는다면, 꿈을 좇는 여정은 끊임없이 방해받을 것이다. 의식적으로든 무의식적으로든 스스로 가장 중요하다고 생각하는 것을 선택하게 될 것이기 때문이다. 의식적으로 그 무엇보다 우선해야 한다고 생각하는 것을 선택하면, 자기 삶의 주인이자 책임자가 될 것이다. 그리고 무의식적으로 행동하다 보면 자신이 중요하다고 생각하는 것이 그저 툭 하고 튀어나올 것이다. 스스로 가장 중요하다고 생각하는 것이 항상 스스로 가장 원하는 것을 이긴다는 것을 기억하라. 당신에게 가장 중요한 것은 무엇인가?

· '왜'의 힘 ·

최우선 순위를 정하고 이루고자 하는 목표를 세웠다. 그렇다면 각각의 목표를 성취하기 위해 중요한 질문에 답해야 한다. "나는 왜 이일을 하고 있는 것일까?" 목표를 추구해야 하는 의미 있는 '이유'가 없으면, 목표를 추구하는 여정에서 동기를 잃어버릴 가능성이 크다. 무엇을 언제 어떻게 추구하기 위해서는 그것을 하는 중요한 이유가 반드시 존재해야 한다! 목표를 추구하는 이유가 '지불 가치'를 결정한다. 우리가 목표를 얻기 위해 희생을 마다하지 않는 이유와 그 보상으로 얻게 되는 것이 무엇인지 설명해준다. 이것은 우리가 완수해야 할 사명이다.

목표를 추구하고 달성하려는 개인적인 이유를 요약 정리한 목표 선언문을 작성해볼 수도 있다. 찰스 가필드Charles Garfield는 "최고의 성과를 거둔 사람은 거의 예외 없이 깊은 개인적인 사명감에서 크게 동기부여된다. 사명은 측정할 수 있는 목표와 뚜렷하게 구분된다"고 했다. 특정 날짜까지 하프 마라톤을 완주하는 것을 목표로 삼고, 이 목표에 우선순위를 두고 있다고 가정해보자. 이제 자신의 능력을 최대한 끌어내기 위해 신체적이고 정신적인 한계를 뛰어넘는 일만 남았다.

나 역시 왜 무엇을 언제까지 어떻게 이루고자 하는지에 대해 늘 고민한다. 이에 덧붙여서, 나는 매일 아침 "내 목표에 좀 더 가까워지기 위해 오늘 나는 무엇을 할 수 있을까?"라는 질문으로 하루를 시작한다. 그리고 "오늘 나는 무엇을 배웠고, 내일 내 목표에 좀 더 가까워지기 위해 오늘 배운 교훈을 어떻게 활용할 수 있을까?"라는 질문으로 하루를 마무리한다. 난관에 봉착했을 때는 잠시 시간을 내서 "내가 목표를 달성하지 못하도록 지금 나를 방해하는 것은 무엇인가? 지금 당장 그 제약을 넘어서기 위해 나는 무엇을 할 수 있을까?"라고 질문한다. 당신도 나처럼 이런 질문을 스스로에게 던져보고, 그 질문의 답을 일기장에 기록해보기 바란다.

매일 아침 최고의 능력을 발휘하기 위해서 왜 무엇을 언제 어떻게 할지 명확하게 알고 하루를 시작하는 사람은 그저 아침이 되어서 일어나 하루를 시작하는 사람과 완전히 다르다. 바로 이것이 위대한 일을 해내는 사람과 나머지 사람들을 구분하는 큰 차이다.

왜 무엇을 언제까지 어떻게 이루고자 하는지 곰곰이 생각해보라. 이는 자의식을 형성하고 목적과 목표에 집중하도록 해서 자신의 꿈에 더 가까이 다가갈 수 있도록 도와줄 것이다. 그리고 결승선뿐만 아니라 목표를 추구하는 여정에 놓인 이정표와 그 여정에서 만나는 모든 경험에 집중하게 될 것이다. 스스로에게 적절한 질문을 던져서 얻게 된 답은 목표로 가는 길을 알려주는 분명한 지표가 될 것이다. 당신의 사명은 무엇인가? 지금 당신은 무엇을 하고 있고, 그것을 왜 하는가?

· 곁에 두어야 하는 사람 ·

잠시 짬을 내 지난 6개월 동안 자기 시간의 대부분을 할애했던 사람을 모두 적어보자. 너무 많아서 전부 기억하기 어렵다면, 핸드폰 통화 목록과 문자 목록을 살펴보면 도움이 될 것이다. 한 명도 빠짐없이 모두의 이름을 적어야 한다.

이제 명단 옆에 자신이 추구하는 목표를 적어라. 목표를 추구하는 데 긍정적인 영향을 주거나 도움이 되는 일을 한 사람과 목표를 선으로 연결하라. 아마도 명단과 목표 목록 사이에 연결되는 선이 거의 없을 것이다. 이것은 꿈에 가까이 다가가는 데 아무 상관 없는 사람, 장소, 그리고 일에 많은 시간을 낭비했다는 의미다.

승자가 되고 싶다면, 대단한 일을 해내고 싶다면 자신의 비전을 지지할 사람, 장소, 일에 몰두해야 한다. 집중을 방해하는 것에 쓰는 시간을 최소화하라. 자신에게 영감을 주는 사람을 찾을 수 없다면,

차라리 책을 읽어라.

·승자는 균형이 무너진 삶을 산다·

사랑하는 일을 한다면, 당신은 살면서 단 하루도 일할 필요가 없다.

마크 앤서니 Marc Anthony

승자가 되는 최선의 방법은 자신의 모든 것을 목표에 투자하는 것이다. 우리가 최우선적으로 추구하는 대상이 꿈이 되고, 우리가 집중하는 것이 꿈이 된다. 많은 운동선수들이 이런 식으로 자신의 목표에 접근한다. 특히 올림픽처럼 중요한 대회를 앞둔 선수들은 이런 마음가짐으로 훈련에 임한다. 이렇게 극단적으로 목표에 전념할 수 있는 이유를 이해하기 위해 몇 년 전 몇몇 뛰어난 운동선수들에게 가상의 질문을 하고 답을 듣는 연구가 진행됐다. 그 결과, 연구를 진행한 내과 의사 로버트 골드만 Robert Goldman 의 이름을 따서 '골드만의 딜레마'라고 불리는 것이 만들어졌다. 먹으면 5년밖에 못 살지만 올림픽 금메달을 따는 등 자신의 종목에서 최고의 성과를 낼 수 있는 약물이 있다면, 그 약물을 복용하겠는가? 이 질문에 절반 정도가 약물을 복용하겠다고 답했다.

이렇게 답했다고 해서 이 선수들이 정말로 그런 약물을 복용하고 있다는 의미는 아니다. 다만 이들이 갖고 있는 목표에 대한 극도의 열정과 전념을 짐작하게 해주는 답변이라고 이해해야 한다. 골드만의 역설은 목표를 추구하는 데 있어서 삶의 균형이 무너진 전형적인 사례를 상징적으로 보여준다.

각종 스포츠에서 사업에 이르기까지 다양한 분야에서 승자들은 자신이 추구하는 목표와 관련해서 비범한 무언가를 이뤄내려고 노력한다. 이들은 금메달을 목에 걸거나 각자의 분야에서 금메달에 견줄 수 있는 무언가를 성취하기 위해 노력한다. 사회생활이나 취미 생활처럼 일반적으로 균형 잡힌 삶에 도움이 되는 일을 해내는 것과는 다르다. 대단한 일을 해내려면 목표에 최대한 집중하고 기꺼이 희생을 감수해야 한다.

승자가 되는 여정과 관련해서 우리에게 위로가 될 만한 사실이 있다. 위대한 성과를 이뤄낸 뛰어난 운동선수들 가운데는 다재다능하다고 평가할 만한 사람이 거의 없다. 승자에게는 재능보다 다른 것이 필요하다. 크리스 에버트Chris Evert는 그랜드 슬램 여자 단식에서 18번이나 우승한 전설적인 테니스 선수다. 그녀는 "개인의 발전에 가장 좋다고 생각할 수 없기 때문에 이런 말은 하고 싶지 않지만 어떤 분야에서 승자가 되기 위해서는 외골수, 즉 그저 어느 하나에 오롯이 집중하는 사람이 되어야 한다"라고 말했다. 각자 자신의 분야에서 최고의 성과를 이뤄낸 사람은 대부분 강렬한 열정과 몰입감을 가지고 자신의 꿈과 목표에 무자비할 정도로 집중했다. 사실상 이들의 삶에서 꿈을 제외한 모든 것은 목표를 향해 꾸준히 나아갈 수 있는 방향으로 맞춰졌다. 이들은 자신이 목표한 바에 엄청나게 많은 시간을 할애해서 일 중독자라는 소리를 듣기도 한다. 나 역시 그랬기에 이에 대해 잘 안다. 가족과 친구들은 항상 내게 "당신은 일을 너무 열심히 한다"거나 "자신을 위해서 시간을 내는 법이 없다"고 말했다. 그러면 나는 그냥 웃었다. 그들은 내가 거의 모든 시간을 나 자신에게 쓰고 있다는 사실을 이해하지 못했다. 사실 나는 내가 열정적으로 추구하는 삶을 살고 있었다.

· 타임 블로킹을 활용하라 ·

자신의 최우선 사항과 목표를 추구한다고 해서 가정을 꾸리거나 자녀를 낳거나 직업을 갖거나 건전한 삶을 살 수 없다는 의미는 아니다. 그렇더라도 가까운 사람들이 자신이 하는 일을 전적으로 수용하고 지지해준다면 이상적일 것이다. 위대한 성과를 이뤄내기 위해선 주변 사람들의 이해와 협조가 필요한 것도 사실이다. 자신이 최우선으로 여기는 목표를 추구하다 보면 축구 연습을 함께하기로 했던 자녀와의 약속을 지키지 못할 수도 있다. 배우자는 매일 밤 저녁 식사를 함께하지 못할 수도 있다는 것을 이해해야 할 것이다. 직장 상사는 모든 업무를 제시간에 끝낼 수 있도록 근무 시간을 유연하게 조정해줘야 할 수도 있다.

최우선으로 생각하는 일을 처리할 때 가장 큰 방해 요인은 자신의 일에 골몰하느라 곁에 있어주지 않는 당신에게 불만을 제기하는 주변 사람들이다. 그런데 생각해보라. 일주일, 하루 열 시간 정도만 함께 시간을 보내지 않을 뿐이다. 물론 이것도 상당한 시간이다! 최우선 순위로 두는 일을 하다 보면 가까운 사람들과 함께 보낼 수 없는 시간대가 분명히 생겨난다. 바로 자신이 목표한 바에 오롯이 집중하기 위해 따로 떼어둔 시간이다. 주변 사람들 역시 그때 각자 자신이 중요하게 여기는 목표를 성취하기 위해 시간을 보낸다면 더없이 이상적일 것이다.

이와 관련해서 내가 제시하는 해결책은 소위 '타임 블로킹'이다. 나는 말 그대로 내가 깨어 있는 시간을 여러 개의 구역으로 나눈다. 월요일부터 금요일, 그리고 토요일과 일요일로 구역을 나누고, 특정 구역에 이르면 구체적으로 정의해놓은 일을 집중적으로 한다. 예컨대 월요일부터 금요일까지는 시간을 정해놓고 사업과 관련된 일만 처리한다. 휴식과 개인적인 활동을 위해 따로 떼어둔 시간도 있다. 나는 금요일 저녁과 토요일은 대부분의 시간을 가족과 함께 보낸다. 취미 활동을 하는 시간도 따로 있다. 나는 이 모든 것을 달력에 기록해둔다.

각 시간 구역은 그 시간에 하기로 계획한 활동에만 오롯이 할애된다. 그 시간에 나는 오직 그 활동만 한다. 나는 이것을 '타임 블로킹'이라고 부른다. 시간을 구역으로 나눠서 타임 블록을 만드는 것이다. 그 시간에 하겠다고 계획한 일에 집중하는 동안에는 그 무엇도 나를 방해하지 못한다. 내 집중을 방해할 그 무엇도 허락되지 않는다.

내 삶이 다면적으로 변해서 많은 힘이 여러 방향에서 나를 잡아당기는 상황이 되었을 때, 나는 타임 블로킹의 효과를 절감했다. 내가 살아가는 데 있어 타임 블로킹은 필수적인 도구였다. 당신에게도 그렇게 될 것이다. 우리에게는 다녀야 하는 직장과 돌봐야 하는 가족이 있다. 이 외에도 다양한, 짊어져야 할 책임이 있을 것이다. 꿈을 열정적으로 좇을 수 없는 상황이라고 지레 포기하는 대신, 꿈을 우선 사항으로 추구할 수 있는 조건을 만들고 맹렬하게 추구하라.

이렇게 설정해놓은 시간 구역이 얼마나 중요한지 주변 사람들이 이해해야 한다. 무엇보다 중요한 것은 당신 스스로 시간 구역을 존중해야 한다는 것이다. **당신 주변의 모두가 당신의 시간 구역의 중요성을 깨달아야 한다. 그러면 그 시간 동안에는 미리 하겠다고 계획한 일에 오롯이 집중할 수 있게 될 것이다.** 그 시간 동안에는 휴대폰을 끄고 어떤 경우에도, 그 무엇의 방해도 허락하지 않는다는 규칙을 세워라. 당신이 한두 시간 또는 하루 종일 없다고 해서 하늘이 두 쪽 나지는 않는다. 세상은 계속 돌아가고 모두가 무탈할 것이다.

나는 다섯 명의 자녀와 행복한 가정생활을 하면서 내가 목표한 바에 충분히 전념하고 있다. 나는 또한 여러 가지 취미 활동을 하면서 일적으로도 성공한 사람들을 안다. 대가족과 살면서 대단한 성과를 내는 프로 선수와 전 세계를 돌아다니면서 공연하는 음악가도 안다. 배우자, 자녀, 그리고 직업이 있다고 해서 대단한 일을 해낼 수 없는 것은 아니다. **우리 모두에게는 똑같이 하루에 24시간만 허락된다. 중요한 것은 그 시간을 어떻게 배분하느냐다. 무언가를 할 시간을 찾을 필요는 없다. 그저 그 일을 할 시간을 만들면 된다.** 우리가 해야 하는 일은 가족과 보내는 시간과 꿈을 열정적으로 좇는 시간을 최대한 효과적으로 활용하는 것이다. 물론 여기에는 타임 블로킹이 크게 도움이 될 것이다.

타임 블록을 부수지 마라

사람들이 실수하는 부분이 바로 여기다. 이런 이야기를 듣고 나면 사람들은 시간을 구역으로 나눠서 타임 블록을 만들지만, 얼마 지나지 않아 힘들게 만든 타임 블록을 쉽게 부숴버린다. 나는 언젠가 친구와 가장 효과적인 프로그램에 따라 운동하기로 했고, 매주 특정

일, 특정 시간에 그의 집에서 운동하기로 합의했다. 그런데 운동을 시작한 지 얼마 되지 않았을 때 친구의 조카가 집에 불쑥 찾아왔다. 차바퀴에 바람이 빠져서 친구의 도움이 필요하다고 했다. 친구는 조카를 돕기 위해 운동을 중단했다. 그다음에는 친구의 아내가 아기를 봐달라면서 우리의 운동을 방해했다. 이것은 내게 매우 중요한 깨달음을 줬다. 친구와 나는 정해진 날 함께 운동하기로 한 약속에 대해 서로 다른 생각을 하고 있었던 것이다. 나는 그 시간을 오직 친구와 운동하는 데 쓰기로 마음먹고 타임 블록을 설정하고 그 시간 동안에는 휴대폰을 껐다. 내 주변 사람들은 그 시간에는 나와 연락이 닿지 않는다는 것을 알고 있었다. 누군가가 죽거나 국가 비상사태가 일어나지 않는 한, 나는 이 타임 블록을 준수했다. 하지만 내 친구는 함께 운동하기로 한 시간에 너무나도 많은 다른 일을 허락했다. 나는 운동을 함께할 다른 친구를 찾아야겠다고 생각했다.

타임 블로킹은 자신이 몇 시간이나 하루 종일 자리를 비우더라도 세상은 무너지지 않는다는 것을 인정할 때 가능해진다. 그 시간에 다른 사람이 처리할 수 없는 일은 결코 일어나지 않을 것이다. 당신이 당장 내일 죽더라도 사람들은 바람 빠진 차바퀴를 수리하고, 다른 이동 수단을 마련하고, 심지어 비상사태를 처리할 방도를 찾아낼 것이다.

무엇보다 중요한 것은 내가 우선순위를 둔 일을 처리하기 위해서 타임 블록을 설정한 뒤로 가족과 다른 사람들과 보내는 시간에 더 집중하고 최선을 다하게 됐다는 것이다. 나는 앞선 타임 블록에서 해야 할 일을 완수함으로써 성취감을 느끼고, 다음 타임 블록에 완전히 집중할 수 있다. 이렇게 하면 무언가를 완수하지 못할 것이란 두려움은 사라진다. 내가 가족과 보내기로 한 시간 역시 일이나 외부의 전화 등 그 무엇도 방해할 수 없다.

승자의 습관을 익히고 싶다면, 어디서 무엇을 하든 오롯이 그것에 집중하라. 사무실에서 일을 마치고 피트니스 클럽에 갔다면 일에 대한 생각은 사무실에 내버려둬라. 일하겠다고 계획한 시간에 일과 관련된 업무를 처리할 수 있을 때 일하라.

· 화이트보드를 사용하라 ·

목표를 정할 때 사람들은 목표를 잊지 않기 위해, 혹은 목표를 추구할 동기를 부여하기 위해 주로 포스트잇 같은 메모지를 사용한다. 나는 방의 한쪽 벽을 메모지로 도배한 사람을 본 적 있다. 심지어 메모지를 읽는 것을 잊어버릴까 봐 메모지를 붙이는 사람도 봤다. 메모지를 더 사야 한다는 것을 잊어버릴까 봐 메모지를 작성하기도 한다! 나는 '우유 사기'나 '이웃 대신 우편물 챙기기'처럼 '일시적으로 기억해서 처리해야 되는 일'을 기록하는 데 포스트잇을 사용하기를 바란다. 정말로 중요한 목표는 메모지보다 훨씬 크고 인상적인 것에 기록해야 한다. 큰 꿈을 꾸려면 큰 꿈을 꿀 수 있는 도구가 필요하다. 바로 여기서 화이트보드가 가치를 발휘한다. 내 사무실에는 커다란 화이트보드가 있다. 가로 2.5미터, 세로 2미터에 달하는 크기다. 화이트보드는 내가 추구하는 꿈을 실물 크기로 내 눈앞에 바로 보여준다. 나는 여기에 각종 아이디어와 계획을 빼곡하게 적으면서 최대한 크고 대담한 꿈을 꿀 수 있었다.

크게
생각해라!

　내가 화이트보드를 어떻게 사용하는지 설명하기 위해, 나의 친구 해럴드와의 일화를 소개하겠다. 해럴드는 자신의 목표를 마음속에 그리는 법을, 그리고 목표를 달성하기 위해 세운 계획을 실행에 옮기는 법을 알고 싶었다. 음악 산업에 몸담고 있던 해럴드는 목표와 계획에 대한 조언을 얻고자 내게 가끔 전화를 했다. 일이 생각대로 풀리지 않아 갑갑할 때도 전화를 걸었다. 어느 날 그가 잔뜩 기가 죽은 채 전화해서는 "전혀 진척이 없어"라고 말했다. 해럴드는 그해 대담한 목표를 세웠는데, 자신이 세운 목표에 압도되어 좀처럼 앞으로 나아가지 못해 갑갑함을 느끼고 있었다.

　나는 물었다. "화이트보드 있어?"

　해럴드의 대답이 모든 것을 말해줬다. "뜬금없이 화이트보드는 왜?"

　나는 그에게 당장 가까운 사무용품점에 가서 가장 큰 화이트보드를 사오라고 했다. 그가 화이트보드를 사서 돌아오자 나는 거기 생각나는 아이디어를 모두 적으라고 시켰다. 내가 해럴드에게 설명했듯, 화이트보드는 꿈과 계획 등 자신의 머릿속에 떠오르는 모든 아이디어와 생각을 적는 곳이다. 화이트보드에 적지 못할 정도로 너무나 대담하거나 기이한 생각은 없다. 마음속에 떠오르는 꿈이나 생각은 그게 무엇이든 화이트보드에 적거나 도표를 만들어라. 자신이 품고 있는 가장 큰 생각을 담아내기 위해서는 최대한 큰 화이트보드를 사용해야 한다. 얼마 지나지 않아 화이트보드는 끄적임, 메모, 그림으로 가득해질 것이다. 화이트보드는 머릿속에 담아둔 꿈과 가능성을 쏟아내는 일종의 폐기장이다. 그렇다고 화이트보드를 사무실 구석에 처박아둬서는 안 된다. 화이트보드는 사무실의 전면 혹은 한가운데 둬야 한다. 매일, 그리고 하루 종일 잘 보이는 곳에 둬야 한다.

해럴드는 거대한 화이트보드에 자신의 꿈과 생각을 적기 시작했다. 나는 그가 화이트보드에 무엇을 얼마나 적었는지 보고 싶어서 사진을 찍어서 보내달라고 말했다. 사진을 보니 그는 화이트보드에 무언가 잔뜩 적어놓았다. 그 수가 적어도 50~60개는 되는 것 같았다! 빈틈이라곤 찾아볼 수 없었다. 문제는 해럴드가 그 엄청난 수에 스스로 압도됐다는 것이다.

나는 "이렇게 많은 아이디어가 있었다니 대단하군. 이제는 그중에서 중요한 것을 걸러내 우선순위를 정할 때야"라고 말했다.

이 말을 들은 해럴드의 목소리에선 안도감이 느껴졌다. 그는 자신의 창의적인 사고력을 바탕으로 쏟아낸 대담한 꿈, 비전과 계획의 우선순위를 정해서 그것들이 몽상 단계에 머무르지 않도록 만들어야 했다. 그리고 너무나 많은 아이디어에 스스로 압도되어서 앞으로 한 발도 나아가지 못하는 상태에 빠지지 않도록 해야만 했다.

몇 달 뒤 해럴드는 내게 다시 전화를 걸었다. 그는 "화이트보드가 뇌리에서 떠나지 않아. 화이트보드를 볼 때마다 무엇을 해야 하는지, 그리고 얼마큼 진척이 있어야 하는지 명확하게 보여"라고 말했다.

"바로 그거야!" 나는 말했다. "그것이 화이트보드를 말 그대로 눈앞에 둬야 하는 이유지. 자네가 그렇게 느낀다는 것은 화이트보드가 제 역할을 하고 있다는 의미야."

해럴드가 화이트보드에 대해 불평하는 것은 아니었다. 매일 자신의 목표와 마주하면서 그의 기준은 높아졌다. 그는 더 이상 해야 할 일을 하지 않고 미루거나 게으름을 부릴 수 없었다. **화이트보드가 끊임없이 '잔소리'를 했다. 마치 어렸을 때 어머니가 "방 청소 좀 해라", "학교 가게 어서 일어나"라고 잔소리하시는 것처럼 말이다.**

화이트보드를 사용하는 주된 이유는 가능한 한 자주 자신이 추구하는 목표와 대면할 수 있도록 하기 위해서다. 화이트보드는 목표를 달성하도록 무슨 행동이든 하게 시키는 '강제자強制者' 역할을 한다. 목표를 이루기 위해 무엇을, 왜, 언제, 그리고 어떻게 해야 하는지 직면하게 되는 것이다. 화이트보드는 또한 어느 부분에서 너무나 기준을 낮게 잡아서 실제로는 자신에게 전혀 도전적이지 않거나 목표를 향해 나아가는 데 도움이 되지 않는 일만 해왔는지도 알려준다.

매일 자신의 꿈이나 목표와 대면해야 한다. 그래야 목표에 시들해지기 시작하고 의미 있는 진전이 보이지 않을 때 금방 알아차릴 수 있다. 이는 목표를 향해 계속 나아가는 데 도움이 될 것이다.

· 스스로 가능하다고 생각하는 그 이상의 것을 추구하라 ·

높은 기량을 발휘해서 좋은 성과를 거두는 사람은 자신이 생각하는 능력치를 넘어서도록 몰아붙이는 코치가 얼마나 중요한 존재인지 잘 안다. 아이러니하게도 스스로 세운 목표를 달성하는 데 가장 제약이 되는 것은 자기 자신이다. 또한 단기 목표는 충분히 이룰 수 있는 것이어야 하지만, 지나치게 쉬워서는 안 된다. 단기 목표가 적힌 목록에서 달성한 항목을 하나씩 지우면서 잠시나마 만족감을 느낄 수는 있으나 이미 하던 일이거나 성취라고 하기에는 소소한 일이라면, 일을 완수하고 느끼는 만족감은 순식간에 사라질 것이다. 항상 도전적인 목표를 세워라. *도전적 목표*는 자기 자신을 밀어붙여서 앞선 성취를 넘어서야 달성할 수 있는 단기 목표다. 아울러 자신이 더 큰 목표를 향해 점진적으로 나아가고 있음을 보여주는 소위 '징검다리 목표'가 필요하다. 이러한 중간 목표는 현재 위치를 넘어서도록 밀어붙이는 것이어야 한다. 그렇지 않다면 정말로 성장하고 발전하고 있다고 말할 수 없다.

예를 들어보자. 두 형제가 동기부여와 관련된 목표를 설정하는 것에 대한 강연을 들었다. 둘 중 한 사람이 다른 사람에게 "내년 소득 목표를 세워보는 게 어때? 각자 목표액을 적은 메모지를 봉투에 함께 넣어두자. 그리고 1년 뒤에 함께 결과를 살펴보는 거야"라고 제안했다. 이에 한 사람은 5만 달러를, 다른 한 사람은 100만 달러를 적었다. 그들은 봉투에 메모지를 넣은 뒤 서로 얼마를 적었는지 공유하지 않았다. 1년 뒤 5만 달러를 적은 사람은 자신의 봉투를 열어보고는 아주 기뻐했다. "이게 정말 효과가 있었어. 난 5만 4,000달러를 벌었어. 지금까지 내가 번 액수 중 최대치야"라고 말했다. 다른 사람은 자신의 봉투를 열면서 "하, 안타깝게도 나는 목표액의 절반밖에 벌지 못했어. 그러니 목표를 달성하는 데 실패했다고 봐야지."라고 말했다.

목표를 정하는 것은 곧 한계를 정하는 것이 될 수 있다. 1990년대 월가에서 일할 때 스스로 숭고하다고 생각하는 목표를 가슴에 품고 금융업계에 발을 들이는 신참들을 많이 봤다. 그들의 목표는 일반적으로 특정 액수의 돈을 버는 것이었지만, 거의 예외 없이 그 목표치에 도달하면 열정이 식고 긴장감도 사라졌다. 금융업계에서는 이를 '한도'라고 부른다. 이들이 정해놓은 액수는 현상現狀에 안주하는 데 필요한 액수였던 것이다. 이것이 바로 목표를 설정하는 것에 내포된 위험이다. 내년에 특정 액수의 수익을 내겠다거나 어느 분야에서 특정 수준의 성과를 올리겠다는 목표를 정하면, 그 목표를 훨씬 넘어선 결과를 이뤄낼 가능성은 거의 없다고 봐야 한다.

· 비현실적이 되어라 ·

꿈으로 가득 차 있으면, 우리는 열정 때문에 비현실적으로 보이는 목표를 좇고, 그 누구도 이해하지 못하는 일을 하게 된다. 바로 이런 자세가 위대한 일을 해낼 기회를 제공한다. **승자는 현실적이지 않다. 승자는 큰 목표를 세우는 대담한 몽상가다. 승자는 목표를 너무나 높게 잡았을까 봐 걱정하지 않고, 오히려 목표를 너무 낮게 세웠을까 봐 걱정한다.** 위대한 성과를 이뤄낸 사람들은 모두 높은 기준을 갖고 있다. 그들 중 대부분이 더 높은 단계에 이르도록 자기 자신을 꾸준히 몰아붙이는 것이 얼마나 중요한지 안다.

큰 꿈을 꾼다는 것이 반드시 더 많은 돈을 벌거나, 더 많은 재산을 갖거나, 더 많은 칭호를 얻는 것을 의미하지는 않는다. 전 세계에서 기아를 몰아내거나, 세계 평화를 위해 노력하거나, 개인적으로 모범적인 삶을 살아서 타인에게 영감을 주는 것이 꿈일 수 있다. 여기서 핵심은 큰 꿈을 갖는 것이다! 큰 꿈을 갖지 않았다면 인류는 아직까지 석기시대에 살고 있을 것이다.

사람들이 크게 성공하지 못하는 첫 번째 이유는 애초에 자신이 크게 성공할 거라고 생각하지 않기 때문이다. 그래서 사람들은 크게 성공하려고 시도조차 하지 않거나, 상황이 어려워지자마자 중도에 포기해버린다. 꿈이 부족한 사람은 꿈을 실현하겠다는 동기도, 노력도 부족하다. 위대한 일을 해내기 위한 출발점은 비현실적인 상상력을 갖는 것이다. 세상에 기여하고 싶다면, 큰 꿈을 꿔라!

아이들이 마음껏 상상의 나래를 펼쳐 꿈을 꾸도록 하라. 나는 기억조차 어렴풋한 아주 어렸을 때부터 위대한 일을 해내겠다는, 말도 안 되는 상상과 비전을 갖고 있었다. 열정을 갖고 큰 꿈을 좇으면, 서서히 새롭고 색다른 일을 하게 될 것이다. 그리고 결국 삶의 방향이 완전히 변하게 될 것이다.

처음에 꿈은 항상 너무나도 거대하게 다가온다. 모두가 그 거대한 꿈을 어떻게 실현해 나갈지 알 수 없어 헤매며 그저 눈앞에 놓인 막대한 과제만 생각하게 된다. 하지만 우리는 거대한 꿈을 향해 조금씩 앞으로 나아가고 있다. 여기저기서 크고 작은 성취를 해내고, 그 성취가 시간이 지나면서 조금씩 쌓인다. 이것이 추진력을 만들어내고, 거대한 목표에 조금씩 다가가게 만든다. 기꺼이 비현실적인 목표를 세우는 사람은 나머지 99퍼센트의 사람보다 우위에 서게 된다. 왜냐하면 기꺼이 큰 생각을 하고 위대한 일을 시도하는 사람이 거의 없기 때문이다. 물론 우리는 큰 꿈까지 갈 길이 멀다는 것을 알고 있지만, 우리는 그곳에 도달하기 위해 무슨 일이든 기꺼이 할 것이다.

바로 이것이 우리를 승자로 만들 것이다.

·목표를 실현하는 10가지 단계·

큰 꿈을 갖고 목표를 추구하고 싶겠지만, 먼저 단기 목표를 달성할
수 있는 자세를 갖춰야 한다. 겨우 3주 동안 훈련해서 첫 번째 마라
톤 대회에 참가하거나 한 달 만에 15킬로그램을 감량하는 것은 달
성할 수 있는 목표가 아니다. 문제는 목표 자체가 아니라 시간이 너
무 짧다는 데 있다. 이런 도전은 실패하게 되어 있고, 당연히 시작하
기도 전에 실망하게 될 것이다. 진전이 보이지 않으면, 목표를 달성하
려는 동기가 쉽게 사라지고 불안해진다. 목표를 달성하기 위해 세운
계획에 결함이 있으면, 실패했다고 생각하면서 중도에 목표를 달성하
려는 노력을 포기하기 쉽다.

보다 작은 목표들을 세우고 점진적으로 이를 달성해 나가야 한
다. 최종 결과가 아닌 목표를 향해 나아가는 것에 집중해야 한다. 그
러다 보면 목표를 위해 노력하기로 설정한 시간 구역에서 최고의 효
율을 올리는 사람이 될 것이다. 그렇게 우리는 중단기 목표를 이뤄
낼 것이다. 그리고 마침내 최종 목표를 실현해낼 것이다.

다음은 목표를 실현하는 10가지 단계다.

1. 자신의 열정에 최우선 순위를 둬라.
2. 목표를 추구하는 원대한 '이유'를 생각해내라. 최우선으로 추
   구해야 하는 목표는 일상과 맞교환할 만한 가치가 있는 것이

어야 한다.

3. 최종 목표를 작은 단계로 분해해라. 각 단계에 집중하고, 하나의 단계를 완수한 뒤 다음 단계로 넘어가라.

4. 여러 목표를 일치시켜라. 목표가 겹쳐지는 부분을 찾고, 각각의 목표가 서로에게 도움이 되는지 판단하라.

5. 한번에 너무나 많은 목표에 집중하지 마라.

6. 목표를 달성하는 데 필요한 시간 약속을 이해하라. 시간 구역을 설정하고 각 구역을 그 무엇의 방해도 받아서는 안 되는 신성한 구역으로 대하라.

7. 목표를 구체적이고, 측정할 수 있고, 도전적으로 만들어라. 목표는 정해진 시간 안에 달성할 수 있어야 한다.

8. 브레인스토밍을 위해 화이트보드를 사용하고, 목표를 항상 눈앞에 둬라. 그리고 목표는 가능한 한 크게 가져라.

9. 목표를 조정하는 것을 두려워하지 마라. 신체 능력이 중요한 목표를 추구하고 있는데 부상을 입었다면 목표를 낮춰야 할지도 모른다. 목표를 너무나 쉽게 달성된다면, 목표를 조정해서 좀 더 도전적으로 만들어라.

10. 목표를 3가지로 분류하라. 목표를 이루기 위해 노력하는 여정인 과정 목표, 목표를 향한 노력에서 이뤄내는 진전인 성과 목표, 목표를 달성하려는 노력의 결실인 결과 목표로 정리하라.

·항상 굶주려라·

1970년대와 1980년대 맥주 제조업체인 밀러 Miller는 "밀러 타임!"이라는 슬로건으로 유명한 광고를 연이어 내보냈다. 광고 내용은 단순했다. 블루칼라 노동자가 직장에서 고된 하루를 보내고 퇴근해서 시원하게 밀러 맥주를 한 잔 마신다. 이 광고가 주는 메시지는 열심히 일했으니 그에 합당한 보상을 받을 자격이 있다는 것이었다. 실로 영리한 광고 전략이었다.

맥도날드 McDonald's도 이와 비슷한 광고를 내보냈다. "오늘 편히 쉴 자격이 있으니, 지금 당장 자리에서 일어나 맥도날드에서 휴식을 즐겨라." "밀러 타임!"처럼 맥도날드의 광고는 게으르게 시간을 보내도 괜찮은 이유를 찾는 인간의 기본적인 성향을 자극했다. 나는 이것을 '밀러 타임 효과'라고 부른다. 건강해지려고 더 건강한 식단을 실천하고, 더 자주 피트니스 클럽에 가기로 결심했다고 생각해보자. 건강하게 먹었다는 사실이 운동하겠다는 동기를 줄일 수 있다. 점심으로 샐러드를 먹었으니까 운동할 필요가 없다고 생각해 피트니스 클럽에 가지 않는 것을 합리화할지도 모른다.

시카고대학교에서 실시한 실험은 인간의 자기 합리화 성향이 기강을 해이하게 만든다는 것을 보여준다. 연구진은 체중을 감량하려는 사람들을 모은 후, 목표로 한 체중에 얼마나 가까워지고 있는지 알려주며 축하한다는 내용의 메시지를 개개인에게 전달했다. 그리고 나서 실험 참가자에게 그 보상으로 사과와 초콜릿 바 중 하나를 선택해서 먹도록 했다. 체중을 얼마나 감량했는지 전달받은 실험 참가자의 85퍼센트가 사과가 아닌 초콜릿 바를 선택했다. 이들은 자신들이 노력해서 초콜릿 바를 얻어냈다며 자기합리화했다. "오늘 편히 쉴 자격이 있다"나 "밀러 타임!"과 동일한 사고방식이다.

다음에 유념하기를 바란다. 가치 있는 무언가를 성공적으로 해내려면, 자신의 삶을 통제하고 자멸적 충동과 집중을 방해하는 요소를 피해야 한다. 목표를 향해 나아가다 보면, 반드시 불편함을 느끼게 되어 있다. 자기 수양을 통해 이런 불편함을 극복할 수 있다. 자기 수양은 무언가를 통달하는 과정에 필수적으로 존재해야 하는 요소다. 자기 수양 없이 이뤄진 위대한 일이란 지금까지 존재하지 않았다. 하지만 외부와 단절된 상태에선 자기 수양이 불가능하다. 목표를 향해 나아가다 보면 집중이 흐트러지고 다른 것에 시선을 뺏기기 쉽다. 여기서 목표는 새로운 습관이 무의식적으로 행동에 옮기는 습관이 될 때까지 유혹을 이겨내고 절제력을 유지하는 것이다. 목표를 달성하면 얻게 될 보상에 집중하는 것이 끝까지 절제력을 유지하도록 동기부여하는 데 도움이 될 것이다. 위대함을 향해 나아가는 길에서 얻을 수 있는 보상은 위대함을 향한 여정 그 자체다.

· 꿈의 힘에 압도당하라 ·

이 책을 여기까지 읽었다면 자신이 정말로 성취하고 싶은 목표에 대해 생각하고 있을 것이다. 자신만의 화이트보드를 작성하기 시작했거나 최소한 화이트보드를 마련할 계획을 세울 정도로 의욕에 불타기를 바란다. 꿈을 갖고 계획을 세우는 것은 물론 잘 꿰어야 하는 중요한 첫 단추이지만, 그뿐이다. 목표는 우리가 집중해야 하는 종점을 제공하고, 그곳을 향해 움직이도록 시동을 걸어줄 뿐이다.

목표를 향해 움직일 때 진정한 변화가 시작된다. 그런데 안타깝게도 대부분의 사람들이 바로 이 지점에서 탈선한다. 목표에 도달하는 것이 어렵다거나 자신의 꿈이 일상과 충돌한다는 것을 확인하면 열정은 사그라진다. 큰 목표를 성공적으로 달성하려면 어떤 노력이 필요한지 이해해야 한다. 머릿속에 떠오르는 생각을 화이트보드에 가감 없이 적는 행위는 창의력을 발휘하고, 큰 꿈을 품고, 가능성에 대해 생각하고, 비전을 정리하는 데 굉장히 효과적이다. 그리고 목표를 달성하기 위해 세운 계획을 일과표에 반영하고 일관성 있게 실천해야 한다.

최초로 1마일(약 1.6킬로미터)을 4분 안에 주파해낸 로저 배니스터는 이 같은 성취를 거두기 전의 상황을 다음과 같이 회상했다. 그는 회고록에 "내게 폭탄이 쏟아지고 기관총이 난사되고 있다고 상상했다. 최대한 빨리 달리지 않으면 죽을 수도 있다고 상상했다"고 썼다. 바로 정신적 동기부여에 대해 말한 것이다!

내 성격도 이와 같다. 나는 어렸을 때 드럼을 배웠다. 그때 나는 어머니와 함께 살았기에 딱히 할 일도 없고, 생활비가 크게 들어가지도 않았다. 그래서 내 모든 시간을 드럼 연습에 쏟을 수 있었고, 실제로 그렇게 했다. 나는 드럼을 정말로 잘 연주할 수 있을 때까지 매일, 하루 종일 드럼만 연습했다. 이 이야기를 사람들에게 하면, 다들 "부모님 집에서 살았으니까 가능한 일이다"라고 말했다. 내 집을 마련하고 다른 목표를 추구했을 때도 사람들은 "미혼이고 아이가 없기 때문에 가능한 일이다"라고 말했다. 내가 결혼하고 딸을 낳자 사람들은 "그건 아이가 하나이기 때문에 가능한 일이다"라고 말했다. 내가 많은 돈을 벌자 사람들은 "그건 부자니까 가능한 일이다" 라고 말했다. 그렇지 않다! 그들은 전혀 이해하지 못했다. 목표를 세우고 달성해온 것이 나를 부유하고 성공하게 만들었다.

스티브 갬린Steve Gamlin은 "나는 자신의 기준을 높이기를 거부하는 사람들의 비위를 맞추기 위해 나의 기준을 낮추길 거부한다"고 말했다. 목표에 자신이 가진 모든 것을 쏟아부으려고 할 때, 삶이 방해 요소가 된다는 건 핑계일 뿐이다. 내게는 가족과의 삶이 목표를 추구하는 데 방해가 됐던 적이 단 한 번도 없었다. 나는 부부 생활, 가정 생활, 직장 생활, 취미 생활을 모두 즐기는 균형 잡힌 삶을 살면서 많은 일을 뛰어나게 잘해내는 데 필요한 집중, 치열함, 전념을 발휘할 수 있다는 것을 경험을 통해 깨달았다.

대부분의 사람이 고요한 절망의 삶을 산다. 이들은 행동하기 전에 완벽하거나 안전한 조건이 갖춰지기를 기다린다. 하지만 이런 조건은 결코 쉽게 갖춰지지 않는다. 자신의 내면 깊은 곳에 자리한 욕구를 실현하기 위해 노력할 최고의 시간은 바로 지금이다.

잠시 틈을 내서 자신에게 가장 중요한 것을 생각해보라. 집중해야 할 대상을 추려내고 개인적인 시간의 80~90퍼센트를 자기 삶에서 가장 중요한 3가지 일에 투자하라. 나머지 10~20퍼센트는 그 외의 모든 일에 써라. 정말로 하기 싫은 일에 자기 시간의 5퍼센트를 할애하라. 열정적으로 임하고 싶지만 좀처럼 시간을 내기 어려운 일이 있다면, 그 일을 할 시간을 만들어라! 그 일을 할 시간 구역을 설정하면, 그 시간을 방해하고 집중을 흐트러뜨릴 요인이 제거될 것이다. 자신에게 그 무엇보다 중요한 일을 우선적으로 처리하라. 그러면 꿈은 가능해지고 성취할 수 있게 될 것이다. 자, 어서 해봐라!

PART
2

완벽하게
연습하라

CHAPTER 7

연습 방법을
구조화하라

스스로 해내고자 하는 일이 무엇이든지 그 목표를 달성하려면 시간
과 연습이 필요하다는 것을 굳이 설명할 필요는 없을 것이다. 그런
데 그냥 연습만 한다고 되는 게 아니다. 올림픽에서 평균대에 올라
실력을 겨루든지, 악기를 연주하든지, 경찰관으로서 의무를 수행하
든지 정확하게 연습하는 것은 우수와 최우수, 또는 금메달과 동메
달, 심지어 생과 사를 가르는 중요한 요소가 된다. 어떻게 연습하느
냐가 어떤 성과를 내느냐를 결정한다. 연습은 그저 경쟁에 대비하는
것이 아니다. 연습 자체가 경쟁적 활동이다! 무언가를 아주 잘해내
고 싶다면, 연습을 매우 잘해내야 한다.

　목표를 추구하는 과정에서 시간을 낭비하고 진척을 거의 이뤄내
지 못하는 경우가 너무나 자주 생긴다. 이것은 효과적이고 효율적
으로 연습하는 법을 배우지 못했기 때문이다. 이번 장에서는 최적
의 준비 태세를 갖추고 최고의 실력을 발휘하기 위한 최고의 연습법
을 공유할 것이다. 이 단계를 따른다면 자신감과 역량을 쌓을 수 있
을 것이다. 내가 공유하려는 것은 그저 이론이 아니고 *연습하는 방
법*이다. 지난 수십 년간 스트레스가 심하기로 유명한 주식 트레이딩

과 수백만 달러짜리 계약부터 대중 연설과 프로 운동경기에 이르기까지 다양한 분야에서 갈고닦은 나만의 연습법이다.

당신은 우수한 운동선수임에도 프로 세계에서 경쟁할 수 없을지도 모르고, 카네기홀에서 피아노를 연주하거나 노래를 부를 수 없을지도 모른다. 또한 수십억 달러를 움직이는 투자자들 앞에서 프레젠테이션을 할 기회를 갖지 못할 수도 있다. 하지만 당신에게는 좋아하는 운동이 있고, 그래서 기술을 요하는 어떤 활동을 즐길지도 모른다. 업무 중에는 고객이나 경영진 앞에서 프레젠테이션해야 하는 상황에 놓일 수도 있다. 당신이 누구이고 무엇을 하든지 2부에서 다루는 내용은 '기량'을 완벽하게 만들고 자신의 분야에서 최고가 되는 데 도움이 될 것이다. 다시 말해서 자기 삶의 승자가 되는 데 도움이 될 것이다!

·옳은 것을 연습하라·

순수하게 반복하는 것만으로도 특정 행동을 익히고 무의식적으로 그 행동을 하는 수준에 이를 수 있다. 하지만 조심하지 않으면, 잘못된 습관이 생길 수도 있다. 이를 '나쁜 근육 기억' 혹은 '훈련 상흔'이라 부른다. 데이브 그로스만 Dave Grossman 연대장이 《전투의 심리학 On Combat: The Psychology and Physiology of Deadly Conflict in War and Peace》에서 들려준 일화는 이를 잘 설명해준다. 한 경찰관은 기회가 될 때마다 아내, 친구, 동료에게 총알이 장전되지 않는 총을 자신에게 겨누라고 하고는 그 총을 잽싸게 빼앗는 연습을 했다. 그는 상대방에게서 총을 낚아채고 바로 되돌려주며 이 행동을 계속 반복했다. 그러던 어느 날, 그와 동료는 편의점에 나타난 무장강도를 진압하기 위해 현장에 출동했다. 두 사람은 서로 다른 통로로 걸어갔는데, 첫 번째 통로 끝에서 무장강도가 모퉁이를 돌아나오더니 그에게 총알이 장전된 총을 겨눴다. 그는 눈 깜짝할 사이에 무장강도에게서 총을 빼앗았고, 무장강도는 그의 속도와 민첩성에 충격을 받았다. 그런데 그는 곧장 무장강도에게 총을 되돌려줬다. 무장강도는 더 놀라고 혼란스러웠을 것이다. 무장강도가 되돌려 받은 총으로 그를 쏘려는 순간, 다행히 그의 동료가 무장강도에게 총을 쐈다.

그렇게나 연습을 했는데 왜 이런 일이 일어난 것일까? 경찰관은 총을 빼앗는 것뿐만 아니라 자기도 모르는 사이에 빼앗은 총을 바로 되돌려주는 것까지 연습했던 것이다. 거듭된 연습을 통해 이 2가지 행동은 본능적으로 연달아 행하는 수준까지 그의 뇌리에 깊이 각인됐다. 여기서 얻을 수 있는 교훈은, 잘못 연습하면 역효과를 낳는 성향까지 완벽하게 훈련된다는 것이다. 스트레스가 극심한 상황에서는 눈앞의 상황에 제대로 대응할 수 없다. 그저 훈련된 수준으로 능력을 발휘하게 된다.

옛말에 이르기를, 연습이 완벽함을 만든다고 한다. 그런데 이는 잘못된 말이다. 연습은 그저 습관을 만들 뿐이다. 완벽함을 만들기 위해서는 *완벽한 연습*이 필요하다. 이것은 스포츠, 예술 활동, 여가 활동, 사업, 대중 연설 등 모든 것에 해당되는 이야기다. 성공하기 위해서는 옳은 것을 정확하게 연습하는 법을 반드시 배워야 한다.

·자신의 사고방식을 유념하라·

우리는 결코 나아질 수 없는 일을 하는 데 많은 시간을 쓴다. 열심히 운동하지만 1년 뒤 전혀 나아진 것 없는 거울 속 자신과 마주한다. 짬을 내서 훈련하고 연습했지만, 의미 있을 정도로 무언가가 향상되거나 개선되지 않는다. 도대체 어떻게 된 일일까? 해답의 실마리는 연습하는 방법에서 찾을 수 있다.

몇 가지 연습 방법을 살펴보자. 가장 일반적인 방법은 제대로 할 때까지 반복하는 것이다. "처음에 성공하지 못했다면, 계속 시도하라"라는 말이 있다. 이 경우, 대체로 저조한 성과를 극복하기 위해 같은 행동을 반복해서 새겨놓은 근육의 기억에 의지하게 되는데, 처음에는 반복이 더 좋은 기량을 개발하는 데 도움이 되는 것 같기도 하다. 그러나 이것은 완벽한 연습법이 *아니다*. **기량이 향상되고 더 높은 수준에 도달하려면, 체력과 정신력을 모두 키우고 자아상을 강화시키는 방식으로 연습해야 한다.**

반복하는 연습은 긍정적인 결과는 강화하고, 부정적인 결과에는 최대한 적은 에너지를 쓰는 것으로 시작한다. 누구나 실수를 한다. 아무리 뛰어난 선수라도 예외없는 사실이다. 화살은 과녁을 빗나가고, 점프했다가 착지하는 데 실패하고, 눈앞에 날아오는 공을 놓친다. 좋은 성과를 내는 우수한 사람은 실수에서 교훈을 얻고, 결과를 조정하고, 다음 단계로 *넘어간다*. 승자는 자신이 제대로 해낸 것에 집중하고 정신적 에너지를 쏟는다. 잘못한 것으로 인해 스트레스를 받거나 부정적인 결과를 곱씹지 않는다. 이것은 매우 중요한 차이다!

비판적 사고와 의사결정에는 분명히 의식적 사고가 필요하다. 하지만 연습과 실행할 때는 의식을 중립 상태로 놓고 잠재의식을 훈련해서 직감적으로 행동하도록 만들어야 한다. 왜냐고? 경쟁이 치열하거나 스트레스가 심한 상황에선 의식에 '잡소리'가 자리하기 쉽다. 구체적으로 말해서, "내가 실수하지 않을까?" 같은 의심이나 부정적인 자기 대화가 일어난다. 준비가 얼마나 되어 있든 부정적인 생각과 부적절한 사고방식은 순식간에 자기 자신을 망쳐버린다.

부정확한 방법으로 연습하면 좋지 않은 결과가 빚어지고, 그에 따라 자신감도 낮아진다. 그러면서 스스로 바라는 결과를 얻는 법을 정말로 모르고 있었다는 사실을 뼈아프게 깨닫게 된다. 진정한 자신감은 압박감이 존재하는 상황에서도 일관되게 실력을 발휘할 수 있고, 우연의 결과가 아니라 성공하거나 실패한 이유를 정확히 알기 때문에 자신이 언제든 그 일을 할 수 있다는 것을 아는 데서 나온다. 우리는 목표를 달성하는 데 반드시 필요한 기술적·기계적인 핵심 요소가 무엇인지 알고 있다. 승리하는 사고방식을 작동시키는 법도 알고 있다. 완벽한 연습법을 개발하고 정신 훈련과 신체 훈련을 제대로 잘 결합시키면, 완전하게 행동할 준비 태세가 갖춰질 것이다.

· V 세션을 활용하라 ·

연습 구간을 구조화하라. 그렇게 하면 시작과 끝이 강해진다. 시작과 끝 사이에 도전적인 과제를 삽입하라. 나는 이것을 'V 세션'이라고 부른다. 고점에서 저점으로 떨어졌다가 다시 고점으로 올라가는 형태를 지닌 알파벳 'V'는 정신력과 체력이 숙달되는 과정을 도식적으로 보여준다. V 세션을 활용하면, 성취를 확신하고 승자의 사고방식을 형성하는 긍정적인 기억 잔상을 쌓을 수 있다.

가령, 양궁 연습을 한다고 치자. 처음에는 과녁을 쉽게 맞힐 수 있는 상당히 가까운 거리에서 화살을 쏜다. 이 과정은 몸을 풀어주고 기분 좋은 상태에서 연습에 임하게 해준다. 과녁과의 거리가 가깝기 때문에 화살을 쏘는 족족 과녁의 중앙에 꽂힌다. 이것은 다른 모든 스포츠 종목이나 악기를 연습할 때 흔히 활용하는 방법이다. 이렇듯 성공적인 결과가 보장돼 있는 준비운동 단계는 대개 혈액순환을 활발히 하여 긴장을 풀어주고, 몸과 마음을 준비시키는 효과가 있어 자신감을 높이는 활동이나 연습 과제로 구성된다. 이는 V 세션에서 알파벳 V의 왼쪽에 있는 첫 번째 고점이라고 할 수 있다.

이제 도전적인 일로 넘어간다. 이 단계는 V 세션의 저점에 해당된다. 이제까지는 피아노 건반 연습을 하거나 이미 다룰 줄 아는 상대적으로 단순한 악기를 연주했다면, 이제 훨씬 더 어려운 곡에 도전하거나 다뤄본 적 없는 새로운 악기로 연주를 시도해본다. 앞서 등장한 양궁 사례에서는 과녁에서 좀 더 멀리 떨어져서 화살 쏘는 연습을 한다. 무슨 활동을 하든지 새롭거나 덜 익숙한 활동에 도전하는 것이다. 이 단계에서 우리는 시험을 받는다! 여기서 실수가 발생한다. 새로운 기술을 익힐 때는 으레 실수를 하게 되어 있다. 코치와 함께 연습한다면, 코치가 방향을 잡아주고 피드백을 제공할 것이다. V 세션의 저점에서는 상당한 노력이 필요한 힘든 일을 하게 된다!

그런데 이 단계에서 연습을 마무리하면 안 된다. 다시 상대적으로 쉽거나 이미 통달한 기술을 연습하는 단계로 되돌아가야 한다. 알파벳 V에서 오른쪽 고점으로 이동하는 것이다. 이렇게 하는 이유는 간단하다. 새로운 기술을 연마하는 동안에 긍정적이고 자신 있는 자아상이 형성된다. 자아상은 매우 중요하다. 스스로 생각하는 자기 자신보다 더 좋은 실력을 발휘할 순 없기 때문이다. 이미 완전히 익힌 기술로 연습을 끝내면서 자신감을 느끼며 전체 연습을 마무리한다.

V 세션은 헤르만 에빙하우스Hermann Ebbinghaus가 찾아낸 '서열 위치 효과'에 뿌리를 둔다. 〈그림 7-1〉을 참조하라. 에빙하우스가 실험 참가자들에게 단어 목록을 전달하자 참가자들은 처음 몇 단어와 끝의 몇 단어 정도를 기억했고 중간 단어들은 잘 기억하지 못했다. 이는 알파벳에서 A, B, C와 X, Y, Z가 도드라지는 이유이기도 하다. 서열 위치 효과를 활용해 처음과 끝을 강조하는 구조는 기술을 연

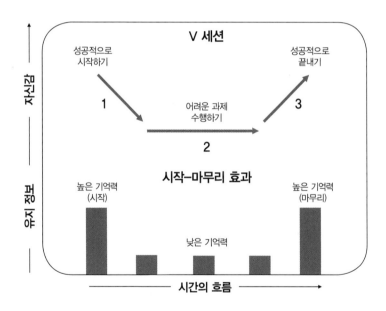

그림 7-1 V 세션은 상대적으로 쉬운 과제로 시작했다가 어려운 과제로 넘어가고, 연습한 것을 강하게 각인시키기 위해 마지막으로 다시 쉬운 과제를 수행하는 과정으로 이뤄진다. 서열 위치 효과를 이용한 것으로, 사람에게는 중간보다 처음과 끝에 일어난 사건을 좀 더 생생하게 기억해내는 성향이 있다는 데 착안한 것이다.

마하고 긍정적인 자아상을 형성하는 데 도움을 주면서 실제로 몸과 마음을 훈련시킨다.

나는 V 세션을 3개 구간으로 나눈다. 한 시간 동안 연습한다면, 첫 번째 구간에선 15분 동안 쉬운 과제를 수행해서 몸을 풀고, 두 번째 구간에서는 30분 동안 좀 더 어려운 과제에 도전하며, 마지막으로 세 번째 구간에선 15분 동안 기분 좋게 연습을 마무리하고 자신감을 얻을 수 있는 과제를 수행한다. 연습 시간이 두 시간이면, 각 구간은 30분, 1시간, 30분이 된다.

V 세션을 이용하면 성공을 마지막 기억으로 남길 수 있다. 게임의 마지막 5분, 휴가의 마지막 날, 영화의 마지막 장면처럼 대부분의 사람들이 모든 사건이나 활동의 마지막을 강하게 기억한다는 것을 떠올리면 쉽게 이해할 수 있을 것이다. 테레사 아빌Teresa Ambile 교수는 공저《진전 원리: 작은 승리로 직장에서 기쁨, 몰입, 창의력 깨우기The progress principle: using small wins to ignite joy, engagement, and creativity at work》에서 차질의 부정적인 효과가 목표를 향해 나아가고 있다는 신호를 제공하는 진전의 긍정적인 효과보다 2배 강하다는 것을 확인했다. 그리고 좌절감을 높이는 차질의 힘이 좌절감을 낮추는 진전의 힘보다 3배 강하다고 부연설명했다.

여기서 요점은 기분 좋게 시작하고 마무리하면 긍정적이고 완전한 자아상을 갖게 된다는 것이다. **V 세션에 따라 연습하면, 승리를 경험하는 사건 수가 실패를 경험하는 사건 수의 2배가 되는 긍정적인 연습 구간이 만들어진다. V 세션을 통해 새로운 기술을 개발하고 중간에 어려운 과제에 도전하면서 목표를 향해 앞으로 나아가게 될 것이다.**

V 세션은 잠재의식에 '성공'을 프로그래밍한다. 잠재의식의 처음과 끝에 궁극적으로 승리하는 모습을 새겨 넣음으로써 자존감이 높아지고 다음 연습이나 경쟁에 참여하겠다는 동기가 계속 유지된다. 강하게 시작하고, 중간에 어려운 과제에 도전하고, 기분 좋게 연습을 마무리하라. 결코 패배자가 되어서 집으로 돌아가지 마라.

· 좋은 성과를 내기 위해서 나쁜 습관을 완벽하게 만들지 말라 ·

자기 자신을 계속 밀어붙이다 보면 결국 고전하고 심지어 실패할 수도 있는 수준에 이르게 된다. 사격 대회에 처음 출전했을 때, 나는 맞히기 쉬운 목표물 3개로 V 세션을 시작했다. 이 구간에서는 총을 쏘는 족족 목표물의 'A' 구간을 명중시켰다. 이 구간이 끝난 뒤에 나는 목표물을 좀 더 멀리 두고 연습했다. 가령, 10야드_{약 9미터}에서 총을 쏘는 대신에 20야드_{약 18미터}나 25야드_{약 22미터}에서 목표물을 겨눴다. 그리고 목표물을 조준해서 총을 발사하기까지의 시간을 3~4초에서 2초로 줄였다. 이것은 내게 상당히 도전적인 일이었다. 내 명중률은 상당히 낮은 편이어서 얼마 동안 이 연습을 계속했다. 그리고 나서 앞서 언급했듯, 좀 더 쉬운 목표물을 겨냥하거나 연습 방법을 조정했다.

대부분의 사람들이 계속 고전하면서도 의도적으로 어려운 과제에 도전한다. 그러면서 "나는 제대로 해낼 때까지 내가 취약한 부분에 계속 도전할 거야. 이것을 완벽하게 해낼 때까지 자리를 떠나지 않겠어"라고 계속 되뇐다. 그렇게 19번 실패하지만 마지막 20번째 시도에서 보란 듯이 성공해낸다. 임무가 완료됐다. 과연 그럴까?

그렇지 않다!

이 경우 19번의 실패와 1번의 성공이 잠재의식에 각인된다. 다시 말해 좋은 습관이 아니라 나쁜 습관을 완벽하게 만드는 연습을 한 셈이다. 좋은 성과를 내는 인재는 이런 식으로 연습하지 않는다. **무언가에 얼마나 많은 시간을 썼느냐가 잠재의식에 선명한 기억을 남긴다. 무언가를 반복할수록 그것을 다시 할 확률이 커진다. 계속 실패하다 보면 실패 전문가가 될지도 모른다.**

체중 감량에 실패한 경험이 10번 있는데, 누군가에게 새로운 체중 감량법을 들었다고 가정해보자. 이 새로운 방법은 그리 큰 효과가 없을 것이다. 왜냐하면 체중 감량에 성공한 적이 단 한 번도 없다고 생각하기 때문이다. 체중 감량에 10번이나 실패했다. 이는 분명한 실패의 증거다. 긍정적인 사고만으로는 부족하다. 놀라운 성과를 내는 비범한 사람은 집요함이 중요하다는 것을 안다. 하지만 제대로 집요해야 한다. 그렇지 않으면 '전투에선 승리했지만 전쟁에서는 패배할 수 있다'. **강압에 못 이겨서 무언가를 할 때, 그 일을 성공적으로 해내는 자신을 머릿속에 그리더라도 잘해낼 수 있다는 자신감을 제공하는 것은 이전에 해봤다는 믿음이다.** 30분 동안 과녁을 빗맞히다가 5~10분 동안 한두 번 명중시켰다. 그러면 마음에 각인되는 장면은 대체로 과녁을 빗맞힌 실패한 장면이다. 마음속에 각인된 과녁을 명중하는 성공한 장면은 몇 번 안 된다. 실패할 때마다 자아상은 위축된다. 그러니 연습 구간을 체계적으로 조직해서 진전과 성공을 마음에 새기도록 해야 한다. 연습에서 가장 중요한 부분은 자아를 만족시키기 위해 10번 시도해서 1번 성공하는 것이 아니라 계속 자신감과 기량을 쌓는 것이다.

·정체기를 피하라·

심장 수술을 받아야 하는데, 2명의 의사 중 1명을 선택해야 한다. 의사 A는 수백 건의 심장 수술을 성공적으로 집도했으며 환자를 수술대에서 잃은 적이 없다. 반면에 의사 B는 심장 수술에 몇 번 실패한 적 있다. 둘 중 누구를 선택할지는 불 보듯 뻔하다. 이 가정에서 과거의 성공과 실패는 선택에 지대한 영향을 미친다!

이제는 정신적으로 모든 것을 성공과 결부시켜야 하는 이유를 이해할 것이다. 스트레스가 심한 상황에서 제대로 실력을 발휘하려면, 과거에 그 일을 제대로 해냈다는 자신감이 필요하다. 요행히 해낸 게 아니다. 마음만 먹으면 그 일을 정확하게 해낼 수 있다는 것을 알아야 한다. 계속 연습하다 보면, 어느 순간 진전이 보이지 않는 답답한 상황과 마주하게 된다. 이런 문제와 마주하면, 극복하기 위해 더 노력하기보다 창의적으로 그 문제를 우회해야 한다.

신체적·정신적 스트레스를 새롭게 경험함으로써 정체기를 우회할 수 있지만, 항상 진전과 긍정적인 기억으로 자신의 자아상을 보호해야 한다는 것을 잊어서는 안 된다. 예를 들면, 돌파구를 마련하기 위해 현재 자신이 해낼 수 있는 최고 단계보다 10퍼센트 높은 단계에 도전하는 것이다. 이와 동시에 단계를 30퍼센트 낮춰서 완벽하게 일을 처리한다. 이처럼 보통 하지 않는 일을 번갈아서 한다. 여기서 목표는 반복적으로 잘못을 저지르고 그로부터 교훈을 얻는 것이 아니라, 힘이 되는 피드백을 제공하는 과정을 정립하는 것이다.

· 과거와 지금의 방식을 대조하라 ·

연습하는 동안 난관에 봉착할 수도 있다. 이때 문제가 있다는 것을 부정해선 안 된다. 현재 고전하고 있는 일을 제대로 해낼 방법을 찾는다. *잘못된 방법*도 알아본다. 그리고 의도적으로 일을 잘못된 방법으로 처리해본다. 그렇다! 옳은 방법이 아니라 잘못된 방법으로 해보는 것이다! 자신이 무엇을 하고 있는지, 일이 어떻게 진행됐는지 관찰하고 기억한다. 그러고 나서 앞서 어떤 식으로 일을 했는지 되새기며 옳은 방법을 시도해본다. 이번에도 잘못된 방법으로 시도했을 때처럼 자신의 행동을 관찰하고 기억한다. 그러고 나서 잘못된 방법과 옳은 방법을 번갈아 시도하는 일을 반복한다. 이런 일을 왜 하는 것일까?

정확한 방법을 가능한 한 빨리 완벽하게 이해하고 싶겠지만, 심리적으로 볼 때 이미 몸에 밴 잘못된 방법을 떨쳐내는 것도 똑같이 중요하다. 너무나 오랫동안 잘못된 방법으로 일을 처리해서 나쁜 습관을 단숨에 끊어내는 것이 불가능할 것이다. 따라서 어느 부분이 잘못됐는지 알아내 그 기억을 서서히, 그리고 부드럽게 머릿속에서 지워야 한다. **당연한 소리를 하거나 부정적인 경험을 곱씹고자 이렇게 옳은 방법과 잘못된 방법을 대조하는 게 아니다. 둘 사이의 미묘한 차이점이나 예기치 못한 유사점을 밝히고 차이를 분석하기 위함**

이다. 지금까지 일을 처리해온 방식을 정확하게 파악한 뒤 일을 제대로 해낼 수 있는 새로운 방식과 비교해보는 것은 매우 중요하다. 이렇게 하면 예전의 잘못된 방식으로 되돌아가는 즉시 알아차려서 상황을 바로잡을 수 있다. 옳은 방식과 잘못된 방식을 대조함으로써 정확하게 자신이 무엇을 잘못했고, 제대로 하려면 무엇을 해야 하는지 알게 된다. 그리고 실수를 실패가 아닌 교훈으로, 덜 감정적으로 보는 법을 배우게 된다.

· 나쁜 경험은 짧게, 좋은 경험은 길게 하라 ·

일상적인 일이나 특정한 과업을 수행하는 데 어려움을 느낀다면, 일단 다른 것을 시도해봐라. 그런 다음에 다시 잘 풀리지 않던 일에 도전한다. 대체로 두 번째 시도가 첫 번째 시도보다 결과가 좋을 것이다. 그러나 여전히 생각대로 일이 풀리지 않거나 그날 전반적으로 성과가 저조하다면, 그 일에 할애하는 시간을 줄인다. 이것은 대부분의 사람들이 선택하는 연습 방법과는 정반대다. 사람들은 무언가를 연습할 때, 지난번에 잘했던 것보다 잘못했던 것에 더 많은 시간을 할애하는 경향이 있다. 사람들은 고집스럽게 잘못했던 부분을 반복적으로 시도해서 같은 실패를 되풀이한다. 반면 뛰어난 실적을 내는 사람들은 이와 정반대로 행동한다.

성취도가 높은 사람들은 자아상을 만드는 게 중요하다는 사실을 이해한다. 그래서 그들은 틈이 날 때면 판에 박힌 일상에서 벗어나려고 한다. 이들은 잘못된 연습에서 좋은 결과가 나올 리 없다는 것을 알아서 부정적인 경험이 자신의 잠재의식에 깊은 인상을 남기지 못하도록 노력한다. 또한 결과가 부정적인 연습 구간은 건너뛰거나 그동안 제대로 해내지 못한 일에 다시 도전한다. 일이 잘 풀리면, 그 일을 계속한다!

우리도 최고의 성과를 내는 이들과 똑같이 해야 한다. 신이 나서 어려운 과제를 제대로 수행하고 있는데, 그 일을 중단하거나 다른 일로 넘어갈 이유는 없다. 그 일을 계속해서 성공의 경험을 쌓은 뒤 신경계, 즉 잠재의식에 깊이 각인시켜야 한다. 이것이 기량과 자신감을 함께 키워주는 '완벽한 연습'이다. 유능한 사람들은 대개 이런 식으로 연습한다. 예컨대, 롱 퍼트(골프에서 볼에서 홀까지의 거리가 먼 퍼팅—역주)를 연습할 최고의 시간은 공을 30피트(약 9미터) 거리로 몇 번 보내지 못했을 때다. **일이 잘 풀리면, 하던 일을 계속하라. 성공의 경험을 주는 연습 구간을 늘려라. 그것이 마무리되면, 잘됐던 부분에 항상 집중하라.** 이것은 자아상을 강화하고 자신감을 키우는 데 도움이 된다.

이와 반대로 골프 연습장에서 공을 쳤는데 계속 휜다면 연습용이라도 공 한 통을 다 쳐보지 말고, 다른 시각에서 공을 직선으로 쳐내는 방법이 무엇일지 고민해봐라. 나는 공이 휘는 것을 막는 방법과 정반대되는 방법을 집중적으로 연습해서 공이 휘는 것을 바로잡았다. 그리고 나는 일부러 공이 휘어지게 치기 시작했다. 내가 공을 오른쪽에서 왼쪽으로 휘어지게 칠 수 있게 됐을 때, 내 공은 더 이상 휘어지지 않았다. 진전이 보이지 않는 갑갑한 상황에 처하면 다른 시각에서 눈앞의 문제에 접근해야 한다. 정신적으로 항상 부정적인 시간보다 긍정적인 시간을 더 오래 경험하도록 해야 한다. 모든 것을 성공으로 인식할 수 있도록 만들어야 한다.

나는 이 연습법을 글쓰기에도 적용했다. 나는 오직 영감이 느껴질 때만 글을 쓴다. 글을 쓰기 위해 억지로 생각을 끄집어내지 않는다. 글이 술술 잘 쓰이면 계속 글을 쓰고, 글쓰기가 턱턱 막히면 그날 글쓰기를 중단하거나 잠시 휴식을 취한다. 이 방법은 나의 자신감과 창의력을 촉진해주었다. 왜냐하면 스스로 확신하지 못하거나 주저할 때는 성공적이거나 창의적으로 행동할 수 없기 때문이다.

· 연습 패턴을 선택하라 ·

달리기나 운동 등 많은 연습에서 대다수가 그 활동에 계속 몰입하고 의욕적으로 임하기 위해 파트너와 함께하는 것을 선호한다. 이상적으로 말해서, 연습 파트너가 있으면 새벽 6시에 8킬로미터를 달리거나 저녁 7시에 골프 연습장에서 공 한 통을 쳐낼 준비가 된 것이다. 그런데 연습 파트너는 어떻게 골라야 할까? 자신보다 기량이 부족한 사람을 연습 파트너로 삼으면, 배울 것이 거의 없다. 반대로 자신보다 기량이 우수한 사람과 함께 연습하면, 기가 죽거나 자신감이 다칠 수 있다.

연습 파트너와 함께 효과적으로 무언가를 할 수 있는 비결은 다양한 연습 파트너를 적절하게 선택해 함께하는 것이다. 연습 시간의 3분의 1은 자신보다 기량이 부족한 사람과 함께하고, 또 다른 3분의 1은 자신과 기량이 비슷한 사람과 보내고, 나머지 3분의 1은 자신보다 기량이 출중한 사람에게 투자한다. 자신보다 실력이 부족한 사람과 연습하면, 자존감이 올라가고 자아상에 자신감을 깊이 새길 수 있다. 자신과 비슷한 수준의 사람과 연습하면, 자신이 얼마나 성장했는지 가늠해볼 수 있다. 우호적인 분위기에서 이뤄지는 경쟁은 즐겁고 두 사람 모두에게 힘이 된다. 자신보다 실력이 훨씬 더 뛰어난 사람과 연습하면, 자신의 능력을 넘어서거나 좋은 교훈을 얻을 기회를 얻을 수 있다. 게다가 서로 다른 실력을 지닌 사람들과 연습하면 마법 같은 일이 일어난다. 적응하고, 도전하고, 새로운 일을 시도하는 데 도움이 되는 사회성이 길러지는 것이다.

· 목표를 작게 분해하라 ·

습관이나 활동은 여러 부분이나 움직임으로 구성된다. 체조 경기장에서 마루 운동을 하거나 야구, 아이스하키나 축구 경기를 치른다고 해보자. 각각의 활동에선 서로 다른 움직임, 전략, 전술이 요구된다. 이 같은 방식으로 숙달하려는 대상을 좀 더 작은 단위로 분해해보자. 이렇게 하면 진전이 보이지 않아서 갑갑하거나 좌절감을 느낄 때 도움이 된다. 전체에 집중하지 마라. 전체를 부분으로 분해하라. 축구 선수라면 축구장을 내달리면서 드리블을 연습하고, 그다음에 패스와 골대에 슛을 쏘는 연습을 한다. 이 모든 연습이 끝난 뒤에 연습 경기나 실제 경기에서 연습한 모든 움직임을 하나로 통합시켜라.

완전히 숙지할 때까지 각각의 움직임이나 부분을 연습하면, 각각의 숙련도가 점진적으로 상승한다. 그러고 나서 완전히 익힌 움직임이나 부분을 한데 합친다. **한 번에 하나씩 작은 과제나 절차를 숙지하면 새로운 기술을 이해하고 이행하는 게 더 쉬워진다. 시간이 흐른 뒤 하나의 조직화된 과정의 일부로 각 단계를 연결하면 된다.**

코치와 함께 테니스 서브를 연습하면서 나는 서브를 여러 단계로 분해했다. 첫 번째, 토스를 연습했다. 말 그대로 테니스공을 20분 동안 공중에 튕겼다. 대수롭지 않고 당연한 움직임으로 보일지도 모르지만, 테니스 선수라면 누구나 토스가 테니스에서 절대적으로 중요한 요소라고 말할 것이다. 코치가 내게 했던 말을 지금도 기억한다. 그는 테니스공을 공중으로 토스할 때 그것을 깨지기 쉬운 달걀이라고 생각해보라고 말했다. 그러고 나서 우리는 업스윙, 프로네이션(서브할 때 팔꿈치 아래 팔뚝을 비트는 동작—역주), 팔로 스로(공을 타격한 자세를 끝까지 유지하는 동작—역주)를 연습했다. 이 3가지 동작은 모두 테니스 서브를 구성하는 개별 동작이다. 서브 자체는 백핸드(손등을 공 쪽으로 향하게 해서 치는 동작—역주), 포핸드(라켓을 쥔 손의 반대쪽으로 스윙해서 공을 치는 동작—역주), 오버헤드 롭(공을 머리 위로 던져서 내려올 때 라켓으로 치는 동작—역주) 등 내가 테니스를 배울 때 익힌 많은 동작 중 하나에 불과했다. 나는 테니스 동작을 작은 단위로 분해하고 '하나씩' 정확하게, 완전히 익혀 나갔다.

· 회피하지 마라 ·

사격 대회에 출전했을 때 나는 놓치는 타깃이 너무 많아서 괴로웠다. 나는 타깃을 5개 이하로 놓쳤더라면 2등, 3등 혹은 4등을 하는 게 아니라 많은 대회에서 우승을 차지했을 거라고 생각했다. 말장난 같지만 나는 놓친 타깃들 때문에 대회에서 진 것임을 알았다. 타깃을 놓치지 않는다면 대회에서 승리할 수 있을 거라고 생각했다. 그리하여 나의 목표는 타깃을 놓치지 않고 명중시키는 것이 됐다.

이 목표에는 2가지 문제가 있었다. 첫째, 나는 해결책이 아닌 문제에 집중했다. 이는 거의 좋은 결과로 이어지지 않았다. "타깃을 놓치지 않겠어"라고 혼잣말을 하는데, 내 머릿속에선 내가 타깃을 놓치는 모습이 떠올랐다. 나는 타깃을 놓치지 않는 것에 집중하기보다는 타깃에서 점수가 가장 높은 부분을 명중시키는 데 집중해야 했다.

둘째, 타깃을 놓치지 않겠다는 것은 모호한 목표일 뿐, 실질적인 해결책이 아니었다. 타깃을 놓치지 않는다는 것이 타깃을 정확하게 명중시킨다는 의미는 아니다. 내가 추구하는 목표를 온전하게 달성하지 못했다는 뜻이기도 했다.

대부분의 경우, 성공하고 싶은 사람들의 우선순위는 서로 충돌한다. 그들은 승리하고 싶지만, 한편으로는 당혹스럽거나 꼴등이 되는 상황도 피하고 싶다. 그렇게 한참 고민하다 보면 1등을 못 하는 대신에 꼴등이라도 면하자는 생각을 하게 된다.

스포츠 심리학자 밥 로텔라 Bob Rotella 는 "스리퍼트(그린에서 퍼팅 세 번으로 홀인하는 것—역주)가 싫고 궁극적인 목표가 스리퍼트를 피하는 것이라면, 매번 투퍼트를 하게 될 것이다"라고 말했다. 그는 골프에 관해 자문해주는 고객들에게 "스리퍼트를 싫어하기보다는 원퍼트를 좋아해야 한다"고 강조했다. 로텔라는 그들에게 공을 치는 족족 모두 홀인하는 상상을 하라고 주문한다. 마치 내가 타깃에서 점수가 가장 높은 부분을 명중시키거나, 농구 선수가 골대에 농구공을 넣는 상상을 하는 것처럼 말이다. 모든 공을 완벽하게 칠 수 있을까? 아마도 그렇지 않을 것이다. 하지만 위대한 골프 선수가 되고 싶다면, 모든 공을 완벽하게 치겠다는 것을 목표로 삼아야 한다.

나는 타깃에서 가장 점수가 높은 구역을 명중시키는 데 집중하면 타깃을 놓치는 경우가 줄어들고 사격 점수도 향상될 것임을 깨달았다. 무엇보다도 내 머릿속에는 내가 달성해야 하는 목표가 굳건히 자리 잡았다. 해서는 안 되는 일을 생각하면서 금메달을 목에 건 사람은 없다. 챔피언처럼 사격하기를 원한다면, 타깃을 놓치지 않겠다는 생각이 아니라 자신이 쏜 모든 총알이 타깃에서 점수가 가장 높은 구역을 명중시키는 상상을 해야 한다.

일인자처럼 해내고 싶다면 일인자처럼 연습해야 한다. 이것은 완벽한 연습을 통해 훈련에서 최대 효과를 얻어내는 법을 배우는 것을 의미한다. 여느 사람들과 마찬가지로 유능한 사람도 좌절을 경험하고, 실수와 실패를 맛본다. 하지만 옳은 연습을 통해 다져진 강한 자아상을 지니고 있기에 그의 자존감은 거의 다치지 않는다.

이번 장에서 살펴본 연습 방법을 일상생활에 통합시키면, 기량이 향상되고 경쟁력이 높아질 것이다. 뿐만 아니라 자신감을 얻고 건전한 자아상을 기를 수 있을 것이다. 이 모든 것은 승리하는 사고방식을 기르고 숙지하는 노력의 일환이다.

CHAPTER 8

시각화하고
시연하라

스스로 잘한다고 생각하는 일을 하는데 두려워할 이는 없다.

웰링턴 공작

인간의 몸에는 대략 1,100만 개의 감각수용기가 있다. 그중 1,000만 개가 가장 강력한 감각인 시각에 할애된다. 눈에 보이는 것이 아주 조금 변해도 우리의 생각은 큰 영향을 받는다. 시각적 단서가 인간 행동을 촉진하는 가장 강력한 촉매가 되는 것이다. 같은 맥락에서 우리는 마음속으로 경험의 이미지를 창조하고 재창조할 수 있다. 설령 다른 시간과 장소에서 했던 경험이나 일어나지 않은 경험이라도 말이다. 이것을 '시각화'라고 한다.

우리의 상상력은 과거를 재창조하거나 바람직한 감정을 불러일으키도록 바꿀 수 있다. 상상력은 우리를 미래로 데려다주고, 문제를 해결해주고, 정신적 스트레스를 줄여주고, 실적을 극대화하는 데 도움을 준다. 상상력에 기반한 시각화는 모든 부분에서 개인 성장에 도움이 되는 강력한 도구임이 분명하다.

뛰어난 실적을 만들어내는 유능한 사람은 모두 심상 훈련, 시각화 또는 심적 시연이 중요하다는 것을 이해하고 있다. 올림픽 선수들을 대상으로 한 연구가 있다. 참가자들에게 경기에 나서기 전 그날의 경기를 시각화하는지 물었다. 이에 참가자의 99퍼센트가 시각화한다고 단언했다. 심상 훈련은 스스로 되고 싶은 위대한 모습을 머릿속에 떠올리는 몽상이나 경기를 잘하게 해달라고 기도하는 희망 사항이 아니다. 이는 집중력과 자제력이 요구되는 학습된 기술로, 그 결과는 확실하다.

정신 훈련과 신체 훈련을 통합한 연구에서 소비에트 선수들을 4개 그룹으로 나누고 매주 몇 시간 동안 훈련을 진행했다. 각 그룹이 받은 훈련 내용은 다음과 같다.

그룹 A : 100퍼센트 신체 훈련
그룹 B : 75퍼센트 신체 훈련, 25퍼센트 정신 훈련
그룹 C : 50퍼센트 신체 훈련, 50퍼센트 정신 훈련
그룹 D : 25퍼센트 신체 훈련, 75퍼센트 정신 훈련

네 그룹을 비교했을 때, 그룹 D는 그룹 C보다 실력이 훨씬 더 많이 향상됐고, 그룹 B와 그룹 A가 차례대로 그 뒤를 이었다. 이 연구 결과는 정신 훈련이 신체 훈련만큼이나 중요하다는 것을 보여준다. 정신 훈련이 신체 훈련보다 훨씬 더 중요하다고 주장하는 연구 결과도 있다.

하버드대학교에서 진행된 연구에서 과제를 앞두고 시각화를 실천한 학생들은 거의 100퍼센트의 정확도로 과제를 이행했다. 반면 시각화를 시도하지 않은 학생들의 정확도는 겨우 55퍼센트에 불과

했다. 시각화의 장점은 원하는 만큼 일을 완벽하게 해내는 자신의 모습을 머릿속에 떠올려서 잠재의식에 깊이 각인시킨다는 것이다. 심지어 한 번도 해본 적 없는 일을 할 때도 시각화를 이용할 수 있다. 개인의 성과를 제한하는 유일한 요소는 개인의 창의력이다.

하나 확실한 것은 어떤 형태로든 시각화를 활용하지 않으면 시각화를 이용하는 사람들과의 경쟁에서 불리한 위치에 서게 된다는 것이다. **심상 훈련은 말 그대로 자신의 근육으로 '생각'하고, 마치 그 일이 실제로 일어나고 있는 것처럼 잠재의식이 '보고 있다'고 믿게 만들 수 있기 때문에 특히나 효과적이다.**

일을 수행하는 동안에 꺼내서 볼 수 있는, 믿을 만한 정신 '청사진'을 만들고 싶다면, 시각화부터 시작하고 심적 시연을 훈련 도구의 하나로 활용하라. 마음의 눈으로 심상을 통제하는 법을 배우면, 근육은 더 큰 통제력을 발휘하고 자신감이 커진다.

다음은 심상 훈련의 3가지 유형이다.

내적 심상: 이름에서 알 수 있듯, 내적 심상은 내부에서 외부로 이뤄진다. 눈으로 실제로 보는 것을 예행연습하고 시각화하는 과정이 수반된다. 예를 들어, 자동차 경주 선수라면 운전하는 동안에 자동차 전면 유리나 헬멧 차양으로 주변의 모든 것을 본다.

외적 심상: 외부에 존재한다고 인식되기 때문에 외적 심상이라고 불린다. 모든 것은 관찰자가 외부 세계를 보는 것처럼 외부에서 바라보고 인식된다. 영화를 촬영하는 감독이나 수많은 관중 중 한 사람이 되어 바라보는 것이다. 여기서 시점은 카메라가 운동장에서 뛰는

축구 선수들을 비추는 것처럼 원거리다. 다만 심상의 시점은 축구 경기장을 비추는 카메라와 선수들의 거리보다는 가까울 수도 있다.

근감각 심상: 세 번째 유형의 심상 훈련에는 느낌이 수반된다. 예를 들어, 거실에서 양손에 스키폴을 쥔 채 활강 연습을 하는 것이다. 또는 권총 사격 대회에서 사격을 시연했던 대로 움직이는 목표물을 향해 '공기총'을 쏘는 시늉을 할 수도 있다.

가장 효과적인 시각화는 이 3가지 유형의 심상 훈련을 결합할 때 나타난다. 잠재의식은 실제와 제안을 구분해낼 수 없기 때문이다. 잠재의식은 의식이 '말하는 것'은 무엇이든 사실로 받아들인다. 이것이 시각화가 잠재의식을 프로그래밍하는 강력한 도구인 이유다. 그러므로 무엇이든 상상할 때는 특히 조심해야 한다. 편안한 상태에서 경주에서 우승하는 모습, 과녁을 명중시키는 모습, 프레젠테이션을 성공적으로 해내는 모습 등 성공한 자신을 머릿속에 떠올려라. 성공한 자신을 상상하면서 승리와 연결된 감정을 실제로 느껴본다면 훨씬 더 좋다. 감정이 결합된 이미지는 잠재의식이 그 경험을, 또는 그 상상을 훨씬 더 생생하게 받아들이도록 만든다. 감정과 상상이 강하게 연결되면, 그 상상은 잠재의식에 깊이 각인될 것이다. 그리고 결국에는 그 상상 속 이미지가 신경계에 깊이 뿌리내리게 된다.

마라톤에 출전한다고 상상하면서 도로 위를 달릴 때 느껴지는 심장의 쿵쾅거림, 달리는 내내 내리쬐는 따스한 햇볕, 목이 터져라 응원하는 관중 등 마라톤 대회에 출전해서 달리는 자신의 모습을 생생하게 머릿속에 그려낼 수 있다면, 실제로 마라톤 대회에 참가한 것 같은 자신감을 얻을 수 있다. 테니스 선수이고 좀 더 강력한 서브를 넣고 싶다면 좀 더 힘 있게 서브를 넣는 자신을 상상하라. 강력한 서브를 넣는 다른 선수를 보면서 그 모습을 그대로 흡수하는 방법도 있다. 강하게 서브를 넣을 때의 흐름과 소리를 느끼고 그 결과를 눈으로 지켜본다. 그러고 나서 그 같은 결과를 낳는 서브를 넣는 자신의 모습을 머릿속에 떠올려본다.

생생하게 무언가를 상상할 때, 뇌는 그 이미지를 실제 자극을 일으킨 상황과 동일하게 해석한다. 꿈을 꿨는데 실제처럼 느껴지는 것과 마찬가지다. 사실 꿈은 완전한 상상이다. 당신의 뒤를 쫓는 괴물 따위는 없다. 하지만 괴물에게 쫓기는 꿈에서 깨고 나면 당신은 숨을 거칠게 내쉬고, 땀을 흘리고, 두려움에 떤다. 그것은 사실이 아니지만, 당신의 정신은 강렬한 상상과 현실의 차이를 알지 못하기 때문이다.

알파인 스키 선수는 경기에 앞서 활강하는 자신의 모습을 상상한다. 이때 뇌는 실제로 활강하는 것처럼 그 이미지를 해석하고, 다리 근육을 활성화시킨다. 운동선수와 코치들은 이를 잘 알고 있다. 스포츠에서 가장 많은 연구가 진행되는 분야가 시각화와 심상 훈련인 것은 이런 이유 때문이다. 운동선수는 누구나 공을 홀이나 골대에 넣으려면 공을 던지거나 치는 모습을 '봐야 한다'는 것을 안다. **잭 니클라우스**Jack Nicklaus**는 "나는 연습 중에 골프공 치는 모습을 생생하게 머릿속에 그려보지 않고 골프공을 친 적이 단 한 번도 없다"고 말했다.** 《골프 마이 웨이Golf My Way》에서 그는 이 원칙을 어떻게 실천했는지 자세히 설명했다. "우선 나는 있었으면 하는 위치에 놓여 있는 골프공을 본다. 그러고 나서 골프공이 그 위치로 가는 모습을 본다. 경로, 궤도와 모양, 심지어 땅에 떨어졌을 때의 움직임까지 본다. 그때 일종의 페이드아웃이 일어나고 앞선 이미지가 현실이 되게 만드는 스윙을 하고 있는 내가 등장한다."

정신 훈련과 신체 훈련은 함께 진행될 때 가장 효과적이다. 어떤 이유로 신체 훈련을 할 수 없는 때는 정신 훈련이라도 하는 것이 아예 훈련을 하지 않는 것보다 훨씬 낫다. 소총 선수가 사격 대회에 참가하기 위해서 비행기를 탔는데 악천후로 비행기가 연착됐다. 대회 전 연습 시간에 맞춰서 도착하지 못할 것임을 알게 된 그는 비행하는 동안에 머릿속으로 예행연습을 했다. 그는 실제 대회에서처럼 체계적으로 소총을 장전하고 같은 자세로 목표물을 향해 총을 쏘는 자신을 시각화했다. 대회 시간에 딱 맞춰서 도착했지만 그는 대회에 참가할 준비가 이미 되어 있었다. 그는 대회장에 도착하자마자 사격을 했고 최고의 점수를 올렸다.

· 시각화 연습 ·

시각화에 관해 영감을 주는 이야기는 많다. 특히나 스포츠 부문에는 그런 이야기가 많이 존재한다. 제일 많이 인용되는 것은 두 그룹의 농구 선수들이 자유투를 연습하는 것과 관련된 실험이다. 실험 참가자들의 자유투 실력은 거의 비슷했다. 그룹 A는 일주일에 몇 차례 모여 한 시간 동안 자유투 연습을 했고, 그룹 B는 일주일에 몇 차례 모여 한 시간 동안 자유투를 던지는 자신을 시각화했다. 그룹 B는 실제로 농구 골대에 넣는 연습을 하지 않은 것이다. 실험이 끝날 무렵, 시각화를 이용한 그룹 B가 시각화 없이 자유투 연습을 한 그룹 A보다 자유투 실력이 더 향상된 것으로 나타났다.

하버드대학교 연구진은 피아노를 한 번도 쳐본 적 없는 사람들을 모아서 정확하게 2개 그룹으로 나눴다. 그룹 A는 5일 동안 매일 두 시간 동안 건반 연습을 했고, 그룹 B는 실제로 건반을 치지는 않고 오직 머릿속에서 피아노 건반 치는 것을 '연습했다'. 다시 말해, 그룹 B는 실제로 손가락을 움직여서 피아노 건반을 누르지는 않았다. 그런데 실험 전후 찍은 뇌 스캔에서 두 그룹 모두 새로운 신경회로가 형성됐고 손가락의 움직임을 통제하는 뇌 영역에서 새로운 신경학적 프로그래밍이 일어난 것이 확인됐다. 심지어 손가락 하나 까딱하지 않고 오직 생각으로 '연습'한 그룹 B에서도 이런 결과가 나타났다. 생각만으로 피아노 건반 연습을 한 그룹 B에 속한 실험 참가자들의 뇌에서도 변화가 일어났다. 그 변화는 실제로 피아노 건반을 치면서 연습한 그룹 A에 속한 실험 참가자들의 뇌에서 나타난 변화와 동일했다.

오하이오대학교 연구진은 한 달 동안 실험 참가자 29명의 주먹을 석고붕대로 고정했다. 실험 참가자의 절반은 일주일에 5일 동안 하루에 11분씩 석고붕대로 감겨 있어서 움직일 수 없는 주먹을 움켜쥐었다가 편다고 상상하면서 정신 훈련을 받았다. 나머지 절반은 대조군으로, 아무것도 하지 않았다. 한 달이 지난 뒤 두 그룹 모두에게서 석고붕대를 제거하고 비교한 결과, 정신 훈련을 진행한 그룹의 주먹 근육이 대조군의 주먹 근육보다 2배 강한 게 확인됐다.

이러한 연구 결과는 정신 훈련이 뇌뿐만 아니라 신체도 변화시킨다는 것을 보여준다. 상상을 통해 바라는 결과물을 보고 느낄 수 있다면, 예상은 기대가 된다. **농구 선수는 높은 자유투 성공률을 기록하리라 기대한다. 왜냐하면 자유투를 넣기 위해 농구 골대 앞에 수차례 서본 것마냥 한 시각화 '연습'이 굉장히 효과적이었기 때문이다.** 이것은 잠재의식이 뇌를 장악하게 되는, 치열한 경쟁이나 스트레스가 심한 상황에서 매우 중요하다. 올림픽 활강 경기에서 스키 선수는 게이트를 나서는 순간 잠재의식 상태로 들어간다. 결정은 순식간에 내려진다. 결승선에 도착할 때까지 모든 움직임이 본능적으로 이뤄진다.

린지 본Lindsey Vonn처럼 오랫동안 챔피언 자리를 놓치지 않았던 스키 선수들은 시각화에 정신뿐만 아니라 손과 몸, 즉 신체도 활용한다. 이들은 스키 동작대로 몸을 움직이고 스키 코스를 흉내 내며 손을 사용한다. 골프는 활강보다 정적이지만, 치열한 정신 훈련이 요구되는 스포츠이기도 하다. 생각에 장악당하는 것은 너무나 쉽다. 골프 선수들은 클럽을 쥐는 적당한 악력을 '느끼는 것'부터 골프공이 완벽하게 홀 안에 들어가는 것을 '보는 것'까지 다양한 시각화 기법을 사용한다.

잠재의식이 뇌에 의도적으로 긍정적인 결과를 깊이 새겼다면, 의식에만 의존해서 일할 때보다 훨씬 더 일을 잘해낼 수 있을 것이다. 잠재의식과 소통하는 최고의 방법은 바라는 결과를 마음속에 명확하게 그려내는 것이다. 반복적인 정신 훈련은 의식적 사고에서 잠재의식으로 초점을 이동시킨다. 올림픽에 4번 출전한 금메달리스트 맥 윌킨스Mac Wilkins는 "무언가를 성취하려고 한다면, (중략) 성취해내는 자신을 시각화하지 못한다면, 그 일을 해내는 것은 순전히 운에 의해서 결정될 뿐이다"라고 했다. **연습할 때는 '연습하는 방법'에 대해**

고민해야 하고, 의식이 잠재의식을 훈련하도록 내버려둬야 한다. 그러고 나서 경쟁하거나 무언가를 할 때 잠재의식을 자유롭게 놓아주고, 그동안의 훈련을 믿고, 마법 같은 일을 해내야 한다.

이제 이 값진 기술을 실전에 적용하는 방법을 살펴볼 때다.

· 시각화와 심적 시연을 위한 가이드라인 ·

1. 충분히 연습하라

심적 시연은 습관, 행위, 일련의 움직임 등을 두고 신체 연습처럼 해야 한다. 행위 전 습관과 행위 후 축하 의식도 심적 시연에 반드시 포함시켜야 한다. 심적 시연에서는 내적 심상이나 외적 심상을 이용하거나 2가지를 번갈아 사용할 수 있다. 한 예로, '내부'에서 자기 자신을 바라보는 관중인 양 '외적 심상'을 그릴 때 눈으로 자기 자신을 관찰하듯 '내적 심상'을 그리는 것이다. **머릿속으로 연습 과정을 시각화하고 예행 연습을 할 때, 전개됐으면 하는 방식 그대로 연습 과정을 바라봐야 한다. 그리고 목표를 성공적으로 완수한 것을 충분히 즐겨야 한다.** 머릿속에 떠오른 이미지가 부정적으로 변하면 진행하고 있는 심적 시연을 중단하고 다시 시작한다. 일어났으면 하는 일에 집중하고, 성공적인 결과를 얻어낸 자신을 상상한다. 자신의 역량을 온전히 발휘하고 있다고 생각하라. 최고 성과를 뛰어넘는 자신의 모습을 상상하라. 그에 수반되는 감정을 느끼고, 소리를 듣고, 냄새를 맡아라. 모든 감각을 지금 하고 있는 행위에 동원하고, 실제로 일어나고 있는 것처럼 그 경험에 깊이 몰입하라.

2. 실시간으로 연습하라

심적 시연은 몸을 직접 움직여서 하는 연습과 같은 리듬과 속도로 시각화해야 한다. 실제로 행동할 때 필요한 과정과 속도를 그대로 반영하는 이미지로 신경 패턴을 형성해야 하기 때문이다. 새로운 기술이나 습관을 익히고 습득할 수 있도록 이미지를 서서히 떠올려라. 새로운 기술이나 습관이 완전히 외워질 때까지 시각화는 서서히 진행해야 한다. 완전히 외워지고 나면 시각화 속도를 실제 속도로 높인다. 심적 시연에서 지나치게 느리게 시각화해 연습하면, 새로운 기술이나 습관을 실제로 시도할 때 오류가 발생할 수 있다. 머릿속으로 연습할 때도 기술이나 습관을 수행하고 싶은 속도를 유지하기 위해서 타이머나 영상을 활용한다.

3. 움직임을 추가하라

이미지에 *동작을 포함시켜야 한다*는 것은 심적 시연이 갖춰야 하는 중요한 조건 중 하나다. 스웨덴 스포츠 심리학자 라르스-에릭 우네스탈Lars-Eric Unestahl은 알파인스키 선수 53명을 대상으로 심적 시연의 효과를 연구한 결과, 선수들이 정적인 자세보다 *행동을* 이미지로 떠올렸을 때 효과가 가장 크다는 것을 확인했다.

시각화를 스틸 사진이나 정지 화면이 아닌 정신 운동으로 여겨야 한다. 시각화를 처음 시도한다면, 특정 자세나 무언가를 수행하는 모습을 정지 화면처럼 떠올리기 쉽다. **정신적으로 예행연습을 하는 가장 효과적인 방법은 자기 자신이 기술이나 습관을 처음부터 끝까지 수행한다고 생각하고 그에 따라 움직이라고 몸에 지시하는 것이다.**

연구 결과, 특정한 정적 자세를 머릿속에 시각화해서 예행연습을 할 때 부정적인 결과가 가장 많이 나타난다는 것이 확인됐다. 이와 반대로 *움직이는 동작을 이미지로 떠올리면서* 예행연습을 할 때는 긍정적인 결과가 나왔다. 연구에 따르면 동작은 기술이나 습관을 최상의 상태로 수행하는 데 있어 적절한 '신경 흔적'을 남긴다.

4. 비상계획을 세워라

경쟁이나 목표 수행 중에 생길 수 있는 일에 대비하는 데도 심상을 활용할 수 있다. 심적 시연은 반드시 성공적으로 마무리되어야 하지만, 항상 완벽하게 시작될 필요는 없다. 모든 것을 완벽하게 이행해야 한다고 생각하면, 실패를 자처하고 만다. 피할 수 없는 사소한 실수나 예기치 못한 장애물을 처리하는 것에 대해서 생각해보지 않으면, 실제로 그런 일이 일어났을 때 대응하는 방법을 알지 못할 것이다. 최근에 실수를 했다면 실수한 부분을 성공적으로 해낼 때까지 머릿속에 실수한 상황을 반복해서 재생시켜볼 필요가 있다.

맞닥뜨릴 수 있는 상황을 다양한 차원으로 떠올리고 몰랐던 점을 많이 밝혀낼수록 그 상황에 대한 대비를 더 잘할 수 있다. 머릿속으로 일어날지도 모르는 모든 일에 대응하고 성공을 거두는 것이 심적 시연의 중요한 부분이다. **마음의 눈으로 실수 없이 과업을 수행하는 자신을 보고 느껴라. 최악의 시나리오를 떠올리고, 그에 대처하는 법을 마음으로 예행연습하라.** 심적 시연은 현실적이고 완수할 수 있는 수준이어야 한다. 목표 설정과 심상 훈련은 마음의 준비를 하는 데 있어 함께 이뤄져야 한다.

주짓수 사범인 나의 친구 해리 콜린스Harry Collins 는 대련에 앞서 상대와 맞설 때 일어날 수 있는 최악의 시나리오에 대해 설명해주었다. "상대가 등 위에서 다리로 완전히 결박하고 리어 네이키드 초크 (목을 조르거나 가슴을 눌러서 일시적으로 사람을 기절시키는 주짓수 기술—역주)를 시도하지. 이럴 때는 무슨 수를 써서라도 벗어나야 해." 종합격투기 선수라면 최악의 상황에 처한 자신과 절제된 움직임으로 그 상황에서 벗어나는 자신의 모습을 시각화하면서 정신 훈련을 할 것이다. 피겨스케이트 선수라면 연기를 하다가 넘어졌을 때 어떻게 다시 일어나서 연기를 계속하고 성공적으로 마무리할지 시각화하면서 마음속으로 예행연습을 할 것이다. 연기를 하다가 넘어지는 법을 *마음속으로 예행연습하는 것이 아니다.* 연기를 하다가 넘어지는 실수에 대처하는 법을 마음속으로 예행연습하는 것이다.

5. 이미지와 함께 시작하고 끝내라

많은 운동선수들이 잠들기 전에 정신 훈련을 하는 것이 매우 효과적이라는 것을 안다. 마이클 펠프스가 올림픽에 출전하기 시작한 10대 때부터 그의 코치였던 밥 바우먼은 펠프스의 정신 훈련에 시각화를 포함시켰다. 바우먼은 펠프스에게 잠들기 전과 아침에 일어났을 때 매일 마음속으로 경기 영상을 시청하라고 주문했다. 펠프스는 출발대에 서는 순간부터 금메달을 딴 순간까지 경기의 모든 것을 시각화했다.

나는 아침에 일어났을 때, 대회를 앞두고 있거나 새로운 단계에 도전할 때, 그리고 잠들기 위해서 침대에 누웠을 때 심적 시연을 한다. 몇몇 스포츠나 대회는 일정이 시작되면 연습할 시간이 따로 주어지지 않기 때문에 경기가 시작되기 전에 마음의 준비를 단단히 해야 한다. 경기가 시작되기 직전에 여유가 주어지면 그 시간을 최대한 활용해야 한다. **조용히 앉아 집중을 방해하는 요소를 차단할 수 있다면 언제든지 심적 시연을 할 수 있다. 정신 연습을 위해 이런 시간을 최대한 활용해야 한다.**

6. 연습을 준비하라

시각화와 심적 시연은 경쟁뿐만 아니라 연습에도 사용되어야 한다. 가능하면 심적 시연이 마무리된 직후 신체 연습에 들어가라. 정신 연습과 신체 연습을 한데 묶어서 진행하면 기량이 더 빠르게 향상된다. 과제나 움직임을 수행하는 데 어려움이 있다면, 하던 일을 잠시 멈추고 마음속으로 정확하게 진행됐으면 하는 대로 그 일을 처리하는 모습을 떠올리며 심적 시연을 하라. 나는 이것을 '수정 심적 시연'이라고 부른다. 수정 심적 시연은 적어도 5차례 정도는 반복해야 한다. 그러고 나서 다시 시도하라. 또 실패하면 다시 수정 심적 시연을 하라.

나는 사격 대회를 앞두고 수정 심적 시연을 활용한다. 점수가 가장 높은 부분을 맞히지 못하면, 총에서 총알을 빼고 목표물에서 최고 점수가 부여된 부분을 겨누고 총을 쏘는 행동을 5차례 반복한다. 그러고 나서 총에 실탄을 장전하고 실제로 목표물을 향해 총을 쏜다. 이때 또다시 최고점을 명중시키지 못하면, 나는 총에서 총알을 뺀 빈 총으로 최고점을 겨냥하고 명중시키는 수정 심적 시연을 5차례 다시 반복한다. 이렇게 하면 성공과 실패의 비율이 균형을 이루게 된다. 심적 시연을 하는 동안에는 마음속에서 일어나는 일을 완전히 통제해서 성공적인 결과를 얻어낼 수 있기 때문이다.

7. 의도를 갖고 연습하라

모든 연습 구간을 목적의식이 있고 체계적으로 만들어야 한다. 연습은 아무 생각 없이 무언가를 반복적으로 하는 게 아니다. 기량을 높이겠다는 구체적인 목표를 가지고 개선하려는 기량에 집중해서 연습해야 한다. 심적 시연이든 신체 연습이든 그저 동작을 해내는 것은 의도나 목적을 갖고 연습하는 것과 다르다. **연습 구간을 시작하기 전에 "오늘 나는 무엇을 이루고 싶은가?" 자문하라.** 목표를 달성하기 위한 계획을 세우고 연습하는 동안에는 연습하는 의도에 솔직해야 한다. 명확하게 하고 싶다면 연습하기 전에 연습 구간에서 참조할 수 있게 목표를 몇 가지 적어두거나 코치의 도움을 받아라.

8. 현명하게 연습하라

목표에 집중하면 짧은 시간에도 많은 것을 이뤄낼 수 있다. 과학자들은 인간의 의지력에는 한계가 있다고 말한다. 그래서 주어진 시간을 최대한 활용해야 한다. 가령 까다로워서 고전하는 부분이 두 군데 있다고 생각해보자. 타이머를 15분이나 20분 정도로 적당하게 맞추고 가능한 한 다양하게, 그리고 그 문제를 집중적으로 파고들어라. 제대로 되지 않는 부분을 더 작고 관리하기 쉬운 단위로 분해하고 그 일을 해낼 수 있는 모든 방법을 강구하고 시도하라. 여기서 목적은 나쁜 습관을 완벽하게 만드는 것이 아니라 좋은 습관을 잠재의식에 깊이 각인시키는 것임을 유념해야 한다. 습관이나 활동의 작은 부분에서 성공을 경험하라. 그 성공을 발판 삼아 더 큰 도전에서 성공할 수 있다. 또한 2가지 중 어느 하나를 선택해야 할 때는 가끔 오래 연습하는 것보다 자주 짧게 연습하는 것을 선택하라.

9. 자신에게 도전하라

현재 역량을 넘어서기 위해서는 이미 자신의 역량을 넘어섰다고 상상해야 한다. 마음의 눈으로 최고 성과를 넘어선 수준의 실력을 발휘하는 자신을 봐라. 이루고 싶은 것과 목표를 달성하기 위해 노력하는 자신을 정확하게 머릿속에 그려서 신체적 안전지대에서 벗어나도록 자기 자신을 밀어붙여라. 도전적인 상황이나 최악의 시나리오에도 불구하고 성공하는 자신을 시각화하라. 임무를 수행하는 데 더운 날씨가 방해 요소라면 덥고 습한 날씨라고 상상하고 그 불편한 상황에 긍정적으로 대응하며 무엇이든 해낼 수 있다고 생각하라. 좋은 상황에 있다는 상상만 하면, 집중을 방해하는 환경적 요인과 불쾌한 요소에 대비할 수 없다. **"내가 마주하게 될 가장 무섭거나 위협적인 상황은 무엇일까?"라고 물어라. 그러고 나서 그 상황을 머릿속에 떠올려보고 그런 열악한 상황에서도 주어진 일을 잘 해내는 자신을 마음의 눈으로 지켜봐라.** 실제로 행동할 때도 이 생각을 그대로 가지고 있어야 한다. 그렇게 하면 자신의 마음을 다스릴 수 있는 진정한 주인이 되고, 안전지대가 확장될 것이다.

10. 습관으로 만들어라

심적 시연은 반복을 통해 좋아진다. 틈날 때마다 시각화와 심상 훈련을 연습해라. 심적 시연 구간은 연습 구간과 같아야 한다. 가능할 때마다 전체 연습 구간을 심적 시연으로 훑어봐라. 캐나다 봅슬레이 선수 린던 러시 Lyndon Rush는 2010년 올림픽과 2014년 올림픽 사이의 4년이란 고된 훈련 시간 동안 집중하고 버티는 데 심상 훈련이 도움이 됐다고 말했다. 그는 "1년 내내 머릿속에 봅슬레이 코스를 그린다. 샤워할 때나 양치할 때도 심적 시연을 한다. 1분 남짓 동안 나는 전체 코스나 가끔 더 정교한 기술이 필요한 코너를 도는 것에 관한 심적 시연을 한다. 봅슬레이 코스를 어떻게 내려올지 항상 머릿속에 생생하게 그려지도록 심적 시연은 치밀하게 이뤄진다. 그래야 실제로 경기장에 섰을 때 백지장 같은 상태에서 경기에 임하지 않게 된다. 그리고 놀랍게도 마음속으로 아주 많은 일을 해낼 수 있다"라고 설명했다.

· 매치 시뮬레이션을 시도하라 ·

나는 경기를 하듯 연습한다. 그래서 경기 중에 찾아온 중요한 순간이 내게는 전혀 새롭지 않다.

마이클 조던 Michael Jordan

경쟁이나 행사를 완벽하게 준비하고 싶다면, '매치 시뮬레이션'을 한번 고려해보기 바란다. 이는 내가 가장 좋아하는 훈련법이기도 하다. 이름에서 알 수 있듯, 매치 시뮬레이션은 실제로 활동할 장소와 그곳에서 경험할 수 있는 여건에 최대한 가까운 조건에서 예행연습하는 훈련법이다.

2011년 5월 2일, 미국 특수부대는 파키스탄 아보타바드의 알카에다 기지를 급습해서 세계적으로 악명 높은 테러리스트 오사마 빈 라덴 Osama bin Laden 을 제거했다. 대략 40분간 진행된 이 임무는 치밀한 계산을 바탕으로 몇 년 동안 세운 계획과 훈련의 정점이었다. 오

272

바마 빈 라덴을 제거하는 임무를 수행한 팀은 이 임무를 완수하기 위해 치열하게 예행연습을 했다. 오사마 빈 라덴이 숨어 있는 기지를 실제 크기로 본뜬 모형에서 여러 차례 반복해가며 작전을 연습하기도 했다. 모형은 아프가니스탄의 바그람 미국 공군 기지에 있었고, 그들은 몇 주 동안 그곳에서 연습을 했다. 문손잡이 위치부터 문을 여는 방법까지 임무 수행 중 맞닥뜨릴 수 있는 모든 상황에 세세하게 준비했다. 그래서 실제로 임무를 수행하던 중 예기치 못한 일은 거의 일어나지 않았다.

매치 시뮬레이션의 목표는 현실적인 조건에서 기술을 연습하고 나서 경쟁이나 실제 상황에 그 기술을 활용하는 것이다. 이렇게 연습하면 실제 상황에서 어떻게 대처해야 할지 생각할 필요가 없어진다. 이전에 그런 상황을 겪어봤던 것처럼 느껴지고, 본능적으로 몸이 움직일 것이다.

우주비행사 후보들은 최종 선발된 뒤 실제로 임무를 수행하기 전에 존슨 우주기지에서 강도 높은 훈련을 받는다. 훈련은 굉장히 현실적인 모형에서 이뤄진다. 여기에는 세계에서 가장 큰 실내 수영장이라고 할 수 있는, 물 2,300만 리터가 담긴 길이 60미터, 깊이 12미터 정도의 중성부력 실험실도 포함된다. 수영장 깊은 곳은 무중력인 우주와 유사한 상태다. 우주비행사 후보들은 깊은 물 속에서 실물 크기의 우주정거장 모형 위를 유영하는 훈련을 받는다. 첫 번째 임무에 나서기에 앞서 우주비행사들은 이곳에서 일반적으로 총 300시간 정도 훈련을 받는다. 이는 브로드웨이 공연이나 결혼식도 마찬가지다.

예행연습의 목적은 실제로 활동할 상황에 가능한 한 가까워지는

것이다. 예행연습을 실제와 가까운 환경에서 진행할수록 실제 활동할 때 경험하게 될 상황에 더 잘 대비할 수 있다. 올림픽 금메달리스트 스티브 베클리Steve Backley는 "올림픽 결승전에서 당대 최고의 투창 선수와 함께 창을 던진다고 생각하곤 했다. 이런 상상은 내게 경쟁 우위를 제공하고, 집중력을 높여주고, 의지를 굳건하게 다져주었다. 또한 투창을 훨씬 더 재미있게 만들어주었다"라고 말했다.

정신적으로, 신체적으로 더 많이 준비되어 있을수록 '실전' 능력은 향상된다. **집 뒷마당이나 거실에서는 대회장이나 무대를 재현할 수 없지만, 마음속에서는 그 어떤 코스나 습관도 그대로 재현할 수 있다. 마음속에서는 언제 어디서든 실전 상황을 그대로 만들어낼 수 있다.**

1976년 하계 올림픽을 앞두고 소비에트 대표 선수들은 몬트리올 올림픽 시설들을 사진 촬영했다. 그리고 고국으로 돌아와 자신들이 그곳에서 경기를 치르고 있다고 상상하면서 사진을 면밀히 연구했다. 이런 식으로 심상 훈련을 한 덕분에 그들은 몬트리올 올림픽 경기장에 실제로 도착하기도 전에 그곳 시설에 친숙해질 수 있었다.

정신 연습을 할 때는 예상되는 경쟁 여건과 실제 행위가 이뤄질 환경을 머릿속에 그리고, 해야 할 행동을 처음부터 끝까지 시연하라. 실제로 자신이 하게 될 행위와 그 행위를 하게 될 환경의 세세한 부분에 익숙해질수록 실전에 대한 준비는 더 완벽해질 것이고, 실전에서 실력을 더 잘 발휘하게 될 것이다.

활동 무대를 물리적으로 재현하기 어려운 경우에는 심상 훈련을 통해 실제로 활동할 때 노출될 여건을 상상해보면 크게 도움이 된다. 시각화를 이용해 행위 전 습관부터 승리를 자축하는 것까지 모든 것을 시연해볼 수 있다. 이것은 전화 영업, 프레젠테이션, 스포츠 경기, 예술 공연 등 모든 것에 적용할 수 있다.

제대로 준비되어 있을수록 주어진 도전을 더 잘 수행할 수 있다. 이 모든 것은 시각화, 심적 시연, 그리고 매치 시뮬레이션을 이용해 연습 구간을 체계적으로 구조화하는 데서 출발한다.

· 스트레스 상황을 만들어라 ·

태평스러운 환경에서 연습하면 실전에 충분히 대비할 수 없다. 실전에서 갑자기 스트레스를 받으면 대체로 압박감에 짓눌리기 때문에, 실전에 제대로 대비하려면 실전에서 경험하게 마련인 스트레스 상황에서 연습할 필요가 있다. 이는 실력을 한 단계 향상시키는 데 도움이 된다. 물론 최고의 연습은 가능한 한 실전에 가까운 상황에서 실제 경험을 얻는 것이지만, 약간의 스트레스를 받는 상황에서 연습하는 것도 실전에서 스트레스에 짓눌려 무너지는 것을 막을 수 있다.

한 연구에서 경찰관들을 두 그룹으로 나눴다. 그룹 A는 총알이 빗발치는 상황에서 살아 있는 적에게 총을 쏘는 연습을 했는데, 이때는 진짜 총알이 아닌 비누로 만든 가짜 총알이 사용됐다. 그룹 B는 움직이지 않는 두꺼운 종이로 만든 목표물에 총을 쏘는 연습을 했는데 이때는 실제 총알이 사용됐다. 결과는 어땠을까? 이어서 진행된 실험에서 살아 있는 적에게 총 쏘는 연습을 한 그룹 A가 '스트레스가 전혀 없는 상황'에서 가만히 있는 목표물로 연습한 그룹 B보다 좋은 결과를 기록했다.

《두려움의 선물 The Gift of Fear》의 저자이자 로스앤젤레스에서 보안 회사를 운영하고 있는 개빈 드 베커 Gavin De Becker는 훈련할 때 난폭한 개를 이용한다. 참가자들은 훈련할 때마다 계속 난폭한 개와 마주친다. 그는 "처음에 그들의 심박수는 175~200 정도였고, 그들은 개를 제대로 보지도 못했다. 그러나 두 번째 혹은 세 번째 훈련에서 그들의 심박수는 120 정도로 내려갔고, 그다음 훈련에서는 110 정도였다. 그들은 마침내 아무런 지장 없이 움직일 수 있게 되었다"라고 말했다. 실제 경험과 결합된 반복 훈련은 경찰관들이 폭력적인 상황에 대응하는 방법을 근본적으로 바꾼다. 경찰관들은 만반의 준비가 되어 있기 때문에 분명하게 생각하고 훈련받은 대로 움직이게 된다.

또 다른 사례를 살펴보자. 2007년 3월 로저 리드 Roger Reid는 서던유타대학교 농구팀 총감독이 됐다. 리드는 한창 연습을 하던 선수들을 자유투 위치로 불러 모으고는 자유투에 성공한 선수는 잠깐 쉴 수 있게 해주고, 자유투를 넣지 못한 선수는 농구 코트를 전력 질주하게 했다. 리드가 부임했을 당시, 서던유타대학교 농구팀의 자유투 성공률은 전체 농구팀 중 217위였다. 그런데 2009년에 서던유타대학교는 자유투 성공률이 80퍼센트를 웃돌며 이 부문 1위로 올라섰다. 자유투에 성공하지 못하면 농구 코트를 전력 질주하는 것이 선수들에게 엄청난 스트레스를 주는 것은 아니지만, 훈련하는 동안 주어진 이 가벼운 스트레스는 선수들에게 크게 유익하게 작용했다. 리드는 가벼운 스트레스를 줘서 선수들이 승패가 걸린 경기에서 뛰는 것처럼 느끼게 만든 것이다.

시카고대학교가 실시한 연구에서는 관중 앞에서 퍼팅을 배운 골프 선수들은 구경꾼들 앞에서 연습한 적이 없는 선수들보다 스트레스를 받는 상황에서 덜 불안해하고, 경기 내용이 더 좋다는 것이 확인됐다. 이 모든 사례는 설령 그 정도가 매우 가볍더라도 압박감을 느끼면서 하는 훈련은 스트레스에 익숙해지는 것 이상의 효과를 나타낸다는 것을 보여준다. 이러한 훈련은 깊은 인상을 남겨야 한다고 생각해서 스트레스를 많이 받는 상황에 '지나치게 많은 시간이나 자원을 쓰는 것'에 익숙해지는 데 도움이 된다. 이런 이유로 혼자 훈련하는 것보다는 친구들 앞에서 훈련하는 것이 더 효과적이다. 특히 깊은 인상을 남기고 싶거나 제대로 해내지 못하는 모습을 보여주는 것이 부끄러운 사람들 앞에서 훈련하면 더 큰 효과를 기대할 수 있다. 이런 식으로 연습한 사람들은 하나하나 세세하게 뜯어보는 듯한 따가운 시선이나 평가와 마주해도 평온함과 침착함을 유지한다. 또한 압박감에 익숙해지고, 집중을 방해하는 환경 요인과 자신을 분리하는 법을 깨닫는다.

압박감에 대비할 수 있도록 연습하는 몇 가지 방법을 소개한다.

- 가능한 한 실전에서 마주칠 가능성이 높은 환경에서 연습하라.
- 할 수 있다면 관중 앞에서 연습하라.
- 기록하면서 연습하라.
- 거울을 바라보며 연습하라.
- 연습 구간을 진행하는 동안에 사람들과 실시간으로 소통하라.

·단순히 반복하지 마라·

같은 동작이나 기술을 단순히 반복하는 것만으로는 충분한 연습이 되지 않는다. 단순 반복은 연습이 아니다. 그저 습관을 형성하는 과정일 뿐이다. 심지어 대개의 경우, 나쁜 습관을 형성하게 마련이다. 완벽하게 해내고 싶다면 완벽하게 연습해야 한다. 자신감을 쌓으면서 능력을 개선하기 위해 필요하다면 조정하고 수정해야 한다. 물론, 쉬운 일은 아니다! 하지만 성취해낼 만한 가치가 있는 모든 것은 어려운 법이다.

1988년 서울 올림픽을 앞두고 사회심리학자 재클린 골딩Jacqueline Golding 박사와 스티븐 엔젤라이더Steven Ungerleider 박사는 올림픽에 출전할 육상 선수 1,200명을 조사했다. 그들은 구체적으로 올림픽에 출전할 선수들과 올림픽에 출전할 뻔한 선수들을 비교했다. 선수들은 단 한 부분을 제외하고는 거의 동일한 훈련을 받았다. 국가대표로 선발되어서 올림픽에 출전한 선수들은 올림픽 문턱에서 좌절한 선수들보다 마지막 준비 단계에서 정신 연습에 더 많은 시간을 할애했다.

정신 연습, 심상 훈련과 경기력의 상관관계를 입증한 연구 결과는 100여 건이 넘는다. 연구 결과에 따르면, 유능한 프로 선수들은 대회를 앞두고 정신을 집중하기 위한 계획을 마련하고 정기적으로 그에 따라 연습한다. 그 결과, 그들은 경기 중 경험할 수 있는 다양한 스트레스 요인에 적극적으로 대응할 준비를 갖추게 된다. 그렇다고 유능한 운동선수만이 시각화를 적절하게 이용해서 효과를 볼 수 있는 것은 아니다.

나는 매일 아침 일어나면 방 한쪽 구석에 놓여 있는 책상으로 이어지는 황금빛 물결을 시각화한다. 이렇게 그날 하루 동안 성공적인 결과를 이뤄내겠다는 내 의도를 정신적으로 시연해내면서 나는 벼가 누렇게 익어가는 들판을 걷고, 신선한 공기를 들이마시고, 따뜻한 햇볕을 느낀다. 나는 내가 살아낼 하루를 시각화하고, 그날 내가 처리할 문제를 해결하는 방법을 정신적으로 시연한다. 그러고 나서 나는 자리에서 일어나 일을 하러 간다.

CHAPTER 9

결정적인 순간에 대비하라

많은 사람들이 대중 앞에서 연설하거나 공연하는 것을 두려워한다. 프레젠테이션을 하거나 중요한 자리에서 경쟁하기 위해 준비하는 것은 말처럼 쉬운 일이 아니다. 결과에 따라 많은 것이 결정된다고 생각하기 때문에 부담감이 커진다. 한편으로는 일이 잘 풀리기를 바라며 기대감이 점점 커진다. 두려움이나 불안감이 느껴지고, 심지어 사지가 마비되는 듯한 느낌이 들기도 한다. 시작을 알리는 신호음이 울리거나 무대를 가린 장막이 올라가면 심장이 요동치기 시작한다. 손바닥에선 땀이 나고, 숨을 쉬기 어렵다. 세심하게 계획을 세우고 완벽하게 시작하고 싶었지만 모든 게 생각보다 너무나 빠르게 진행된다. 이런 경험을 해본 적이 있나?

실력자나 세계적인 기량을 지닌 사람은 다르다. 압박감이 느껴지는 순간에 그들은 자신이 지닌 모든 것을 동원해서 해낼 수 있다고 느끼고 실력을 제대로 발휘한다. 그들의 마음속에는 집중을 방해하는 요인이나 의심이 존재하지 않는다. 그들은 당면한 과제에 온전히 몰입한다. 하지만 우리는 만반의 준비가 되어 있고 잘해낼 거라고 생각하다가도 정작 결정적인 순간에 *최악의 일*을 저지른다. 이런 일이 일어나는 데는 여러 가지 이유가 있다.

1. 실제 상황과 비슷한 상황에서 연습하는 일이 극히 드물다. 그 결과, 대망의 날이 되어 실력을 발휘해야 할 때 실패하고 만다. 많은 것이 결정되어서 압박감이 심할 수밖에 없는 실전 상황과는 전혀 다른 환경에서 연습하면서 마음속에 안전지대를 만들었기 때문이다.

2. 집중을 방해하는 환경 요인에도 흔들리지 않도록 도와주는 일관성 있는 실행 전 습관이 없기 때문에 집중력과 자신감을 쉽게 잃는다.

3. 난처한 상황에 처해 바보처럼 보일지도 모른다는 두려움에 사로잡혀 원치 않는 결과가 나타나거나 과거의 실수가 되풀이될 거라고 걱정한다. 이것은 불안과 과도한 각성으로 이어진다. 아드레날린이 솟구치고, 심장이 미친 듯이 뛴다. 그 결과, 인지 기능에 심각한 손상을 입게 된다.

4. 내적 소통, 신체 자세, 심상, 감정을 인지하고 통제하지 못한다. 그 결과, 자동적으로 신경증적 사고와 자기 파괴적인 행동을 해서 원치 않는 결과를 초래한다.

5. 그동안 열심히 해온 훈련을 믿지 못해 잔뜩 긴장한 채 과도하게 힘을 쓴다. 이것은 훈련하면서 개발된 직감적인 기량이 발휘되지 못하도록 막는다. 의식은 과도하게 사고하고 잠재의식을 방해한다.

·격차를 인지하라·

자기인식은 승자가 되고 압박감에 효과적으로 대응하는 데 있어 대단히 중요한 부분이다. 무엇보다도 소위 '격차'를 인지할 필요가 있다. 다시 말해, 연습에서 자신의 위치와 실전에서 자신의 위치 사이의 차이를 이해해야 한다. 여느 사람과 다름없다면, 당신은 실제 경기를 할 때 받는 압박감보다 훨씬 적은 압박감 속에서 연습을 할 것이다. 실제 도전이 주는 압박감에 마주쳤을 때 준비가 덜 됐다고 느끼고 불안해할 수밖에 없는 이유가 여기에 있다. 당신이 지금까지 해온 연습은 비현실적이었다. 필연적으로 경험하게 될 상황에 제대로 대비하며 연습하지 않는다면, 오래 열심히 연습하는 것이 무슨 의미가 있단 말인가.

문제를 인지하지 못하는 것은 굉장히 심각한 문제다. 실수는 어느 부분에 좀 더 힘써야 하는지 알려준다. 실수를 인지하지 못하면 승자가 될 가능성은 없다. 있는지도 모르는 문제를 해결할 수는 없기 때문이다. 같은 맥락에서 머릿속으로 무슨 생각을 하고 무엇을 느끼는지 아는 것은 성과 저하로 이어지는 행동 패턴뿐만 아니라 탁월한 성과로 이어지는 행동 패턴을 관찰하는 데 도움이 된다.

하지만 대부분의 사람들이 실전을 앞두고 자신이 무슨 생각을 하는지 또는 그 생각이 자기 지향적인지 아닌지 제대로 인지하지 못한다. **스트레스가 심한 상황에 놓이면 부정적인 생각에 끌리게 마련이다. 이것이 실전에서 행동하기에 앞서서 자신의 마음을 반드시 잘 살피고 관리해야 되는 이유다.** 자신이 어떤 생각을 하고 있는지 민감하게 인지하고 있어야 한다. 최고의 성과를 내는 사람들은 객관적으로 무슨 일이 일어나고 있는지 면밀히 관찰한다. 이들은 그저 그런 성과를 내는 사람들보다 이 과정을 훨씬 더 체계적으로 해낸다. 그 결과, 이 같은 과정은 그들의 일상에 단단히 자리 잡은 습관이 된다.

격차를 측정하라

자기 마음을 잘 살피고 관리하면 연습하기 전에 생각하고 느끼는 압박감과 실전에서 느끼는 압박에 상당한 차이가 있다는 것을 알게 된다. 이 같은 차이를 인지하면, 둘 사이의 격차를 줄일 수 있다. 또한 연습하다 보면 긴장을 풀고 집중을 방해하는 요인을 차단하는 법을 배우게 되고, (10장에서 살펴보겠지만) 실전에서 연습할 때와 같은 수준의 집중력을 발휘할 수 있을 것이다.

여기서 목표는 연습하면서 동작이나 과업을 어떻게 처리할지 배우는 것이 아니다. 모든 것이 결정되는 실제 상황에서는 스트레스를 받을 수밖에 없다. 이런 상황에서도 연습할 때와 똑같이 행동할 수 있어야 한다. 극심한 압박감을 느끼면서 한번에 하나씩 제대로 해내야 한다. 연습과 실전의 격차를 줄이는 것은 머리에 총이 겨눠진 것 같은 스트레스가 극심한 상황에서 최고의 역량을 발휘하도록 자신을 준비시키는 유일한 방법이다. 〈그림 9-1〉을 참조하면 이를 이해하는 데 도움이 될 것이다. 이것은 신체적 움직임이나 요소를 배우는 것보다 훨씬 더 중요하다. **목표는 실전에 임해서도 연습할 때 경험했던 것과 전혀 다르지 않다고 느끼는 수준에 이르는 것이다.**

이번 장에서는 실전을 앞두고 최적의 상태를 유지하는 방법을 이야기할 것이다. 격투장에 들어서기 직전이든, 고객 미팅을 앞두고

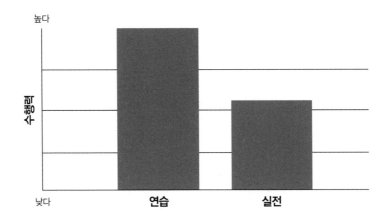

그림 9-1　연습과 실전에서 발휘할 수 있는 최대 기량 사이의 격차에 주목하라. 그 격차가 클수록 신체적으로, 정신적으로, 그리고 감정적으로 더 잘 준비하기 위해서 실전에서 느껴지는 압박감과 스트레스를 주는 여건에서 더 많이 연습해야 한다.

있든, 기가 막힌 프레젠테이션을 해야 하는 상황이든 모두 마찬가지다. 구체적인 전략을 활용하고 저조한 실적을 초래하는 원인과 대응 방안을 이해하면, 중요한 날에 대비하면서 자기 자신에게 힘을 실어주고 자제력을 키울 수 있다.

·기량이 흔들리는 근본 원인을 이해하라·

대부분의 사람이 무언가를 하는 도중에 무너지거나 압박감에 짓눌리는 경험을 한다. 심장은 미친 듯이 뛰고, 입은 바싹 마르고, 긴장감에 속이 울렁거리고, 손은 차갑고 땀으로 축축해진다. 그리고 몸에서 힘이 쭉 빠지고, 집중하거나 분명하게 생각할 수 없게 된다. 이 모든 것은 압박감과 스트레스가 신체와 정신에 영향을 줄 때 나타나는 증상이다. 각성 상태와 그것이 성과에 미치는 영향을 이해하는 것이 실전 상황에서 경험하게 되는 스트레스에 대응하는 첫 번째 단계다. 각성을 자동차 엔진이 내뿜는 에너지라고 생각해보자. 자동차가 움직이는 도중에 엔진이 지나치게 속도를 높이거나 열기를 뿜어내면, 운전하는 데 방해가 된다. 심각할 경우, 추돌 사고가 일어날 수도 있다!

우리의 생존과 행복을 보장하기 위한 방어 기제로 우리 뇌는 잘못된 것을 찾도록 프로그래밍되어 있다. 여기에 '동물적 사고'가 본능적으로 개입된다. 위협을 느끼면 두려움이 밀려오고, 영역을 침범당했다고 여겨지면 적대감을 드러낸다. 삶에 대한 실제적인 위협을 경험하는 경우가 매우 드문데도 우리 신경계는 우리가 지속적으로 위험에 노출돼 있다고 느끼게 만든다. 누군가에게 비난을 받기만 해도 우리 뇌는 위협을 받는다고 느낀다.

포식자와 맞닥뜨리거나 경쟁자와 만났을 때 동물은 곧바로 도망치거나 싸우는 식으로 반응한다. 인간에게도 이와 똑같은 유발 작용이 존재한다. '급성 스트레스 반응'이라고 불리는 게 바로 그것이다. 이런 상황에서 신체의 교감신경계는 초경계 태세가 된다. 부신이 자극받아 아드레날린을 포함한 많은 호르몬이 분비되고 심박수, 혈압과 호흡 수가 높아진다. 간에서 글리코겐이 생성되면서 신체는 빨리 달리고 에너지를 내는 데 도움이 되는, 즉시 쓸 수 있는 연료를 얻게 된다. 마치 포식자에게 신체적으로 공격받고 있는 것처럼 전체 신경계는 어떤 행동이든 할 준비 태세를 갖춘다.

다행히 인간은 합리적인 사고가 가능하다. 인간이 다른 생물과 구분되는 것은 바로 이 때문이다. 지능과 생각을 조절하고, 심지어 감정을 통제하는 능력 덕분에 우리는 도망치거나 동물적인 감각인 투쟁-도피 반응을 초월할 수 있다. 이는 두려움, 불안, 스트레스, 그리고 기타 요인들에 우리가 어떻게 반응하는지 이해하는 데서 출발한다.

각성은 위험과 도전에 수반된다. 경기나 공연을 앞두고 각성하는 것은 확실히 중요하다. 긴장감으로 충분히 각성하지 않은 상태는 밋밋한 성과를 초래할 뿐이다. 그렇다고 긴장감으로 극도로 각성한 상태라면 실망스러운 결과로 이어질 수 있다. 핵심은 실전에서 두려움, 감정, 그리고 불안에 압도되어 지나치게 각성하는 것이 아니라 실력을 발휘하기에 충분할 정도로 각성하는 것이다. 〈그림 9-2〉는 이를 이해하는 데 도움이 될 것이다.

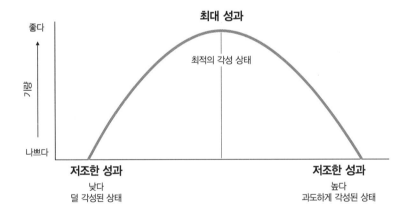

그림 9-2 각성도가 미미하면, 기량이 제대로 발휘되지 않아 성과가 좋지 않을 수밖에 없다. 각성도가 지나치게 높아도 성과는 좋을 수 없다. 여기서 목표는 최적의 수준으로 준비하고, 필요하면 그 수준을 조정하는 것이다.

·심박수는 기량에 영향을 준다·

스트레스와 불안으로 과도한 각성 상태가 되면 심박수가 치솟고 실력은 제대로 발휘되지 않는다. 심박수가 분당 115회에 이르면, 각성한 상태로 소근육 운동 기능이 악화되기 시작한다. 심장이 분당 175회 정도 뛰면 근거리 시력이 좁아지면서 제 기능을 하지 못한다. 다시 말해, 기능이 손상된 상태가 된다. 심장이 분당 220회 정도 뛰면 심각한 상태라고 할 수 있다. 이런 상태에서 살아남으려면 119에 전화를 걸어야 한다. 당신은 과연 번호를 제대로 누를 수 있을까?

젖먹이에게 심폐소생술을 실시하던 경찰관이 아기 어머니에게 119에 전화하라고 말했다. 아드레날린에 압도된 그녀는 119에 전화를 걸지 못했고, 결국 아기는 살아나지 못했다. 몇 번이고 119에 전화를 걸었지만 통화가 되지 않자, 자신이 114번을 누르고 있었음을

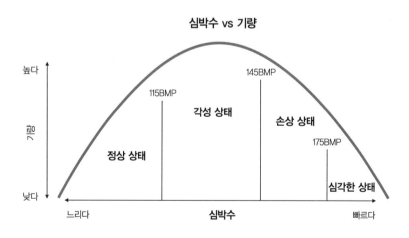

그림 9-3 심박수가 정상 상태를 넘어서 심각한 상태에 이르면, 기량을 제대로 발휘할 수 없어서 성과가 저조해진다.

288

깨닫게 되는 경우도 있다. 두려움에 교감신경계가 각성해서 매일 사용하던 전화기인데도 전화기의 전원을 켜는 것조차 하지 못했다고 말하는 사람들도 있었다. 이해를 돕기 위해 〈그림 9-3〉을 살펴보자.

심박수가 분당 115~145회 구간을 넘어서면, 소근육 운동 기능이 기하급수적으로 떨어진다. 호르몬이나 두려움으로 인한 교감신경계의 각성으로 증가한 심박수와 분출된 아드레날린은 다음과 같은 효과를 야기한다.

- 지각 왜곡
- 터널 비전과 시력 상실
- 청각 저하나 차단
- 운동기능과 지각 둔화
- 기억 상실과 왜곡

조사한 바에 따르면, 경찰관 10명 중 8명이 총격전이 벌어졌을 때 지각 협소화, 즉 터널 비전을 경험했다. 마치 튜브를 통해 상황을 보는 것처럼 시야가 좁아지는 경험을 한 것이다. 극심한 스트레스를 받으면 시각 초점의 영역이 축소된다. 또한 스트레스 때문에 심박수가 분당 145회 정도까지 올라가면, 경찰관들의 현장 대응력은 심각한 붕괴를 보였다. 당연히 모든 사람에게 해당되는 이야기는 아니지만 심박수가 분당 145~175회 정도 되면, 대부분 제 실력을 발휘하지 못했다. 물론 이보다 심박수가 높아도 자신의 실력을 유감없이 발휘하는 이들도 있다.

나는 사격 훈련을 할 때 맥박 측정기를 착용한다. 나는 연습하기 전에 심박수를 분당 135회 이상으로 높인다. 각성된 상태에서 연습하는 효과를 얻기 위한 나만의 방법이다. 미리 정신적으로, 그리고 신체적으로 나를 준비시키면서 사격 대회에서 경쟁할 때 스트레스의 영향을 제한할 수 있었다.

주의: 위 데이터는 교감신경계 각성으로 호르몬이나 두려움으로 인해 심박수가 증가한 경우에 해당한다. 운동 때문에 심박수가 올라간 경우에는 정확하게 같은 효과가 나타나지 않는다.

·정신적, 신체적 준비운동을 하라·

먼저 자신이 과도하게 각성한 상태인지 파악해야 한다. 무기력하고 몸에 힘이 없는 것은 긴장감의 다른 증상일 수도 있다. 이런 증상에 대응하려면 준비운동을 해서 몸을 활성화시켜야 한다. 준비운동의 양과 종류는 사람에 따라 다르다. 어떤 운동선수와 공연자는 준비운동을 전혀 하지 않는데, 준비운동을 지나치게 하면 실전에서 실력을 발휘하는 데 오히려 해가 되기 때문이다. 준비운동은 당면 과제를 인식하고 집중하기 위해 필요할 뿐이다. **아무리 잘 훈련했고 많이 연습했더라도 신체적으로, 그리고 정신적으로 준비운동을 올바르게 하지 않으면 훈련으로 갈고닦은 실력을 실전에서 제대로 발휘할 수 없다.**

정신적 준비운동은 실전을 2~3일 앞두고 시작해야 한다. 중요한 날이 다가올수록 기량, 정신 상태는 목표에 집중해야 한다. 경쟁이나 공연처럼 실전을 앞두고 완전한 고요와 고독을 좋아하는 사람이 있고, 긴장을 풀기 위해 음악을 듣는 사람도 있다. 개인적으로 나는 실력을 발휘해야 하거나 무대에 서기 전, 열을 좀 식히면 좋은 결과를 얻는다. 이 행위가 긴장을 없애고, 잠재의식이 활동하는 동안 의식을 쉽게 만들어주기 때문이다.

각성도는 수행하는 과제의 복잡도와 관련 있다. 예를 들어, 미식축구 라인맨(공격과 수비 영역을 나누는 스크리미지 라인이라는 가상의 선 바로 앞에 서는 미식축구 선수들—역주)은 정확하게 공을 차야 하는 키커보다 높은 각성 상태에서도 목표를 달성해낸다. 과제 난이도와 각성도의 관계에서 볼 때, 대근육의 운동기능은 높은 집중도와 세밀한 의사결정을 요구하는 정확한 과제보다 각성에 영향을 덜 받는다. 역도 선수는 대근육의 운동기능을 사용한다. 따라서 역도 선수는 일순간 에너지와 힘을 폭발시키기 위해 충분한 아드레날린을 분출할 정도로 각성도가 훨씬 더 높아야 한다.

이에 덧붙여서, 최적의 기량과 각성 내성은 개인의 기술 수준과 직접적으로 관련이 있다. 많은 관중 앞에서 경기를 치러야 하는 골프 토너먼트에 출전한다면, 골프를 쳐본 경험이 전혀 없는 얼간이인 나는 그 상황이 두려워서 죽을 것 같을 것이다. 두려움이란 요소와 높은 각성도는 골프 토너먼트에서 내가 우승할 가능성을 낮출 것이다. 반면 청중 앞에서 피아노를 연주해달라는 요청을 받는다면 이미 수백 번 경험해본 일이기에 압박감에 짓눌리지 않고 내 기량을 충분히 발휘할 수 있을 것이다.

·걱정과 불안을 관리하라·

뇌와 근육은 우리가 잠을 자는 동안에도 부지런히 활동한다. 당연히 각성 상태도 자연스럽게 지속된다. 이런 상황에서 각성도가 극도로 높아지면, 자율신경계와 연관된 불쾌한 감정적 반응을 경험하게 될 수도 있다. 이 같은 반응을 스트레스나 불안이라고도 부른다.

필드하키 골키퍼가 있다. 그녀는 중요한 시합을 앞두고 라커룸에 앉아 있다. 그녀는 곧 시작될 경기 때문에 걱정하고 있다. 이는 불안감을 촉발시킨다. 그녀의 걱정은 현실적이지 않지만, 그녀의 신체에 이것은 전혀 중요하지 않다. 그녀가 걱정하자, 중뇌에 위치한 뇌세포 덩어리인 편도체에 두려움, 걱정, 위협과 연관된 심리적 반응을 활성화시키라는 메시지가 전달된다. 두려움의 근원이 뇌 중추에 의해 확인됐지만, 편도체는 교감신경계를 자극하고 혈류로 아드레날린을 흘려보내기 시작한다. 심박수와 혈압이 올라가고 호흡이 가빠지고 근육이 팽팽하게 긴장한다. 모든 자율신경계가 반응하기 때문이다. 각성이 최적의 상태를 넘어서면 실전에서 기량을 발휘하는 데 부정적인 여건이 조성된다.

자기 회의는 심리 반응과 의식 평가를 유도해서 필드하키 골키퍼는 곧 시작된 시합을 제대로 치러내기에는 자신의 기량이 부족하다고 믿게 된다. 이것은 걱정과 불안이 실전에서 기량을 제대로 발휘하지 못하게 만드는 가장 흔한 요인임을 보여주는 사례다. 내적 생각으로 시작되든 외적 자극으로 시작되든 간에 이 같은 과정을 거쳐 편도체는 심리 반응과 본격적인 인지 평가를 유도한다.

·기량은 스스로 생각하는 대로 발휘된다·

사람들은 하루에도 수만 가지 생각을 한다. 대부분의 사람들이 습관적인 사고 패턴을 갖고 있는데, 이것이 모든 행위에 수반된다. 최근에 무엇을 하든 연이어서 썩 좋지 않은 결과가 나타났다면 습관적인 사고 패턴은 견고해진다. "추우면 기량을 제대로 발휘할 수 없어"라거나 "압박감을 느끼면 엉망이 돼버리고 말 거야." 이 같은 생각들은 자아상에 극도로 해롭다. 이런 생각을 계속하면, 그 생각이 결국 정체성의 일부가 되고 만다.

일반적으로 생각은 3가지 그룹으로 분류된다.

1. 당면 과제와 관련 없는 생각
2. 당면 과제에 집중된 생각
3. 자아에 집중된 생각

자아에 집중된 생각은 많은 문제를 야기한다. **생각이 내면에 집중되면 자신의 복지, 안전, 자아에 대한 걱정에 사로잡히고 집착하게 된다. 그렇게 불안이 고개를 든다.** 이것은 곧 역기능을 일으킨다. 자신의 기량으로 감당할 수 없는 도전이라고 생각하는 순간, 걱정과 불안이 시작된다. 반면에 도전을 손쉽게 이겨낼 기량을 갖고 있다고 생각하면, 지루해하거나 안주하고 실전에 '오롯이' 집중하지 않게 된다. 도전의 난이도와 기량 수준이 균형을 이루면, 스포츠에서 말하는 '플로'를 경험하게 된다. 쉽게 말해, 몰입 상태가 된다. 하는 일마다 잘 풀리고, 뭔가 하는데 전혀 힘이 들지 않는다.

중요한 경기를 앞둔 운동선수나 대회 참가자들은 당연히 긴장하게 마련이다. 이것은 정상적인 반응이다. 그러나 다음과 같은 것들을 경험한다면 각성도와 불안을 효과적으로 통제하지 못하고 있다고 봐야 한다.

- 쿵쾅거리는 심장 고동
- 극도의 피로감
- 소변이 자주 마려움
- 극심한 메스꺼움, 구토, 또는 설사
- '터널 비전'이나 시각 왜곡 등 주변 시야 상실
- 떨림
- 반복적인 하품
- 혼란, 집중력 부족, 결정을 내릴 수 없는 상태
- 옛 습관에 대한 의존

·회로를 차단하라·

구름이 잔뜩 낀 하늘 아래를 오가면서 참사가 일어날 거라고 생각하는가? 일이 잘 풀리고 있는데도 어느 순간 상황이 변할 수 있다고 생각하면서 불안하고 초조해하는가? 우리는 종종 실패할 것이란 두려움과 기대만큼 기량을 발휘하지 못할 것이라는 걱정으로 압박감에 짓눌려 옴짝달싹 못하거나 아무 생각도 떠오르지 않는 상태가 되곤 한다. 무대에 섰는데 대사가 한 줄도 생각나지 않는 것처럼 말이다. 유명한 TV쇼에 처음 출연했을 때, 나는 너무 떨렸다. 내 이름조차 생각나지 않을 정도였다! 불안과 두려움은 인지 통제를 방해했다. 말 그대로 나의 뇌 회로에 과부하를 걸어서 차단시켜버렸다. 두려움은 심지어 감정도 약화시킨다. 그렉 노먼Gregory Norman은 1996년 마스터스 토너먼트에서 마지막 날 6타를 앞서고 있었지만, 결국에는 5타 차이로 패배했다! 몇 년 뒤 노먼은 토너먼트를 치르는 내내 걱정과 불안에 시달렸다고 고백했다. 그 같은 부정적인 생각 때문에 그는 압박감에 짓눌려 몸을 움직일 수 없는 지경에 이르렀다. 그가 스포츠에 몸담으면서 느껴본 최악의 긴장 상태였다.

시합에 나가거나 공연을 하는 등 실전을 눈앞에 두고 있을 때 결과를 생각하거나, 상대방에게 집중하거나, 과거의 실수를 떠올리느라 집중하지 못할 수도 있다. 또는 그날 이뤄내야 할 결과에 집착할 수도 있다. 설상가상으로 피하고 싶은 것에 생각이 쏠릴 수도 있다. 이런 생각에 빠지면 당면한 과제를 완벽하게 처리하기가 어려울 수밖에 없다. 온갖 잡념 때문에 실전에서 집중력과 본능적 감각을 잃으면서 계획과 습관은 무너져버리고 만다.

2019년 챔피언십에서 라이노 페이지Rhino Page는 연속으로 스트라이크 8번을 기록하고 300점을 따내며 퍼펙트게임(볼링 선수가 성공적으로 12번 스트라이크를 해서 최대 300점을 득점한 경기—역주)을 달성했다. 경기장이 후끈 달아오르며 관중은 소리를 질러댔다. 하지만 그는 압박감에 몸을 움직이지 못하고 9번 프레임을 제대로 처리하지 못했다. 순간 그는 불안해 보이는 웃음을 지었는데, 이것이 압박감을 해소시킨 듯했다. 중압감을 거둬낸 뒤 그는 4회 연속 스트라이크를 기록하면서 12개 프레임에서 11개 프레임을 스트라이크로 처리하고 총점

266점으로 경기를 마무리했다. 몇 분 뒤 인터뷰하면서 그는 경기가 잘 풀리고 있을 때 과정에 집중했다고 고백했다. 제대로 마무리하지 못한 프레임에 대해 질문을 받자 그는 자신의 실수를 솔직히 이야기하면서 "관중을 위해서 잘하고 싶었다"고 대답했다. 그는 과정에 집중하다가 결과에 집중하게 됐고, 잘하려고 *시도했으나* 기량을 제대로 발휘하지 못해 해당 프레임을 망쳐버린 것이다.

· '압박감 일지'를 작성하라 ·

걱정과 불안은 자가생성된다. 아니 정확히는 불안은 없고 오직 불안한 생각만 있을 뿐이다. 상황을 바라보는 시각과 무언가에 집중하는 생각이 결합되면 불안이 생성된다. 자가생성된 부정적인 생각을 처리하면서 마주하게 되는 상황은 왜곡되게 마련이기에 기량이 자연스레 저조해진다. 과거의 실패에 몰입해 "실패하면 어쩌지?", "망치면 어쩌지?" 같은 부정적인 생각을 하기 시작하면 이것이 불안과 걱정의 근원으로 작용해 수준 이하의 기량을 발휘하게 된다.

어떤 결과가 나올지 모르고, 원하는 존재가 되지 못할까 봐 두려워하면 개인의 행복감은 위협을 받는다. **부정적인 생각은 끔찍한 결과를 보여주는 부정적인 이미지를 수반한다. 문제를 곱씹으면 모든 것을 망치게 된다.** 그러므로 걱정 단계에 개입하고 집중과 기대를 통제해야 한다.

실전을 앞두거나 스트레스가 심한 상황에서 한 생각을 기록하는 것은 좋은 방법이다. 나는 이것은 '압박감 일지'라고 부른다. 이는 자신이 무슨 생각을 하고 있는지 알고 분석하는 데 큰 도움이 된다. 이를 바탕으로 스트레스로 가득한 상황에서 최고의 기량을 발휘하는 데 집중할 수 있는 전략과 습관을 세울 수 있다.

중요한 날을 앞두고 있다면 자신이 생각하고 집중한 모든 것을 기록하는 '생각 일지'를 작성하라. 이것은 중차대한 시기에 자신이 무슨 생각을 하고 있는지 정확하게 파악하는 데 크게 도움이 된다. 일지를 작성하는 대신 녹음기나 휴대폰에 자신이 생각하는 것을 녹음해둘 수도 있다. 이런 방법을 통해 과거를 되돌아보면서 그때의 생각이 자신에게 힘이 됐는지 또는 걸림돌이 됐는지 판단할 수 있다.

· 모든 것은 마음에 달려 있다 ·

압박감이 심한 상황에서 불안을 완전히 없애는 것은 불가능한 일이다. 운동선수들의 자기 보고(자신이 경험한 상담 사례를 회상해 조언을 얻을 목적으로 보고하는 것—역주)에 따르면, 대부분 높은 불안을 경험한 적이 있다고 답했다. 불안도가 극단적으로 높은 경우도 있었지만 이렇게 불안한 상태에서도 그들은 대부분 경기를 잘 치르고 자신의 기량을 충분히 발휘했다. 불안을 어떻게 인식하고 불안이 내뿜는 에너지를 어떻게 활용하느냐에 따라 결과의 질은 크게 달라진다.

누구나 휴식과 호흡법, 준비운동, 준비법, 심적 시연과 긍정적 자기 대화 같은 신체적이고 정신적인 기술을 배움으로써 불안의 빈도와 강도를 최소화할 수 있다. **부정적이거나 두려운 생각이 머릿속에 떠오를 때마다 "내가 마음속에 그리고 있는 부정적인 그림은 사실인**

가?"라고 물어봐라. 이 질문에 대한 대답은 십중팔구 "아니다"일 것이다! 왜냐하면 그 일은 아직 일어나지 않았기 때문이다.

과거의 부정적인 사고방식을 중단시키고 제한적 사고를 자신에게 힘이 되는 이미지로 대체하다 보면, 자멸적인 성격을 형성하는 신경증적 네트워크 사이의 연결고리가 약해질 것이다. "위대한 성과는 우연히 얻어지지 않는다"라고 스스로에게 말하라. "최선을 다하고 준비를 철저히 했기 때문에 지금 이 자리에 있는 것이다"라고 스스로에게 말하라. 긍정적인 자아상과 좋은 결실을 맺을 자격이 있다는 믿음은 자신감을 높여준다. 실전에서 제대로 실력을 발휘해야 한다는 압박감으로 두려워하는 대신 중요한 날을 맘껏 즐겨라.

· 글로 적어라 ·

걱정과 스트레스를 글로 적는 것은 부정적인 사고와 압박감을 줄이는 데 크게 도움이 된다. 길게 적을 필요는 없다. 중요한 일을 앞두고 10분 정도 머릿속에 떠오르는 생각을 적거나 매주 15분 정도 일기를 쓰는 것으로도 충분하다. 글로 쓰인 단어는 강력한 힘을 지닌다. 로스앤젤레스 캘리포니아대학교의 심리학자 매튜 리버만Matthew Lieberman에 따르면, 감정을 글로 적으면 뇌가 정보를 처리하는 방법이 변한다.

시카고대학교에서 실시된 한 연구에서 학생들은 스트레스가 유발된 환경에서 어려운 수학 시험을 치르게 되었다. 연구진은 시험 성적이 우수한 학생에게 큰 상금을 지급한다는 조건을 걸었고, 학생들이 수학 시험을 치르는 모습은 비디오로 촬영되었다. 수학 선생이 영상을 보면서 문제를 잘 푸는지를 평가할 것이라는 말도 학생들에게 전달되었다.

이후 한 그룹의 학생들은 10분 동안 곧 치를 수학 시험과 관련해서 떠오르는 생각과 감정을 적었다. 나중에 누가 무슨 글을 적었는지 확인하지 않겠다고 했기에 학생들은 자유롭게 글을 작성했다. 반면 다른 그룹의 학생들에게는 생각이나 감정을 적을 기회를 주지 않았다. 그저 이들은 시험지가 배포되는 동안 10분 정도 의자에 가만히 앉아 있었다. 결과는 어떠했을까? 10분 동안 걱정을 글로 적은 학생들이 시험을 치르기 전에 아무것도 하지 않은 학생들보다 성적이 15퍼센트 더 좋았다.

· 충분한 수분 섭취는 기본이다 ·

물은 공기 다음으로 우리가 목숨을 유지하는 데 필수적인 자원이다. 모든 세포, 조직, 장기가 제대로 기능하기 위해서는 물이 필요하다. 인간은 음식을 섭취하지 않고 3주 이상 버틸 수 있다. 마하트마 간디Mahatma Gandhi는 음식을 전혀 입에 대지 않고 21일이나 버텼다. 하지만 물은 이야기가 다르다. 극단적인 조건에서 성인은 시간당 1~1.5리터의 땀을 흘린다. 체중의 7~10퍼센트 이상 빠지면, 우리 몸은 혈압과 혈류를 유지하는 데 애를 먹는다. 특히나 폭염 같은 힘든 조건에서 물 없이 견딜 수 있는 최대 기간은 일주일이라지만, 물 없이 3~4일 정도 보내면 목숨이 위태로워질 수 있다.

충분한 물을 마시는 것은 신진대사뿐만 아니라 생명을 유지하기 위해서도 매우 중요하다. 우리가 얼마나 많은 물을 섭취하는지 생각해보면, 대부분 물을 충분하게 섭취하고 있지 않다는 것을 알게 될 것이다. 음료와 음식을 통해 여자는 하루 2.7리터의 물을, 남자는 하루 3.7리터의 물을 마시도록 권장된다. 특별히 활동적이지 않고 적당한 기후대에 사는 건강한 사람은 하루에 이 정도의 수분을 섭취하면 충분하다. 다음과 같은 요인이 개입되면 수분 섭취량을 조정해야 한다.

- **운동** : 땀이 나는 활동을 하면 땀으로 손실된 수분을 보충하기 위해 수분을 좀 더 섭취할 필요가 있다. 운동하기 전, 운동하는 동안, 그리고 운동한 뒤에 물을 마시는 것은 매우 중요하다. 격렬한 운동을 한 시간 이상 한다면, 스포츠 드링크를 마셔서 땀으로 배출된 전해질 같은 미네랄을 혈액에 보충해야 한다.
- **환경** : 덥거나 습한 날씨 때문에 땀을 흘리면 수분을 추가적으로 섭취해야 한다. 고산지대에서는 탈수 증상이 일어날 수도 있다.
- **전반적인 건강 상태** : 열이 있거나 구토나 설사를 하면 체내에서 수분이 빠져나간다. 더 많은 물을 마시거나 의사의 지시에 따라 경구수액을 섭취해야 한다. 수분 섭취량을 늘려야 하는 기타 질환으로는 방광염과 요로결석이 있다.

대부분의 사람이 탈수 상태로 살아가고 있다. 미국 국민건강영양

조사에 따르면 미국인들은 물을 하루에 4컵도 안 마신다. 의학 전문 학술지 〈미국 임상 영양학 저널The American Journal of Clinical Nutrition〉에 따르면, 미국 어린이들 역시 물을 충분히 섭취하지 않는다. 자신이 물을 충분히 마시고 있는지 궁금하다면 메이오클리닉Mayo Clinic이 제시한 방법을 시도해보라. 수분을 충분히 섭취하면 갈증이 거의 느껴지지 않고, 무색이나 밝은 노란색 소변을 하루에 1.5리터(6.5컵)정도 배출한다. 여기에 해당한다면 수분을 충분히 섭취하고 있다고 봐도 된다. 그렇다고 매일 소변의 양을 확인할 필요는 없다. 갈증을 거의 느끼지 않고 소변 무색이거나 밝은 노란색이면, 수분을 충분히 섭취하고 있다고 보면 된다.

요점은 수분을 충분히 섭취하지 않으면, 기량을 최대한 발휘해야 하는 중요한 순간에 신체적으로나 정신적으로 제대로 기능할 수 없다는 것이다. 실전 당일에 기량을 발휘하는 데 필요한 수분을 섭취하거나, '그동안 마시지 못했던 물을 모두 마시기 위해' 한꺼번에 많은 물을 마시겠다고 생각하지는 마라. 단기간에 지나치게 많은 수분을 섭취하는 것은 위험하다. 혈액의 나트륨 농도가 너무 낮아질 수 있기 때문이다. '저나트륨혈증' 혹은 '수분중독'으로 불리는 이런 증상은 매우 심각한 상태로, 생명을 위태롭게 할 수 있다.

신체 활동을 시작하기 24시간 전부터 수분을 적절하게 섭취해야 한다. 우리가 하루에 섭취해야 할 수분의 80퍼센트는 음료를 통해 섭취된다. 메드라인플러스MedlinePlus는 일반적인 기온과 습도에서 보통 수준의 신체 활동을 한다고 가정했을 때 매일 250밀리리터 컵으로 물을 6~8잔 마시라고 권고한다. 미국 운동협회는 신체 활동을 시작하기 두세 시간 전에 500~600밀리리터의 물을 마시고, 신체 활동을 하는 동안에는 10~20분마다 200~300밀리리터의 물을 마실 것을 권장한다. 그리고 신체 활동을 한 이후에는 250밀리리터 수분을 섭취할 것을 권장한다.

수분을 적당히 섭취하지 않으면 탈수 증상이 나타날 위험이 있다. 〈영국 스포츠 의학 저널 British Journal of Sports Medicine〉에 따르면, 적당한 탈수 상태도 신체 능력을 상당히 저하시킨다. 목이 마르기 시작하면 몸이 약간 탈수 상태라는 의미다. 이것이 갈증을 느낄 때뿐만 아니라 규칙적으로 수분을 섭취해야 하는 이유다. 탈수 증상에는 구갈, 탁한 소변, 두통과 근경련이 있다. 약간의 탈수 상태는 물이나 스포츠 음료를 섭취하면 해결되지만, 심각한 탈수 상태는 전문 의료진의 치료를 받아야 한다. 증상이 나타나는 즉시 탈수 상태를 치료해야 하기 때문이다.

· 잠은 식사보다 중요하다 ·

피로는 우리 모두를 겁쟁이로 만든다.

패튼 장군

사람은 잠을 자지 않고 얼마나 버틸 수 있을까? 극단적으로 답하면 264시간(약 11일)이다. 1965년 고등학생 랜디 가드너 Randy Gardner는 과학 박람회 프로젝트로 얼마나 오래 잠을 자지 않고 깨어 있을 수 있는지 실험해서 세계 기록을 수립했다. 한 수면 연구에서 참가자들은 면밀하게 관리되는 실험 환경에서 8~10일 동안 잠을 자지 않고 깨어 있었다.

《피곤한 경찰관 Tired Cops》에서 브라이언 빌라 Bryan Vila 박사는 잠이 부족한 사람들은 혈중알코올농도가 0.1퍼센트인 사람들만큼, 또는 그들보다 반응 시간이 늦다는 것을 보여주는 연구 결과를 소개했다. 미국 50개 주는 혈중알코올농도 0.1퍼센트면 법적으로 음주 상태로 규정한다. **24시간 동안 잠을 자지 않은 사람은 법적으로 음주 상태인 사람과 신체적으로, 그리고 정신적으로 동일한 상태다. 아니, 잠이 부족한 상태는 아드레날린이 분비되는 압박감을 느끼는 상황에 처했을 때 훨씬 더 나쁜 결과를 초래한다.**

뇌를 손상시키는 가장 빠른 방법 중 하나는 밤에 7시간 이하로 자는 것이다. 뇌는 우리가 잠을 자는 동안에 청소를 한다. 뇌는 알츠하이머를 유발하는 것으로 여겨지는 베타 아밀로이드 플라크 등 낮 동안 체내에 쌓인 독소를 제거하도록 도와주는 특수 유체 계통을 갖고 있다. 건강한 수면을 취하지 않으면, 뇌의 체내 독소 제거 시스템이 작동하지 못해 시간이 흐르면서 체내에 많은 독소가 쌓이게 된다.

수면 부족은 음주운전 다음으로 심각한 교통사고의 원인이다. 미국 고속도로 교통안전국은 졸음운전으로 연간 10만 건 이상 추돌 사고가 일어난다고 밝혔다. 항공기 조종사, 트럭 운전사, 원자력발전소 운전 담당자, 항공 교통 관제사 등은 업무를 수행하기 위해 충분하게 잠을 잘 의무가 있다. 의료계 종사자 또한 충분한 수면을 취해 삶과 죽음에 영향을 미치는 업무를 잘 처리할 수 있도록 엄격히 규제해야 한다.

클레토 디지오바니 Cleto DiGiovanni 박사는 잠을 적게 자고도 잘 버틸 수 있도록 신체와 정신을 단련하는 것은 불가능하다고 경고했다. 부족한 수면을 보충하려면 잠을 좀 더 자면 될 것 같지만, 하버드 의과대학이 연구한 바에 따르면 이는 전혀 쓸모없는 짓이다. 디지오 바니 박사는 연구 결과를 통해 만성적인 수면 부족이 업무 성과에 미치는 영향을 강조하면서, 성과를 향상시키기 위해 잠을 보충하는 것은 거의 불가능하다고 결론 내렸다. 연구 결과에 따르면, 2주 이상 밤에 겨우 6시간만 자고 부족한 잠을 보충하기 위해서 이후 10시간 더 자더라도 반응 시간과 집중력은 밤을 꼬박 새운 경우보다 더 좋 지 않게 나타났다. 또 다른 연구 결과에 따르면, 8시간 동안 잠을 잔 실험 참가자들은 겨우 6시간만 잔 사람들보다 우수한 성과를 기록 했다. 6시간 미만 잠을 잔 사람들에게선 성과 개선이 전혀 확인되지 않았다.

이와 관련하여 미국 항공우주국과 미국 연방항공청에서 진행된 연구 결과는 상당히 흥미롭다. 이들 두 기관은 잠깐 눈을 붙이는 것 이 밤 동안 장거리 비행을 하는 조종사에게 미치는 영향을 연구했 다. 조종사들은 무작위로 두 그룹으로 나뉘었다. 한 그룹은 부조종사 가 항공기를 운행하는 동안 비행 중에 40분 정도 잠을 자도록 지시 를 받았고, 대조군은 비행 중에 잠을 전혀 자지 않았다. 잠을 전혀 자지 않은 조종사들은 비행 마지막과 다음 비행에서 업무 수행 능력 이 현저히 하락했다. 반면 짧게나마 잠을 잔 조종사들은 평균 26분 동안 잠을 잤고, 낮과 밤 비행, 그리고 다음 비행에서 일관된 업무 능력을 보였다. 잠깐 잠을 자고 업무 수행 능력을 확인한 실험에 이 어 진행된 경계 실험에서 잠깐 눈을 붙인 조종사들의 중간 반응 시 간은 16퍼센트 개선된 반면, 잠을 전혀 자지 않은 조종사들의 반응 시간은 34퍼센트 악화됐다. 도착지에 도달하기 30분 전은 비행에서 중요한 시간이다. 이 시간에 잠을 전혀 자지 않은 조종사들은 3~10초 동안 잠을 자는 마이크로 수면을 22회 경험했다. 잠깐이라도 눈을 붙인 조종사들에게서는 마이크로 수면이 나타나지 않았다.

몸이 잠을 갈망하는 오후 1시와 4시 사이에 자는 시에스타는 가장 효과적인 낮잠이다. 특히 고된 업무나 연습으로 몸이 피곤한 날에는 20~30분 동안 눈을 붙여라. 낮잠을 길게 자는 것은 좋지 않다. 30분 이상 잠을 자면, 깊은 수면 단계로 들어가게 된다. 긴 낮잠을 자고 나면 기억력과 의사결정력이 개선되고 창의력이 강화될지는 모르지만, 몸이 나른하고 축 처질 가능성이 크다.

수면 습관을 개선하라

1. **선선한 환경을 마련하라.** 휴식을 취할 때는 잠을 자는 데 도움이 되기 위해서 심부 온도가 자동적으로 떨어진다. 잠을 자는 곳의 온도가 너무 높으면, 신체가 이상적인 상태에 들어가는 데 어려움을 겪는다. 연구 결과에 따르면 이상적인 침실 온도는 20도 정도다.
2. **빛을 차단하라.** 한 줌의 빛도 들어오지 않는 환경이 잠을 자는 데 최적의 환경이다. 빛 가리개에 투자해라.
3. **조용하고 일관된 환경을 조성하라.** 침실은 잠을 방해하는 소음으로부터 자유로워야 한다. 환경적 소음과 새로운 소리는 수면을 방해한다. 소리의 역효과에 대한 연구 결과는 많다. 연구 결과에 따르면, 일관된 '소리'는 수면에 긍정적인 효과를 준

다. 예를 들어, 백색 소음은 간헐적인 소음의 영향을 조절하고 좀 더 편안한 수면을 취하는 데 도움이 되는 일관된 배경 소리를 제공한다.

4. **전자기기 사용을 자제하라.** 전자기기 스크린에서 나오는 인공적인 '블루 라이트'는 체내에 코르티솔 같은 낮 호르몬을 분비시키고 몸이 자연스럽게 잠들지 못하게 만든다. 깊은 수면에 들고 싶다면, 잠자기 한 시간 전에는 모든 전자기기를 끄는 것을 규칙으로 삼아라.

5. **카페인을 피하라.** 카페인의 반감기는 3~5시간이다. 반감기는 약물의 효과를 절반으로 줄이는 데 걸리는 시간을 뜻한다. 카페인은 이처럼 오랫동안 체내에 머무른다. 카페인은 전체 수면 시간을 줄이거나 체내 시계를 늦추는 효과가 있다. 잠자기 여섯 시간 전에 카페인을 섭취하면 전체 수면 시간이 한 시간 줄어든다. 그러므로 잠자기 대여섯 시간 전에는 카페인을 섭취해서는 안 된다.

6. **일찍 일어나라.** 일찍 일어나면 우리 몸의 내분비계가 지구의 주행성 패턴에 연동되기 시작한다. 해가 뜰 때 일어나서 낮 동안 충분한 햇살을 받아라. 잠잘 때가 가까워진 저녁 시간에는 밝은 빛을 피하라.

7. **모든 전자기기와 잠시 멀어져라.** 일주일에 하룻밤은 업무, 이메일, 블루 스크린, TV 등으로부터 완전히 멀어져라. 오롯이 혼자가 되어서 따뜻한 차를 마시며 자기 자신과 생각에 집중하라.

·제자리에, 준비, 출발!·

이쯤 되면 분명히 알아야 한다. '중요한 날'이 됐을 때 스스로 신체적으로, 정신적으로 준비되지 않으면 그 효과가 아주 적을 수밖에 없다. 정신 상태를 최적의 상태로 만드는 것부터 높은 각성이 정신과 신체에 미치는 영향을 최소화하는 것까지, 가능한 한 최고의 실력을 발휘할 수 있도록 준비되어야 한다. 모든 것이 올바르게 진행되고 한데 합쳐지면, 경기장이나 무대에 발을 들여놓기 전부터 성공할 것임을 알게 된다. 다음 장에서는 긴장을 풀고 훈련에 몸을 맡기는 방법을 살펴볼 것이다. 조언에 따른다면 '내면의 챔피언'이 밝게 빛나게 될 것이다.

CHAPTER **10.**

결전의 날

연습하고, 연습하고, 연습하라. 그러고 나서 무대에 오르면 모든 것을 잊고 그저 기다려라.

찰리 파커 Charlie Parker

바로 이것이다! 지금까지 해온 준비, 노력과 훈련은 모두 이 순간을 위한 것이었다. 이제 실전이다! 7~9장에서는 완벽하게 연습하고 실전에 정신적으로 대비하는 방법을 살펴봤다. 올바르게 연습했다면 특정 기술을 개발하고, 근육 기억을 쌓고, 승리하는 자아상을 형성하는 데 도움이 될 것이다. 이제 결전의 날이 밝았다. 당신은 이제 곧 스포츠 대회에서 실력을 겨루거나, 중요한 연설을 하거나, 특수기동대 대원으로 인질 사태에 대응해야 한다. 가장 친한 친구의 결혼식에서 축사를 해야 할지도 모른다. 그것이 무엇이든지 연습하는 동안에는 별 어려움 없이 해냈던 간단한 일이 중요한 순간에 갑자기 감당하기 어려운 도전으로 다가오기도 한다. 왜 이런 일이 일어나는 것일까?

한마디로 말하면, '압박감' 때문이다. 압박감이 커지면, 단 몇 초

만에 최고의 기량을 발휘하던 일에서 최악의 기량을 보여 최악의 결과를 얻게 될 수도 있다. 시험을 치르든, 고객과 상담을 하든, 중요한 면접을 보든 압박감 때문에 자신감을 잃고 그 자리에 얼어붙어서 제대로 기량을 발휘하지 못할 수도 있다. 우리가 고민해야 할 질문은 왜 잠재력을 발휘하지 못하느냐다. 다시 말하면, 연습할 때는 제대로 했는데 실전에서는 왜 무너지는 것일까? 어떻게 하면 실전에서 압박감을 느끼면서도 제대로 실력을 발휘할 수 있을까?

《승리를 향해 달려라 Winning Running》에서 피터 코 Peter Coe 는 "심장은 쿵쾅댈지 모르지만, 뇌는 요동쳐선 안 된다"라고 했다. 모든 위대한 성취는 압박감과 함께한다는 생각을 오롯이 받아들여야 한다. 사실 대단한 성과를 내거나 어마어마한 적에게 맞서기 위해 압박감을 느끼는 상황에 놓이는 것은 영광스러운 일이다. **압박감은 승자의 특징이자 기회로 가는 관문이다. 압박감 때문에 우리는 자신이 지닌 최고의 실력을 발휘하기 위해 내면 깊이 파고들게 된다.** 시시껄렁한 상대와 겨루거나 압박감이 전혀 느껴지지 않는 상황에서 자신의 실력을 최고로 발휘하는 경우는 거의 없다. 결국에 가장 중요한 것은 경쟁의 수준과 과업을 수행하는 데 요구되는 요건이 당신을 최고의 경쟁 상대가 되도록 만든다는 것이다.

압박감은 시간도 압축시킨다. 운동 경기에서 기량을 겨루든, 무대에서 공연을 하든 어느 상황에서나 압박감을 느끼면서 과업을 수행할 때 생각할 시간은 거의 없다. 우승하기 위해서 공을 정확한 곳에 넣어야 하는 등 압박감이 심한 상황에서는 본능적으로 결정을 내려야 한다. 이렇게 하려면 잠재의식의 안내에 따라 중요한 순간에 압박감을 극복하고 당면 과제를 수행하는 법을 배워야 한다.

삼단뛰기 세계 챔피언 조녀선 에드워즈Jonathan Edwards에게 경기장에 모인 엄청난 규모의 관중과 집에서 TV로 자신의 경기를 지켜보는 10억 명의 사람들 앞에서 세계 신기록을 2개나 세우는 과정에서 무슨 생각을 했는지 물었다. 이에 그는 "그때 나는 모래밭으로 뛰어야 한다는 생각뿐이었다"고 답했다.

우리도 그래야 한다. 경쟁자나 관중 또는 다른 그 무엇에 집중해서는 안 된다. 정신적으로나 신체적으로나 충분히 준비됐다면 이제 그동안 준비한 노고를 보상받을 때다.

· 중립지대로 들어가라 ·

유능한 운동선수들은 경기를 치르기 전에 의식적으로나 무의식적으로 기억상실과 유사한 정신 상태를 스스로 유도한다. 그들은 더 이상 주변에서 일어나고 있는 일을 알지 못하고, 배웠던 것을 인지하지 못한다. 그들은 그동안 훈련한 것을 믿고 무의식적으로 움직인다. 소위 '중립지대'로 들어서는 것이다.

미식축구에서 중립지대는 경기장의 특정 장소에 놓여 있는 미식축구공이다. 지름 28센티미터인 미식축구공 자체가 중립지대인 셈이다. 미식축구 선수들은 공을 낚아채기 전에는 이 중립지대에 들어서는 것이 허용되지 않는다. 태풍의 눈처럼 주변에서 무슨 일이 벌어지든 중립지대는 고요하고 그 무엇의 방해도 받지 않는다. 이는 실전에서 정신적으로 들어가야 하는 자신만의 '중립지대'에 대한 효과적인 비유라고 할 수 있다.

과업을 수행하기 전에 지나치게 생각하고 분석하고 말로 표현하면, '분석에 의한 마비'로 알려진 상태가 되어 고통스럽다. 과도한 생각은 실행력과 수행력을 저해한다. 압박감이 극심한 상황에서 결정과 반응은 자동적이고 자연스럽고 자발적으로 이뤄져야 한다. 그렇지만 신체적으로 조건을 갖추고 정신적으로 훈련되지 않으면 어려운 과제를 수행하는 것이 불가능한 것도 사실이다. 고도로 훈련될수록 압박감이 있는 상황에서 의식적으로 무엇을 해야 하는지 생각하거나 과제를 수행하는 데 따른 세세한 부분을 심사숙고할 필요가 적어진다.

　　잘 훈련된 경쟁자에게는 태도와 습관이 매우 중요하다. 유능한 운동선수들이 실전에서 몸과 마음을 의식적으로 통제할 수 있어서 성공하는 것은 아니다. 오히려 그 반대다. 훈련하는 동안에는 절제하고 지식을 추구하면서 몸과 마음을 의식적으로 통제할지도 모르지만, 실전에서는 일종의 포기감을 느낀다. 유능한 운동선수들은 단련된 몸과 마음을 바탕으로 잠재의식이 최고의 실력을 발휘할지 말지 결정하는 복잡한 메커니즘을 신뢰한다. 이렇게 잠재의식을 신뢰하면서 그들은 의식적이거나 고의적인 통제권을 포기한다. 우리도 이렇게 해야 한다. 실전에 나서면 어떻게 움직여야 할지 고민하고 생각해선 안 된다.

　　숙련된 과제를 수행할 때 전문가들은 구체적인 몸의 움직임보다 리듬과 습관에 더 집중한다. 이에 비해 비전문가들은 수행해야 하는 과제의 구체적인 부분과 세세한 부분에 집중하는 경향을 보인다. 예를 들어보자. 최고의 양궁 선수들은 과녁의 중앙에 집중하지만 초보 양궁 선수들은 활과 활줄에 놓인 손의 위치 같은 것에 집중한다.

골프나 테니스 같은 운동을 하거나, 사격 대회에 나가거나, 악기를 연주하는 등 신체 활동에 임하면서 느낌과 리듬에 집중하지 않고 손과 발의 위치에 신경 쓰거나 구체적인 동작에 집중하면 공을 맞히거나, 과녁을 적중시키거나, 정확한 음을 연주하는 등 궁극적인 목표를 달성하기 어렵다.

무엇을 하든 상관없다. 트랙, 코트, 무대에 들어서면 지적 요소는 제쳐둬야 한다. 그 대신 자신은 최고의 기량을 발휘할 준비가 되어 있다고 믿어야 한다. 그동안 해온 훈련을 믿고, 모든 움직임을 통제할 주도권을 '우뇌'에 넘겨야 한다. 몸과 마음이 한데 합쳐져서 방해해선 안 된다. 실전에선 잠재의식이 주도적인 역할을 하고, 심적 시연을 통해 형성된 이미지가 자동적으로 움직이도록 해야 한다.

· 내면에 집중하라 ·

《승리하는 마음》에서 투창 챔피언 스티브 백클리 Steve Backley 는 1992년 바르셀로나 올림픽에 처음 출전했을 때 몰려왔던 감정을 다음과 같이 설명했다.

나는 두려움에 휩싸여 있었다. 경기장에 도착했을 때, 내 감정은 예상보다 2배 강도로 밀려왔다. 나는 생각을 통제할 수 없었다. 나는 경기에 집중하지 못하고 몰려든 관중과 스피커에서 흘러나오는 아나운서의 목소리 등 주변에 거의 모든 것에 신경이 쓰였다. 갑자기 혼란스러웠다. 경기 절차마저 헷갈릴 지경이었다. 조심스럽게 계획했던 정신 준비법도 기억나지 않았다. 그 순간, 나는 집중하려고 노력했다. 특히 최근에 진행한 훈련 들을 떠올리면서 주변의 모든 것을 차단하기 시작했다. 다시 말해, 나는 자신감을 되살리기 위해 과거에 집중했다. 그렇게 한 지 5분쯤 됐을 때 내 마음 상태는 훨씬 좋아졌고 안정됐다.

이것이 우리의 목표다. 우리는 내면에 귀를 기울이는 법을 배워 야 한다. 주변에 벌이 윙윙대며 날아다니는 것처럼 소음 때문에 집 중할 수 없다면, 생각보다 많은 관중이 모여 시선이 흐트러진다면, 실력이 월등히 좋은 경쟁자가 출전해서 떨리는 마음을 가눌 수 없다 면, 자신의 내면에 집중해야 한다. 연습할 때 예상하고 준비했던 것 과 상황이 완전히 달라졌을 때도 마찬가지다. 이런 방해 요인들을 그대로 내버려두면 실전에 집중하기 어려워진다. **경쟁하거나 과업을 수행할 때, 환경은 항상 예기치 못한 상황을 만들어낸다. 언제든 집 중을 방해하는 소리가 들리거나 냄새가 날 수 있고, 미처 대비하지 못했던 일이 생길 수도 있다. 왜냐하면 모든 일에 대비하는 것은 불 가능하기 때문이다.**

내면으로 관심을 돌리고 집중을 방해하는 외부 요인을 차단하 는 습관을 만들어둬야 한다. 위대한 일을 해낸 사람들은 모두 자신 의 내면으로 관심을 돌리는 방법을 알고 있었다. 다음의 6단계는 실 전에서 최상의 상태에서 준비하고 집중하며 내면으로 관심을 돌리 는 데 도움이 될 것이다.

·최적의 감정 기능 구역을 찾아라·

중요한 날, 감정적으로 어느 지점에 있어야 하는지 알아야 한다. 스포츠와 삶에서 감정은 쇼를 진행하는 사회자나 마찬가지다. 어떻게 느끼느냐는 어떻게 수행하느냐에 영향을 준다. 자신감을 느끼는 것이 확신이 없는 것보다 실전에 훨씬 더 좋은 이유다. 그런데 실전에 해가 되는 긍정적인 감정과 실전에 도움이 되는 부정적인 감정이 있다는 것을 알고 있는가? 아이스하키를 예로 들어 설명하겠지만, 이 감정적 분석은 모든 스포츠와 다양한 상황에 적용할 수 있다.

아이스하키의 최적 감정 기능 구역(Optimal Emotional Functioning Zone, OEFZ)

기능성		역기능 N−	기능 N+	고기능 P+	역기능 P−	
	높다			의욕적이다 격양되다 활기차다 자신만만하다 적극적이다 기민하다		구역 1
	중간		긴장하다 불안하다 화가 난다 치열하다 불만족스럽다 공격적이다			구역 2
	낮음	피곤하다 나른하다 우울하다 의욕이 없다 불확실하다 슬프다 게으르다			조용하다 유쾌하다 느긋하다 생기가 넘친다 겁이 없다 평화롭다 매우 기쁘다 만족스럽다	구역 3

그림 10-1 아이스하키의 최적 감정 기능 구역은 감정이 경기에 도움이 되거나 방해가 된다는 것을 보여준다.

〈그림 10-1〉에서 왼쪽 저기능 구역 3의 '역기능 N-'에 포함된 감정은 확실히 부정적인 감정으로, 실전에서 활동하는 데 어려움을 초래한다. 그래서 알파벳 N 뒤에 마이너스 표시가 붙은 것이다. 피곤하고, 나른하고, 우울하고, 게으르고, 불확실한 느낌은 경쟁 우위를 강화하거나 최고의 기량을 발휘하는 데 아무런 도움이 되지 않는다. 솔직히 말해서 발레부터 복싱까지 나른함이 도움이 되는 스포츠는 단 하나도 본 적 없다!

이제 더 흥미로워진다. 오른쪽의 저기능 구역 3은 '역기능 P-'다. 이 구역에 포함된 감정은 유쾌함, 느긋함, 평화로움, 만족스러움, 매우 기쁨 등 긍정적인 감정이다. 모두 좋은 감정이지만, 아이스하키 경기를 할 때는 도움이 되지 않는다. 긍정적인 감정이기에 알파벳 P가 사용되긴 했지만, 실전에서 기량을 저해하거나 집중을 방해하기 때문에 마이너스 표시가 붙은 것이다. 이렇게 생각해보자. 유쾌한 성격이면 사회 행사에선 유명해질 수 있을지도 모르지만 경쟁에선 경쟁 우위가 필요한 법이다. '겁이 없다'는 것도 비슷하다. 위험한 임무를 수행하는 네이비실부터 익스트림스포츠 선수까지 위험이 큰 상황에서 두려움을 느끼지 않는 것은 좋지 않다. 전혀 겁을 먹지 않으면 불필요하고 어리석은 위험을 감수할 수 있기 때문이다.

우리의 목표는 기량을 높이는 감정을 활용하고 기량을 떨어뜨리는 감정을 최소화해서 최적의 감정 기능 구역에 들어가는 것임을 기억하라. 스포츠나 활동의 종류에 따라 다르지만, 아이스하키처럼 격렬한 스포츠에서 일부 부정적인 감정이 실전에 도움이 된다는 것은 흥미로운 사실이다.

중기능 구역 2와 '기능 N+'에 포함된 감정은 긴장, 분노, 불만족,

불안 등 부정적인 감정이다. 이런 감정들은 경쟁 우위가 중요한 상황에서 실전에 임할 때 기량을 높이는 데 긍정적인 영향을 준다. 즉, 경쟁에서 승리하도록 의욕을 불어넣어준다. 스탠리컵 챔피언십에 출전한다면, 평화롭고 매우 즐겁다고 느끼는 것(P-)보다 열정적이고 공격적이라고 느끼는 것(N+)이 훨씬 더 바람직하다.

정점에 구역 1과 '고기능 P+'가 있다. 여기에 속하는 것은 긍정적인 감정으로, 실전에서 기량을 향상시키는 데 도움이 된다. 의욕적임, 격양됨, 활기참, 자신만만함, 적극적임, 기민함 등의 감정이 여기에 포함된다. 이런 감정은 실전에서 기량을 최대한 강화시키는 요인으로, 승자의 자세로 실전에 임하도록 도와준다.

배우처럼 캐릭터를 입어라

최적의 감정 구역에 들어가는 것은 그저 일어나는 일이 아니다. 달리기 전에 스트레칭을 하고 준비운동을 하는 등 실전을 앞두고 항상 되풀이하는 습관을 갖는 것처럼, 실전에 몰입해 최상의 기량을 발휘하기 위해서는 정신적으로나 감정적으로나 올바른 마음 상태를 가져야 한다. **감정 상태를 바꾸는 데는 심리 의식이 필요하다. 명심하라. 심리 의식은 실전에서 기량을 제대로 발휘하기에 적절한 상태를 갖추기 위해 하는 일이다. 사고와 생리는 이런 감정 구역을 형성하는 데 도움이 될 것이다.**

대부분의 사람들은 경쟁이 한창일 때 자신에게 정신적 또는 신체적으로 무슨 일이 일어나고 있는지 전혀 감을 잡지 못한다. 압박감을 느끼면 사람들은 너무 긴장해서 감정에 휘둘리고, 불안해서 잠시도 가만히 있지 못하고, 마음과 몸의 연결고리를 놓쳐서 의욕을 꺾는 생각을 하기 시작한다. 하지만 그런 상황에서도 최적의 감정과 태도를 형성하는 쪽으로 관심을 돌릴 수 있다!

최적의 감정 기능 구역을 찾는 것을 배우처럼 '캐릭터에 몰입하는 것'이라고 생각해보자. 배우는 자신이 맡은 역할에 따라 자신을 버리고 새로운 캐릭터를 입는다. 캐릭터에 몰입하는 것은 신체적이고 정신적인 습관이다. 여기서 핵심은 의식과 집중이다. 우리는 자기 자신이 지금 무엇을 느끼는지, 최적의 상태에서 무엇을 느끼고 싶은지 안다. 몸과 마음을 이용하면 실력을 발휘하는 틀을 만들 수 있다. 〈그림 10-2〉는 이를 이해하는 데 도움이 될 것이다.

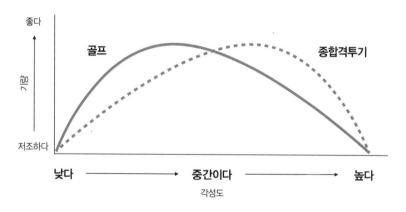

골프 선수와 종합격투기 선수의 최적의 각성도

그림 10-2 골프 선수와 종합격투기 선수를 비교해서 각성도가 각 스포츠에서 선수가 실전에서 기량을 발휘하는 데 미치는 영향을 살펴봤다. 종합격투기 선수에게 최적의 각성 상태는 섬세하게 공을 쳐야 하는 골프 선수에게 그다지 도움이 되지 않는다는 것을 확인할 수 있다.

팔각형 경기장에 들어서는 종합격투기 선수의 감정 상태와 신체 상태는 PGA 투어에 나선 골프 선수나 〈호두까기 인형〉을 공연하는 발레리나와 완전히 다르다. 하키나 신체 접촉이 많은 다른 스포츠에서 도움이 되는 분노(N+)는 볼쇼이에서 피루엣(발레에서 한 발을 축으로 팽이처럼 도는 춤 동작—역주)을 하거나 마스터스 대회에서 30피트(약 9미터) 거리로 골프공을 칠 때는 도움이 안 되는 굉장히 부정적인 감정이다. 최고의 기량을 발휘하도록 돕는 감정은 스포츠에 따라서, 그리고 사람에 따라서 다르다. 결론적으로 주어진 상황에 맞게 경쟁 우위를 제공하고 최고의 상태에서 실전에 임할 준비를 돕는 적절한 태도를 갖추는 것이 중요하다.

· 박스 호흡으로 각성을 관리하라 ·

대회나 공연을 준비하는 몇 주 동안 아마도 신나고 자신만만했을 것이다. 하지만 대회나 공연이 점점 가까워지면서, 특히 결전의 날 바로 전날이 되면 부정적인 생각이 스멀스멀 떠오르기 시작할 것이다. '이번에는 망쳐선 안 돼'라는 부정적인 생각이나 '충분히 준비됐나?' 같은 의심이 마음을 지배한다. 불안과 걱정에 사로잡히는 이때가 정확하게 몸과 마음을 통제해야 하는 순간이다. 몸과 마음을 통제하는 것은 호흡을 통제하는 데서 시작된다.

호흡은 어렵고 불쾌하고 부정적인 생각과 감정을 관리하고 극복하는 데 특히나 유용하다. 호흡에 집중함으로써 2가지 중요한 일을 해낼 수 있다. 우선 심박수를 낮추고 각성 수준을 관리할 수 있다. 그리고 중립지대에 집중해서 부정적인 생각과 집중을 방해하는 외부 요인에 신경 쓰지 않을 수 있다. 이것은 마음이 한 번에 오직 1가지에만 집중하기 때문에 가능하다.

　스트레스를 받으면 사람들은 호흡을 참거나 자연스러운 공기의 흐름을 방해하는 모습을 보인다. 이것은 문제가 된다. 무언가를 수행하는 동안에 근육이 긴장하고 땀이 많이 나고 혈압이 올라가는 등 자율적인 생리적 변화가 나타나기 때문이다. 적절히 호흡하지 않으면 신체적 변화와 스트레스가 결합되어 신체적 기능에 방해가 되고 기량을 발휘하는 데 어려움이 생긴다. 박스 호흡이 이 모든 것을 변화시키는 데 도움이 된다.

　박스 호흡은 다음과 같이 진행된다. 숫자 4까지 셀 동안에 코로 숨을 들이마시고, 숫자 4까지 셀 동안에 들이마신 숨을 참고, 숫자 4까지 셀 동안에 숨을 내쉬고, 숫자 4까지 셀 동안에 숨을 참는다. 최소한 4분 동안 심박수가 낮아지고 마음이 진정될 때까지 박스 호흡을 하라. 네이비실은 극심한 압박감을 받으면서 훈련하거나 전투를 할 때 박스 호흡법을 활용한다. 각 단계마다 속으로 숫자를 세는 것이 중요하다. 숨을 코로 들이마시면서 1, 2, 3, 4를 센다. 그리고 숨을 참으면서 1, 2, 3, 4를 센다. 또 숨을 내쉬면서 1, 2, 3, 4를 센다. 그리고 숨을 참으면서 1, 2, 3, 4를 센다. 숫자를 세는 데 집중함으로써 혼란스러운 의식을 포함해 모든 것을 자신의 내면에서 외부로 내보낼 수 있다. 제대로 호흡하는 법을 배우면 실전을 앞뒀을 때, 실전에 임하는 동안, 혹은 하루 중 스트레스를 받을 때면 언제든지 호흡법을 사용해서 압박감을 줄일 수 있다. 호흡과 숫자 세기에 집중하면 집중을 방해하는 외부 요인은 사라지고, 심박수는 떨어지고, 온화하고 준비됐다는 느낌이 들 것이다. 호흡법을 배울 수 있는 좋은 책으로 스와미 사라다난다 Swami Saradananda 의 《호흡의 힘 The

《 Power of Breath 》이 있다.

· 몸이 마음을 변화시킬 수 있을까? ·

마음은 몸에 영향을 주고, 심지어 변화시킬 수도 있다. 그렇다면 반대로 몸이 마음을 변화시킬 수 있을까? 물론, 몸은 마음을 바꿀 수 있다. 신체언어는 우리가 세상과 소통하는 방식의 중요한 부분이다. 보다 중요한 것은 신체언어가 자기 자신에 대해 갖는 생각과 감정에 영향을 줄 수 있다는 것이다. 연구 결과에 따르면 신체언어는 우리의 생각과 감정에 영향을 준다. 예를 들어, 행복하면 미소가 지어지듯 미소를 지으면 행복하다고 느낀다는 연구 결과가 있다. 이를 '안면 피드백 효과'라고 부른다. 그렇다. 몸을 이용해서 마음가짐을 바꿀 수 있다. 슬픈 척하면 진짜 슬퍼지는 것처럼 강한 척하면 진짜 자신이 강하다고 느끼게 된다.

행동은 현재 갖고 있는 마음 상태의 결과다. 강하고 힘이 세다고 느끼면 약하고 피곤하고 두렵다고 느낄 때는 시도할 생각조차도 하지 않았던 것을 시도하게 된다. **생리 작용은 즉시 마음 상태를 바꾸는 데 이용할 수 있는 가장 강력한 도구 중 하나다. 강력한 생리 작용이 없으면 힘이 세질 수 없다.** 생리 작용이 바뀌면 느끼는 방식이 즉시 변한다. 다시 말해서 호흡, 자세, 표정, 음조가 바뀌면 그 즉시 내적 표현과 생각하고 느끼는 방식이 변한다.

그 효과는 생각보다 훨씬 더 강력하다. 최근의 연구 결과에 따르면 특정한 몸 자세는 심지어 호르몬 수치마저 바꿀 수 있다. 어느 연구 결과에서는 2분 동안 자신만만하거나 당당한 자세를 취하면 강한 사람들에게서 측정된 호르몬 수치와 비슷하게 테스토스테론 수치가 19퍼센트 올라가고 코르티솔 수치는 25퍼센트 떨어진다는 것이 확인됐다. 힘 있는 자세를 취하는 것은 취업 면접, 스트레스 받는 사회적 만남, 대중 연설, 스포츠 활동 등 이해관계로 인해 압박감이 심한 환경에서도 효과적이다. 《프레즌스 Presence》의 저자 에이미 커디 Amy Cuddy는 2분 동안 강한 자세를 취하면 압박감이 존재하는 힘든 상황에서도 자신감과 열정을 높일 수 있다고 말했다.

한번 시험 삼아 해보라. 바닥에 주저앉아 어깨를 잔뜩 움츠리고 고개를 떨어뜨린 채 심각한 표정으로 정말로 끔찍한 일을 상상하라. 이렇게 하면 금세 부정적인 생각에 빠지게 될 것이다. 이제 일어서라. 턱을 들고 가슴과 어깨를 펴고 활짝 미소를 지으면서 이전과 같이 정말로 끔찍한 생각을 해봐라. 놀랍게도 이전만큼 부정적인 생각이 떠오르지 않을 것이다! **물리적인 몸자세는 마음의 평정만큼이나 중요하다. 몸과 마음은 서로 영향을 미친다.**

신체언어나 의식적 집중에서 작은 변화가 생겨도 상황은 변한다. 새뮤얼 마코라 Samuele Marcora 박사가 진행한 연구에서 심경 변화를 일으키는 소소하고 미묘한 요소가 경기력에 영향을 미칠 수 있다는 것이 확인됐다. 마코라 박사는 잘 훈련된 사이클 선수들이 페달을 전속력으로 밟는 순간, 행복하거나 슬픈 얼굴을 보여줬다. 얼굴이 순식간에 지나가서 잠재의식으로만 인식할 수 있었음에도 행복한 얼굴을 봤던 선수들이 슬픈 얼굴을 봤던 선수들보다 훨씬 더 좋은 결과를 기록했다.

그렇다면 자신이 최적의 몸자세를 취하고 있다는 것을 어떻게 알 수 있을까? 자신감 있고 편안하고 뭐든지 할 수 있다고 느낄 때 자신이 무엇을 하는지 생각해봐라. 자신만만한 걸음걸이로 가슴과 어깨를 활짝 펴고 턱을 들고 있을 것이다. 미소를 지으면서 '나는 대단한 놈이다'라는 태도를 보일 것이다. 최고의 실력을 발휘하는 자신을 떠올리면서 실전에 임하기 전에 최소한 2분 동안 이 자세를 유지하라. 한번 해봐라! 자신감이 느껴질 것이다. 그 결과, 실전에서 실력을 더 잘 발휘하게 될 것이다.

신체를 찬찬히 살피고 관리하라

'압박감 일지'에 몸자세를 기록하라. 시합을 치르거나 실전에 나서기 전 자신이 어떤 몸자세를 취하고 있는지 기록하라. 자신이 어떤 자세를 취하고 있는지 인지하는 사람은 거의 없다. 그리고 그것을 아는 것이 왜 중요한지 이해하는 사람은 더욱 없다. 대부분은 자기 자신을 연구하려고 들지 않지만, 승자들은 구석구석 살핀다.

강하고 자신감 있는 자세를 취하고 있는가, 아니면 구부정하게 어깨를 움츠리고 고개를 숙이거나 신경질적이고 눈에 띄게 불안해 보이는가? 최고의 기량을 발휘하길 원한다면 자기 자신에 대한 진실을 알고 있어야 한다. 적절하게 감정을 통제하고, 강한 몸자세를 취하고, 호흡을 관리하면 인식이 강화되고 몸과 마음의 연결성이 최적화되어 실적이 향상될 것이다.

· 자기와의 대화를 통제하라 ·

스스로 지침을 주거나, 긍정 강화를 유도하는 말을 하거나, 무언가를 어떻게 느끼거나 인식하고 있는지 해석하는 등 자기 자신과 대화를 나누는 경우가 있다. 자기 대화는 밖으로 소리를 내거나 머릿속으로만 할 수 있다. "오늘은 나의 날이다", "나는 준비가 됐으니 여기 있을 자격이 있다", "지금은 내 시간이다" 같은 자기 대화는 일종의 자산으로, 집중력을 유지하면서 각성과 불안을 조절하는 데 도움이 된다. 이것은 부채일 수도 있다. "망쳐서는 안 돼", "놓쳐서는 안 돼" 같은 부정적인 자기 대화가 자주 일어나면 훈련과 연습을 통해 개발한 기량을 직관적으로 발휘하는 데 방해를 받을 수 있다.

주니어 테니스 선수들을 대상으로 진행된 연구 결과에 따르면, 부정적인 자기 대화는 패배와 연관돼 있다. 부정적인 자기 대화와 관련하여 저명한 인지행동심리학자인 앨버트 엘리스Albert Ellis 는 운동선수들이 '패배자'나 긴장하면 늘 일을 그르치는 '초크 아티스트'라고 스스로 생각하면 특히나 파괴적일 수 있다고 지적했다. 부정적으로 자신을 인식하면, 운동선수들은 자주 이러한 기대감을 확인하는 방식으로 행동한다.

연구 결과가 이것을 입증해준다. 긍정적인 의도를 가지고 있음에도 부정적인 표현을 사용하면 그 효과는 부정적이다. 골프 퍼팅을 하고 있는 사람들이 *상상하지 말라*는 소리를 들었다. 그들이 들은 조언에는 목표 지점에 못 미치게 골프공을 치거나 목표 지점에 골프공을 넣지 못하는 상상을 하지 말라는 것도 포함됐다. 그들의 경기 실적은 저조하게 나타났다. 왜일까? 해서는 안 될 행동에 대해 알려주는 게 목적이었지만, 조언은 목표 지점에 들어가지 않은 골프공처럼 부정적인 것에 집중됐다.

이런 이유로 코치들은 부정적인 코칭을 하거나 야구에서 "뜬공을 치지 마라" 또는 테니스에서 "왼쪽 아웃 오브 바운드에서 떨어져라" 같은 부정적인 표현으로 피드백을 주는 것을 자제한다. 의도는 좋지만 부정적인 조언이 운동선수의 뇌리에 깊이 박히게 만들기 때문이다.

올림픽 선수들은 긍정적인 자기 대화가 긍정적인 기대를 만들어내고 집중력을 발휘하는 데 도움이 된다고 말한다. 자기 대화는 신체적으로 무엇을 어떻게 해야 하는지가 아니라 과제나 성취 대상에 집중되어야 한다. 《코트사이드 코치 The Courtside Coach》에서 브라이스 영 Bryce Young과 린다 벙커 Linda Bunker는 테니스에서 서브를 넣는 선수는 테니스공이 떨어져야 하는 지점을 구체화하기 위해 '깊은 바깥 코너'를 떠올리거나 봐야 한다고 제안했다. 이와 비슷하게 야구 투수는 '높게 안쪽으로' 공을 던진다고 생각하고, 자유투를 던지는 농구 선수는 '포물선을 그리며 휙 소리가 나게' 공을 던진다고 생각한다.

자기 대화를 하면서 심상을 떠올리는 방법이 있다. 모든 것을 긍정적으로 생각한다. 항상 건설적이고, 과제와 관련된 생각을 하고, 성공하는 자신을 시각화한다. 몸자세, 자기 대화, 시각화와 호흡은 모두 함께 움직이고 서로에게 영향을 준다. 하나가 다른 하나를 강화시킨다. 우리가 해야 할 일은 생각, 감정과 내적 대화를 총괄하는 것이다.

마르크 버브스 Marc Bubbs는 《정점 Peak》에 다음과 같이 썼다.

세레나 윌리엄스는 긍정적인 자기 대화와 '강한 생각'을 해서 테니스 시합을 하는 동안 경기에 집중하고 자신감을 높였다. 몇 년 전 세레나는 무릎에 놓인 작은 공책을 읽은 뒤 완전히 다른 사람이 됐다. 그 공책에는 다음과 같이 적혀 있었다.

"나는 이 시합에서 이길 것이다."

"나는 공을 세게 칠 것이다."

"나는 1등이다."

"나는 윔블던에서 승리할 것이다!"

버브스는 이어서 위대한 여자 테니스 선수 중 한 사람인 세레나도 이렇게 정신 훈련이 필요한데, 평범한 우리는 오죽하겠냐고 말했다.

부정적인 생각은 멈추고 긍정적인 생각으로 돌려라

생각과 자기 대화의 힘을 인지하더라도 부정적인 생각을 하나도 하지 않으리라 기대하는 것은 비현실적이다. 부정적인 생각과 자기 의심은 항상 머릿속을 맴돌게 마련이다. 다만 훈련과 연습을 통해 훨씬 의식적으로 부정적인 생각을 멈추고 긍정적인 사고로 방향을 돌릴 수 있다.

사격 대회에 나가 권총집에서 권총을 꺼내 타깃을 맞히려고 하는 1초도 안 되는 순간에 실수로 자기 다리나 발을 맞힐지도 모른다는 부정적인 생각에 빠지기 쉽다. 실제로 실수로 자기 다리나 발을 맞히는 사람도 있다. 이런 두려움은 때때로 '나를 총으로 쏘지 마라'라는 생각으로 이어진다. 이런 일이 일어나면 나는 그 즉시 이런 부정적인 생각을 그만두고 긍정적인 생각을 하기 시작한다. 권총을 권총집에서 "부드럽게 꺼낸다"거나 "깨끗하고 빠르게 총을 쏜다"라고 말한다. 나는 솜씨 좋게 권총집에서 꺼내고 완벽하게 권총을 잡고 자동 압정 기구처럼 정확하게 타깃을 명중시키는 나를 머릿속에 그린다.

· 과거의 성공 경험이 담긴 영상을 봐라 ·

성과가 우수한 몇몇 유능한 사람들은 시합에 나가거나 공연을 하기 전에 자신이 최고의 기량을 발휘했던 순간을 촬영한 비디오를 본다. 이것은 자신감을 쌓고 심적 근육 기억을 형성하는 동안에 과거의 성공 경험을 생생하게 되살릴 수 있는 또 다른 방법이다. 영상을 통해 최고의 실력을 발휘했던 모습을 다시 떠올리면서 자신의 잠재의식 속에 긍정적인 이미지를 깊이 새길 수 있다.

나는 내가 최고의 기량을 발휘했던 모습을 촬영한 영상을 모아 놓는다. 그리고 시합에 나가기 바로 직전에 그 영상을 본다. 이렇게 하면 내가 무엇을 정확하게 했는지에 집중하고 그 경이로운 순간을 마음속에 생생하게 새기고 그 일을 재현할 수 있다. 당신도 한번 시도해보라. 자신감을 높이는 데 놀라울 정도로 도움이 된다는 사실을 알게 될 것이다.

시합에 나가거나 실력을 발휘하기 바로 직전에 자신의 하이라이트 영상을 시청하는 것이 가장 좋다. 왜냐하면 이때가 두려움, 의심 같은 부정적인 생각이 의식을 파고들고 자신감을 낮추기 쉽기 때문이다. 긍정적인 태도를 지닌 사람조차 중요한 일을 앞두고 그 일이 주는 압박감과 곧 그 일을 해야 한다는 부담 때문에 긴장할 수 있다. 이를 그대로 내버려두면 긴장 때문에 해선 안 되는 일이나 일어날까 봐 두려운 일에 집중하게 된다. 모든 일은 집중하는 곳으로 귀결되기에 이런 일이 일어나선 절대 안 된다.

야구 선수 토드 헬튼Todd Helton은 콜로라도 로키스의 최고 스타로, 0.316타율, 2,519타점, 339홈런을 기록했다. 17개 시즌 중 8개 시즌을 앞두고 그는 자신의 타격 영상을 모두 아이패드에 업로드해서 봤다고 한다. 그는 "경기 직전에 영상을 보는 것이 경기에 도움이 됐다. 나는 그 영상을 비행기, 버스, 그리고 내 라커룸에서도 봤다"라고 말했다.

영상은 심상을 강화해서 실전에서 최고의 기량을 발휘할 수 있다는 기분이 들게 만든다. 또한 정신적으로 예리한 상태를 유지시키고, 자신감을 증진하는 데 도움이 된다. **최고의 실력을 발휘하는 모습이 담긴 '하이라이트 영상'을 시합에 나가거나 무대에 오르기 바로 직전에 보는 것은 내가 절대적으로 선호하는 자신감을 높이는 방법이다.** 하이라이트 영상을 시청하면 내가 무엇을 할 수 있고, 최고의 기량을 발휘하면 어떤 모습인지 보여주는 영화가 내 마음속에서 상연된다. 영상을 보고 나서 실전에 임하면 잠재의식에서 최고의 기량을 발휘해 좋은 성과를 거뒀던 순간의 장면, 소리, 자신 있는 기분이 되살아난다.

이렇듯 영상을 사용해 심상을 개발하라. 과거의 성공을 다시 살펴보면서 당시의 생각과 기분을 말로 표현해봐라. 최고의 기량을 발휘한 직후에 성공적인 경험을 되뇌는 것은 실전에서 최고의 기량을 발휘할 때 느껴지는 기분과 신체적 연계를 맺는 최고의 방법인지도 모른다. 이렇게 형성된 참조점을 기준으로 움직이도록 자신의 신체를 프로그래밍하면, 앞으로 실전에서 과거에 발휘했던 기량만큼 또는 그보다 더 좋은 기량을 발휘할 수 있도록 정신적으로 준비하는 것이 더 수월해진다.

하이라이트 영상을 가장 효과적으로 이용하는 몇 가지 팁이 있다.

- **최고의 기량을 발휘했던 순간에 집중해라.** 실수했던 장면을 보면 어느 부분을 개선해야 할지 알 수 있지만, 시청하는 영상의 최소한 75퍼센트는 자신이 우수한 기량을 발휘했던 모습을 담도록 한다. 그리고 실전 바로 직전에는 오직 긍정적인 영상만 시청한다. 자신의 최고 모습을 시청함으로써 모방할 본보기를 만들고 몸과 마음이 긍정적인 이미지와 감정을 받아들일 수 있게 된다.
- **지나치게 분석하지 마라.** 영상을 분석하고 비평하고 평가하는 대신, 실력을 발휘해서 좋은 성과를 거뒀던 모습과 그때 느꼈던 감정을 있는 그대로 다시 경험하라. 지나치게 깊이 생각하지 말고 영상 속 긍정적인 이미지가 머릿속에 각인돼 잠재의식으로 자연스럽게 흘러 들어가도록 내버려둬라.
- **사고의 극성을 바꿔라.** 기량을 제대로 발휘하지 못했던 순간을 영상으로 시청할 때 훈련이 필요하다. 실전에서 고전하는 자신의 모습을 보면서, 그때 머릿속에 떠올랐던 생각과 가장 어려웠던 순간에 했던 자기 대화를 떠올려봐라. 일이 제대로 풀리지 않을 때 부정적인 자기 대화에 빠져들기 쉽다. 영상 속 자신을 보면서 무엇이 문제인지 파악함으로써 사고의 극성

을 역전시킬 수 있다. 사고의 극성을 부정적인 사고에서 긍정적인 사고로 역전시킨 뒤, 고전하는 자신의 모습을 영상으로 보면서 소리 내서 긍정적인 자기 대화를 해봐라. 어려운 순간에 부정적인 자기 대화를 중단하고 긍정적인 자기 대화를 함으로써 자기 자신을 강화하는 습관이 형성될 것이다. 또한 '신호'에 맞춰 자기 내면의 비평가가 입을 다물게 하는 법을 배우게 될 것이다.

실전에 임하는 동안에 어떤 식으로든 자기 대화를 하거나 심상이 머릿속에 떠오른다면, 그것은 반드시, 특히나 위기의 순간에 긍정적이고 자신에게 힘이 되는 것이어야 한다. 생각하는 대로 모든 것이 이뤄진다는 것을 잊지 마라. 이것은 압박감에 짓눌려서 일을 망치고 '감정에 지배되는 것'을 막는 데 도움이 될 것이다. 자신의 힘으로 압박감에 대응하는 법을 익혔기 때문이다.

- **실전에 임하기 전에 되새겨라.** 실전이 벌어지는 장소에서 시각화하라. 나는 뛰어난 기량을 발휘한 내 모든 모습을 하이라이트 영상에 삽입한다. 그러고 나서 실전을 앞두고 5~10분 동안 모든 것을 한 치의 실수 없이 완벽하게 해내는 내 모습을 시청한다. 내가 최고의 기량을 발휘하는 모습이 담긴 영상 모음집을 가능하다면 소리를 켠 채 보면서 그때의 성공을 되살리기 위해 나의 모든 감각을 활성화한다.

- **우수한 기량을 발휘하는 다른 사람의 모습을 봐라.** 자신이 좋아하는 운동선수와 전문가가 좋은 기량을 발휘하는 모습을 보면 많은 것을 배울 수 있다. 그들의 영상을 보면서 자신이

그 경기에 출전했거나 그 일을 한다고 상상해봐라. 영상 속 주인공이 기술적·전술적으로 잘하는 부분을 자신의 것으로 만들어라. 실전에서 옳은 리듬을 타는 가장 쉬운 방법은 자신보다 유능한 사람을 따라 하는 것이다.

· 실전에 임하기 전 습관을 만들어라 ·

프로 야구를 본 사람이라면 경기가 어떤 식으로 흘러가는지 알 것이다. 타자가 타석에 들어선다. 소매를 정리하고 타석을 야구 방망이로 톡톡 친 뒤 장갑을 단단히 여민다. 이것은 타자들이 야구공을 치기 전에 습관적으로 하는 행동으로, 신체적·정신적으로 경기에 몰입하기 위한 일종의 의식이라고 할 수 있다. 몸을 푸는 준비운동 그 이상의 의미를 지닌 이 행동은 의식과 무의식을 경기에 몰입하도록 만든다. 야구공이 타석을 향해 날아오면 놓치지 않고 쳐낼 준비를 하는 것이다.

세계 최고의 테니스 선수 중 한 사람인 라파엘 나달Rafael Nadal은 시합 전 테니스 코트에 입장하는 방법부터 서브하기 전에 습관적으로 머리와 옷의 여러 부위를 특정한 순서에 따라 만지는 의식적인 행동으로 유명하다. 혹자는 그의 행동을 한낱 미신으로 치부하고, 혹자는 시간 낭비라고 비난한다. 하지만 나달은 습관적으로 하는 이런 행동이 경기에 집중하고 기량을 발휘하는 데 절대적으로 중요하다고 말했다.

내 아내도 그의 경기를 보고 "저 사람, 도대체 왜 저러는 거야?"

라고 말했다. 이처럼 누군가에게는 강박장애처럼 보이는 그의 행동은 사실 스포츠 심리학적으로 봤을 때 매우 영리한 행동이다. 이러한 의식과 동작으로 나달은 몸과 마음을 시합에 오롯이 몰입하도록 만든다. 그는 이런 행위를 통해 테니스공을 치고 되받아칠 만반의 준비를 했다. 테니스 경기가 여섯 시간 동안 이어져도 그는 반복해서 계속 이런 행동을 한다. 그는 이런 방법으로 집중력을 유지하고 집중을 방해하는 환경 요인으로부터 자기 자신을 보호한다. 앞서 언급했듯, 마음은 한 번에 오직 1가지에만 집중할 수 있다. 그래서 머리와 옷을 매만지는 동안 나달은 다른 것에 신경을 쓸 수 없다. 그가 이런 행동으로 자신의 의식을 산만하게 만드는 동안에 그의 잠재의식은 자유로워지는 것이다.

골프 선수들도 이와 유사한 행동을 한다. 신발을 톡톡 치고, 뒤로 물러섰다가 골프공에 다가서고, 골프 클럽을 꼼지락꼼지락 움직인다. 샷을 치기 전 이런 행동을 하는 골프 선수가 꽤 많다. 이런 것은 그저 일어나는 행동이 아니다. 반복을 통해 개발된 동작이고, 샷만큼이나 골프에서 중요한 부분이다. 프로 골프 선수들은 이런 식으로 긴장을 푼 후 본능적이고 자율적으로 실력이 발휘되는 익숙한 영역으로 들어간다. 이런 행동을 통해 군중의 소음, 새의 지저귐, 그림자 등 주의를 산만하게 만드는 다양한 외부의 요인이 자신의 집중을 방해하지 못하도록 눈에 보이지 않을 때까지 차단시키는 것이다.

운동선수들은 특히 자신과 기량이 비슷하지만 우위를 점하고 있는 상대와 겨룰 때는 그 무엇의 방해도 받지 않고 집중해야 한다. 이들은 도전에 오롯이 맞서고, 이기기 위해 경기에 완전히 집중하고, 정신적·신체적 능력을 모두 발휘해야 한다. 예를 들어보자. 올림픽은 놀라울 만큼 집중을 방해하는 요인으로 가득하다. 언론부터 메달 수여식, 올림픽 선수촌의 분위기까지 많은 것들이 올림픽 출전 선수들을 산만하게 만든다. 스포츠 심리학자들은 이렇게 주의를 흐트러뜨리는 요인들을 관리하는 것이 중요하다고 지적한다. 이들은 연구를 통해 운동선수들이 오랫동안 막연한 느낌이라 치부해왔던 이런 것들이 사실임을 입증했다.

경기에 임하기 전에 습관적으로 하는 의식 같은 행동이 긴장과 스트레스를 낮추는 데 도움이 된다. 운동선수들은 경기 전에 이런 습관적인 행동을 해서 경기를 더 잘 치러내게 된다. 이는 우리에게도 해당되는 것이다. 우리에게도 실전을 앞두고 편안한 영역으로 들어가고, '외부의 소음'을 차단하고, 집중력을 높이는 데 도움이 되는 습관이 필요하다. 실전에 들어가기 전에 긴장을 풀고 집중력을 높이는 데 도움이 되는 습관이 없다면, 지금 당장 하나 만들어라.

집중할 대상을 정하라

우리의 뇌는 잠재의식 수준에서 신경세포를 활성화시켜 초당 2경 번 연산을 처리한다. 반면 컴퓨터는 초당 겨우 20억 번의 연산을 처리한다. 그렇다면 우리의 뇌는 의식적으로 얼마나 많은 것에 집중할 수 있을까? 겨우 1개 아니면 2개다.

《자기 뇌의 주인이 되어라 Master Your Brain》에서 필립 애드콕 Phillip Adcock 은 다음과 같은 연습을 해볼 것을 제안했다. 파도가 밀려오는 해변을 머릿속에 그린다. 그리고 나서 파도가 모래에 부딪히는 소리를 추가한다. 마지막으로 공기에서 소금 냄새가 난다고 상상한다. 이제 한번에 이 3가지에 집중해본다. 장면, 소리, 그리고 냄새에 한꺼번에 집중하려고 시도하지만 생각대로 안 될 것이다!

연구 결과에 따르면 대부분 어느 하나를 망치지 않고서는 동시에 많은 관심을 요하는 과제 중 한두 가지 이상에 집중할 수 없다. MIT 신경과학 교수 얼 밀러 Earl Miller 역시 대체로 한번에 1가지 이상에 집중할 수 없다고 말했다. 뇌가 무의식적으로 정보를 처리하는 과정과 비교하면 의식적인 사고는 극도로 더디게 진행된다. 그 속도는 우리가 말하는 속도보다 그리 빠르지 않다. 이것이 우리가 한번에 2가지 대화에 참여하거나 전화 통화를 하면서 이메일을 작성하지 못하는 이유다.

장애물 코스를 달리기 직전이라고 생각해보자. 첫 번째 장애물, 두 번째 장애물, 세 번째 장애물, 그리고 네 번째 장애물을 넘을 생각을 동시에 하면 의식에 과부하가 걸리고 잠재의식이 차단된다. 그러면 수백 번 성공적으로 수행했을 정도로 습관화된 동작에서도 실수가 생긴다. 연습하는 동안에는 장애물을 넘지 못할지도 모른다는 걱정을 하지 않아서 훈련에 자연스럽게 몸을 맡겼기 때문에 실수 없이 장애물을 넘을 수 있었던 것이다.

처음부터 무언가에 강하게 집중하면 의식이 움직인다. **지금부터 우선적으로 해야 하는 일은 하나의 대상, 즉 하나의 동작에 집중하는 것이다. 일단 그 동작을 제대로 해내면, 잠재의식이 운전대를 잡을 것이다. 완벽한 연습을 통해 잠재의식에 깊이 각인된 행동이기에 그 행동은 제2의 천성과 다름없이 작용한다.**

정신 프로그램을 가동하라

나에게는 시합이나 실전을 앞두고 으레 하는 행동이 있다. 실전에 임하기 전, 나는 항상 이 습관을 따른다. 스트리밍 미디어에서 '재생' 버튼을 누르는 것처럼 매번 같은 영상이 시작된다. 나는 성공적인 결과를 시각화한다. 나는 '매끄럽게'란 단어로 신호를 주고 집중할 대상을 정한다. 이렇게 해서 나는 오직 현재 이 순간에만 집중하는 마음 상태인 중립지대에 들어선다. 그리고 그동안의 훈련과 본능에 몸과 마음을 맡긴다.

무언가를 본격적으로 하기 직전에 의례적으로 하는 습관에는 자세, 호흡, 자기 대화, 시각화가 결합되어 있어야 한다. 테니스 시합에서 서브를 넣기 직전 상황을 가정해서 어떤 습관을 활용할 수 있는지 살펴보자.

1. 테니스 라켓을 세 번 돌리고 제대로 잡는다.
2. 테니스공을 네 번 바닥에 튕긴다.
3. 라켓에 닿는 테니스공과 상대 선수에게 '넘어간' 테니스공을 시각화한다.
4. 심호흡한다.
5. '바깥 코너 깊은 곳'을 노린다.
6. 집중할 대상을 정한다.
7. 신호가 되는 단어를 떠올린다.
8. 서브를 넣는다.

이렇게 무언가를 실행에 옮기기 직전에 하는 습관이 있으면, 그 습관을 통해 의식적인 상태에서 벗어나 본능과 그동안의 훈련 결과에 몸과 마음을 맡길 수 있다. 다만 이렇게 하려면 부정적인 생각, 걱정, 주변 환경 등 집중을 방해하는 외부 요인이나 머릿속 소음과 거리를 둬야 한다. 잠재의식이 몸과 마음을 지배하도록 내버려둬라. 열심히 했으니 여기 이 자리에 있을 자격이 당연히 있다고 생각하라. 몸과 마음, 집중과 자제 등 모든 것을 한데 동원하라. 그동안의 훈련 성과를 믿고, 되기 위해서 노력했던 바로 그 모습이 돼라. 당신은 승자다!

·내려놓아라·

뭔가를 수행하기 전에 해야 하는 준비나 훈련 단계에 대해서는 지금까지 많은 이야기를 나눴다. 하지만 모든 것을 내려놓아야 하는 순간은 거의 다루지 않았다. 시합에서 경쟁하거나 실력을 발휘하기 직전의 몇 분 몇 초가 바로 그 순간이다. 매우 중요한 순간인데, 왜냐하면 대부분이 긴장하고 '머릿속이 백지장처럼 새하얗게 되는 때'이기 때문이다. 대부분이 실전을 앞두고 아무것도 생각나지 않으면 이처럼 공황상태에 빠진다. 그리고 대개 허둥대거나 그 상황에서 벗어나려고 애를 쓴다.

보통 '내려놓는다'고 하면 사람들은 오해한다. 무슨 일이든 일어나게 되어 있다고 받아들이기 때문이다. 또는 운명에 모든 것을 맡기는 것이라고 생각한다. 절대 그렇지 않다! 내려놓는 것의 목표는 연습할 때처럼 실전에서 거리낌 없이 실력을 발휘하는 데 있다.

실력을 발휘하기 위해서는 자연스럽고, 직관적이고, 즉흥적이며, 사실상 자동적이어야 한다. 계산하고 생각하지 않을 때 실전에서 좋은 성과가 나온다. 경기가 시작되거나 공이 울리거나 커튼이 올라가면 잠재의식이 나서야 한다. 이것이 실력이 발휘되게 만드는 것이 아니라 자연스럽게 실력이 나오는 것의 본질이다.

몸과 마음을 완벽한 연습으로 단련하고 승자의 자아상을 만들면 잠재의식을 믿고 최고의 기량을 발휘할 힘을 해방시키는 법을 배우게 된다. 이 믿음에서 직관적인 천재, 즉 잠재의식을 방해하는 의식적인 통제를 기꺼이 포기할 마음이 나온다. 선종은 지성을 경시하고 자기 자신과 행동을 통합하기 위해 직관을 개발하고 믿으라고 가르친다. 불간섭의 태도를 마음으로 받아들이면, 물결을 따라 순조롭게 강 위를 떠다니는 배가 될 수 있다.

잠재의식을 활용하고 심적 시연을 더 직관적으로 만들기 위해 자신의 속도에 맞춰 훈련하면서 머릿속으로 흥얼거리거나 휘파람을 불어볼 수 있다. 한번 시도해보라. 어떤 노래와 연습을 결박시키고, 실전의 날이 밝았을 때 실력을 발휘하면서 그 곡조를 읊조려본다. 이렇게 하면 의식은 친숙한 영역으로 들어가고 잠재의식은 편안한 상태에서 움직일 수 있게 된다.

부정적인 생각은 내려놓는 과정의 궁극적인 장애물이다. 긍정적인 생각은 대체로 부정적인 생각보다 유익하다. 심지어 아무 생각도 하지 않는 것이 부정적인 생각보다 더 낫다. 부정적인 생각은 현재 이 순간에 집중하는 데 방해가 된다. 모든 부정적인 생각은 과거의 기억이나 미래에 대한 걱정에 뿌리를 내린다. **내려놓지 못하는 주된 이유는 크게 4가지로 분류된다.**

1. 결과에 집중한다. 결과를 걱정하고 거기에 집중하다 보면 실전

에 임하는 당사자는 현재보다 과정과 실행에 집중하게 된다. 그 결과, '긴장하게 되고' 기계적으로 움직이게 된다. 또한 조심스럽게 행동하다 보니 자신이 갖고 있는 최고의 기량 근처에도 못 미치는 수준으로 행동하게 된다.

2. **과거에 산다.** 과거에 했던 실수를 반복할지도 모른다는 두려움은 실전에서 실력을 발휘하는 데 방해가 된다. 이렇게 되면 '긴장해서 몸이 굳고' 기계적으로 움직이게 된다. 조심해서 움직이고 신중하게 행동하게 되는 것이다.

3. **지나치게 노력한다.** 사람들은 열심히 노력할수록 성과가 더 좋을 거라고 생각하고 지나치게 열심히 노력한다. 다른 사람들보다 더 노력하면, 그들을 모두 이길 것이라고 생각한다. 하지만 그렇지 않다. 열심히 연습하고 부담 없이 실전에 임해야 한다. 혹시 누군가가 "그녀는 그 일을 굉장히 쉽게 해내는 것 같아"라고 말하는 것을 들어본 적이 있는가? 뛰어난 실력은 부드럽고 효율적으로 행동하는 가운데 나온다.

4. **과도하게 각성하거나 주의가 산만하다.** 과도한 각성은 스트레스의 원인이 된다. 자동적으로 이행하는 잘 개발된 습관이 없으면 주의가 산만해지기 쉽다.

역경, 고통, 불행은 모두에게 평등하게 일할 기회를 제공하는 고용주다. 다시 말해, 누구나 역경, 고통, 불행을 경험한다. 여기서 진지하게 고민해야 할 문제는 '나쁜 날이 *생길 것인가*'가 아니라 '나쁜 날에 *어떻게 대처할 것인가*'다. 당신은 나쁜 날에 맞설 준비가 얼마나 돼 있는가? 싫어하는 일이 일어나면, 그 일에 부정적인 생각이나 감정을 연결시킨다. 반대로 좋아하는 일이 일어나면, 그 일과 긍정적인 감정을 연관 짓는다. 이런 사고에는 우리가 외부의 사건에 좌지우지된다는 문제가 있다. 굉장히 중요한 일을 해야 하는 날이 '나쁜 날'이라면 어떻게 할 것인가? 주도권을 잡고 나쁜 날에 휘둘려서는 안 된다.

지금까지 이 책에서 해온 모든 이야기가 모든 상황에 능숙하게 대처하도록 준비하는 데 도움이 됐기를 바란다. 성실히 연습하면 이 책에서 소개한 정신적·신체적 기술을 잘 활용하게 될 것이다. 다만 명심할 것은 마지막 순간에는 자신을 믿고 모든 것을 내려놓을 수 있어야 한다.

내려놓는다는 것이 어떤 기분인지 수백 명의 올림픽 선수들과 각자의 분야에서 승자가 된 사람들의 이야기를 통해 살펴보자.

- 내가 무엇을 해야 하는지에 대해 최소한으로 생각하거나 아무 생각도 하지 않는다.
- 나는 집중을 방해하는 모든 요인으로부터 보호받는 기분이다.
- 실패에 대한 걱정 같은 문제는 없다.
- 모든 것이 자동적으로 일어난다. 모든 일이 나를 위한 일이다.
- 결과는 내가 머릿속으로 고민하는 문제가 아니다.
- 모든 것을 완전히 느끼고 있지만, 이상하게 내가 지금 하고 있는 것과는 단절된 것 같다.
- 정확하게 잘 대응하는 데 필요한 모든 시간이 내게 있는 것 같다. 마치 시간이 사라져버린 것 같다.
- 소리, 냄새, 사람들의 존재 등 내 주변에 있는 모든 것이 힘과

에너지의 원천이다.

- 나는 한 곳을 가리키는 레이저빔처럼 하나에 집중한다.
- 상쾌하고 기쁨으로 가득 찬 것은 경이로운 기분이다.

·이제 쇼를 시작할 때다!·

지금까지 많은 시간, 노력, 그밖의 모든 것을 쏟아부었다. 그러니 이제 반짝반짝 빛날 때다. 완벽한 연습에 많은 시간을 투자하고 몰입했다면, 자신을 의심할 이유는 없다. 지나치게 생각하지 마라! 긴장을 풀고 내려놓아라. 이제 중립지대로 들어가서 놀라운 자아를 밖으로 내보내기만 하면 된다.

**MINDSET
SECRETS
—— for ——
WINNING**

보너스

CHAPTER 11

나의 습관화된 연습법

모든 승자, 그리고 모든 성공 이야기는 자신이 성취하고 싶은 것이 무엇인지 정확하게 알고 그것을 성취해낸 사람들의 이야기다. 우리 모두에게는 이러한 힘이 있다. 그리고 이 힘을 발휘하는 데 누군가의 허락이나 특별한 재능이나 대학 학위 같은 것은 필요 없다.

내가 개인적으로 롤모델로 삼고 있는 리처드 브랜슨 Richard Branson 은 나처럼 10대 중반까지만 학교에 다녔다. 난독증을 앓던 그는 학교 생활에 어려움을 겪었다. 학교를 마지막으로 나갔던 날, 당시 스토학교 교장이었던 로버트 드레이슨 Robert Drayson 은 브랜슨에게 그가 나중에 감옥에 가거나 백만장자가 될 거라고 말했다. 하지만 예견은 모두 틀렸다. 브랜슨은 감옥에 가지도 않았고, 백만장자가 아닌 무려 *억만장자*가 됐다. 400여 개의 기업을 거느린 버진그룹의 창립자인 리처드 브랜슨 경은 기업가 정신을 발휘한 공로를 인정받아 버킹엄 궁전에서 기사 작위를 서임받았다.

7학년 때 나는 수업 시간에 당시에는 흔하지 않던 계산기를 사용하려고 했다. 수학 선생님은 그런 나에게 게을러서 그 무엇도 될 수 없을 거라고 힐난하면서 "기계는 우리 인간을 위해 생각하지 않는다"라고 단언했다. 몇 년 뒤 주식 트레이더로서 성공한 나에 대한 커버스토리를 읽고 그는 내 사무실로 전화해서 사과를 건넸다. 내가 그에게 뭔가 인상을 남기긴 했던 것 같다. 그랬으니 그렇게 세월이 많이 흘렀는데도 나와의 일을 기억하고 내게 전화를 한 것일 것이다. 브랜슨의 교장 선생님과 나의 수학 선생님은 학생을 가르치고 영감을 줘야 했지만, 우리 두 사람의 의도를 오해하고 잠재력을 과소평가했다.

이제 당신은 내가 어떻게 살아왔는지, 어떻게 성공하고 그 성공을 이어나갔는지에 대해 많은 것을 알게 됐을 것이다. 지금부터는 내가 어느 수준부터 목표 성취에 집중하는지 알려주겠다. 지금부터는 진정한 승자, 인간으로서 승자가 되는 것에 대해 좀 더 깊이 있는 이야기를 할 것이다.

나는 매일 의도의 힘을 활용하는 연습을 한다. 처음에는 계속 이런 행동을 이어가야 하는 것이 귀찮았지만, 빠르게 습관화됐다. 이 습관을 통해 당신은 언제나 존재했지만 그동안 미처 알지 못했던 자신의 최고 모습을 보게 될 것이다. 그저 그 모습을 가두고 있던 문을 열기만 하면 된다. 여기서 열쇠는 '의도'다.

· 의도는 무엇인가? ·

대부분의 사람이 의도는 목표를 향해 나아가는 것이라고 생각한다. 넓은 의미에서 보면 이 말은 틀리지 않다. 하지만 의도에는 좀 더 미묘한 의미가 담겨 있다. 웨인 다이어는 "마법사들이 의도를 부르면,

의도가 그들에게로 와 도달해야 할 길을 제시한다. 이는 마법사들이 하고자 하는 바가 항상 이루어진다는 것을 의미한다"고 했다. 다시 말해, 우리의 의도가 우리의 현실을 창조한다.

내가 말하는 '의도'는 *의식에 전념하는 행위*다. 다시 말해, 일평생의 성취를 위한 마음챙김이다. **의도가 있으면, 하루하루 의도대로 살게 된다. 목표가 없지만, 최고의 자아를 실현하려는 의지를 의식하고 그 의식을 유지하는 데 전념하는 것이다.**

우리는 한결같이 목적을 알고 관심을 기울이도록 뇌를 훈련하겠다고 자기 자신과 약속했다. 다시 말해서 진정한 인간으로 살겠다고 약속했다. 진정한 인간으로 사는 것은 저절로 되는 것이 아니다. 여기에는 어떤 마음가짐이 필요하다. 《믿음 생물학 The Biology of Belief》에서 브루스 립톤 Bruce Lipton 은 "인간의 뇌는 스스로 알지 못한 채 수년 동안 받아들였던, 초기에 형성된 조건과 설정된 프로그램의 영향력을 극복할 정도로 충분히 강하다. 그러므로 노력하고 매일 연습하면 마음가짐을 바꿀 수 있다"고 했다.

중국의 철학자 노자는 모든 인간은 완전하게 태어난다고 주장했다. 하지만 살아가면서 쉽게 진정한 자아를 잊고 거짓된 본성을 입게 된다고 했다. 목적과 진정성이 없는데 돈이 많고 성공하는 게 무슨 소용인가? 목표에 대해 고민하고 적극적으로 달성하려고 노력하지 않는데, 목표를 갖는 게 무슨 소용인가? 핵심은 자신의 설계대로 미래를 창조해 나가는 것이다. 바로 여기에 꿈꾸는 자로 사는 것과 성공한 성취자로 사는 것의 차이가 존재한다. 승자는 자신의 꿈을 위해 실제로 무언가를 한다. 이것은 매일 의도적으로 하루를 시작하는 데서 출발한다.

· 자율신경증적이 아니라 의도적으로 시작하라 ·

의도성은 대부분의 사람에게 있는 신경증적 습관을 버리고 세심한 현실화와 의도적인 시작으로 매일 아침을 여는 데서 출발한다. 그러나 대부분은 소위 '자율신경증적으로' 하루를 시작하고, 일부는 하루 온종일 자율신경증적으로 보낸다. 쉽게 말하면, 대부분의 사람이 아침에 일어나서 자신을 둘러싼 주변의 자극에 스트레스 반응을 보인다. 알람이 울리면, 즉시 잠에서 깨어나 하루를 시작할 준비를 할 걱정을 하며 침실을 나선다. 또한 자신에게 시간이 없어서 하루 동안 어떤 일이 펼쳐질지 또는 그날 무엇을 해내고 싶은지 곰곰이 생각할 틈을 낼 수 없다고 느낀다. 자율신경증이 하루 내내 지속된다. 그러다 보니 교통체증, 소소한 문제와 방해가 되는 사람들에게 스트레스를 받으며 반응한다.

이렇게 하루를 자동적으로 스트레스를 받으면서 시작하면 불안하고 목적 없고 외부 요인에 좌지우지되는 흐름에서 벗어날 수 없다. 그저 하루를 살아갈 뿐, 대부분의 자극에 파블로프의 개처럼 무조건적으로 반응한다. 주체적으로 하루를 시작하지 않았기 때문에 자신의 삶에 주체적으로 참여할 수 없다. 의도적으로 살고자 한다면 이 악순환의 고리를 끊어내야 한다.

하루를 의도적으로 시작하는 것은 의도적인 삶을 계속 살기 위해 내가 매일 실천하는 습관이다. 지금부터 내가 하루를 어떻게 의도적으로 사는지 단계별로 소개하겠다.

· 아침 준비: 10~15분 ·

나는 매일 아침 일어나면 제일 먼저 박스 호흡을 실천한다. 4초 동안 코로 숨을 들이마시고, 4초 동안 숨을 참았다가 4초 동안 입으로 숨을 내쉬고, 다시 4초 동안 숨을 참는다. 박스 호흡을 하는 동안, 나는 오직 4초라는 시간에 집중한다. 그 무엇의 방해도 받지 않고 온전히 5분 동안 박스 호흡을 실천한다. 참고로 박스 호흡에 도움이 되는 앱도 있다.

그다음에 3~5분 동안 시각화를 한다. 나는 시작될 하루에 대해 생각하고, 그날의 모든 순간을 머릿속에 그려본다. 그날 성취하고 싶은 일의 우선순위를 정하고, 장기 계획을 이행하는 데 조금이라도 도움이 될 일 중 적어도 하나를 우선순위에 포함시킨다. 그날의 우선순위에 따라 의도한 바를 성취하기 위해 노력할 것임을 안다는 것은 그날 하루를 낭비하지 않겠다는 의미다. *내게는 나의 의도를 보완하는 그날의 목표가 있다. 나는 그 목표를 이뤄내는 나를 시각화한다.*

그러고 나서 5분 동안 심적 시연을 한다. 심적 시연을 하는 시간은 그날그날 다르다. 그날의 우선순위를 생각하면서 그 일들이 일어날 수 있는 다양한 상황을 가정하고 어떻게 대응할지 생각한다.

주식 트레이딩을 예로 들어 나의 심적 시연 방법을 설명해보겠다. 전날 충격적인 사건이 일어났다는 소식에 그날 주식시장이 대폭락장으로 시작했고, 나는 경제적으로 주식시장에 크게 노출되어 있다고 가정해보자. 나는 몇 분 동안 내가 입을 수 있는 손실과 나에게 불리한 주식편입 비중이 초래한 압박감에 어떻게 대응할지 고민하고 마음속으로 시연해본다. 그러고 나서 책상으로 가서 정신적으로 그날을 준비하고 대비한다.

마지막으로 나는 나에게 몇 가지 질문을 던진다. 나의 목표에 다가가기 위해 오늘 나는 무엇을 할 수 있는가? 오늘 나는 어떤 장애물에 부딪히고 그것에 어떻게 반응할 것인가? 나는 무엇에 감사할 것인가? 나에게 정말로 중요한 것은 무엇인가?

이렇게 하루를 시작하면 하루 종일 집중하고 중심을 잡는 데 도움이 되는 생각과 의식이 연쇄적으로 떠오르게 된다. 토니 로빈스는 "이것은 긍정적인 생각이라는 헛소리 나부랭이가 아니야. 실제로 생리를 변화시키는 거야"라고 했다. 자기 보존 매커니즘에 따라 우리는 항상 *잘못된 것*을 찾도록 프로그래밍되어 있다. 하지만 우리는 의식적으로 옳은 것에 집중해야 한다. 이것은 아침에 눈을 뜨자마자 마음챙김을 실천하는 데서 시작된다. 자고 일어나서 하루의 중심을 잡고, 집중하고, 신경계를 준비시켜라.

이러한 아침 준비는 헐레벌떡 잠에서 깨어 문 밖으로 달려 나가 하루를 시작하는 것과 정반대 행위다. 아침 준비를 하는 데는 매일 몇 분 정도만 투자하면 된다. 이 몇 분의 투자가 지금부터 내가 말하려는 것과 결합되면 삶을 완벽하게 바꿀 수 있다.

· 확인하기: 하루 종일 ·

이 단계에서는 연습하는 게 좀 더 어려워진다. 하지만 의도적으로 살고 자제력을 키운다는 점에서는 큰 보상이 주어지기도 한다. 나는 하루를 보내면서 주기적으로 내 의도를 확인한다. 잠시 시간을 내서 내 생각, 행동, 타인과의 상호작용이 내 의도와 일치하는지 또는 반대되는지 확인한다. 내 의도에 맞게 움직이고 있다면 계속 그 방향으로 나아가도록 스스로 격려한다. 반대로 궤도에서 벗어났다면 내 의도에 다시 전념해서 궤도를 수정한다.

휴대폰에 몇 시간 간격으로 알람을 설정해놓고 알람이 울릴 때마다 의도에 맞게 하루를 살고 있는지 확인하는 것도 좋은 방법이다. 이 방법은 습관적 의식을 통해 최고의 자아를 발휘하면서 그날의 주요 비전을 향해 나아가는 데 도움이 된다.

진정한 승자가 되려면 승자의 마음가짐을 지녀야 한다. 이것은 또한 인간으로서 승자가 되는 것을 의미한다. 승자가 되기 위해 당신은 자기 자신을 이끌어 나가야 한다. 자신이 이끄는 자신의 상태를 확인하는 것은 승자처럼 생각하는 것을 넘어서 승자로 사는 방법이다. 자신의 진정한 자아를 알고 집중하는 과정에서 가장 생산적인 습관이 길러진다. 바로 자기 본연의 모습과 연결되어 있다고 느끼고, 연결된 채로 살아가는 습관이다.

미국 TV 프로그램 〈로저스네 동네Mister Rogers' Neighborhood〉에 등장하는 프레드 로저스Fred Rogers는 어머니가 자신에게 긴급한 상황이나 무서운 상황에서는 도움을 구하라고 말했다고 이야기한 것으로 유명하다. 이것은 우리에게도 굉장히 좋은 조언이다. 예를 들어서, 이웃집이 불타고 있으면 사람을 구하고 부상자를 치료해줄 소방관과 응급의료요원을 찾아야 한다. 조력자는 어려운 여건에서도 빠져나갈 구멍은 항상 존재한다는 것을 알려준다. 이미 일어난 일을 되짚을 필요는 없다. 자신의 주변과 내면을 살펴라. 도움을 줄 사람을 찾으면 인류애를 찾게 되고, 인류애를 찾으면 선을 찾게 될 것이다. 이 과정에서 진정한 자아를 발견하고 현재 상황을 보면서 옳은 일을 찾는 법을 배우게 될 것이다. 좋든 나쁘든 현재 상황에 감사하고 "내게 교훈과 기회를 줘서 고맙다"고 말하라.

· 무죄 추정의 원칙을 적용하라 ·

지금부터 하게 되는 연습은 좀 더 도전적이다! 다른 사람들의 말이나 행동을 평가하거나 화를 내는 대신, 그들의 말이나 행동을 선의로 해석하라. '무죄 추정의 원칙'을 적용하라. 자신에게 닥친 일에 대해 긍정적으로 생각하고 행동해야 한다. 이것이 이번 연습의 목표다!

운전하고 있는데, 도로 옆에 오지도 가지도 못한 채 비를 맞으며 서 있는 가족이 있다. 그들을 도와줄 것인가? 또는 누군가 심장마비를 일으켰다. 그 사람을 도와줄 것인가? 아니면 그 사람에게 길을 막고 있다고 화를 낼 것인가? 모두가 '당연히 그들을 도울 것이다! 어려움에 처한 사람에게 화내지 않을 것이다'라고 대답했기를 바란다.

그러면 도로에서 운전하다가 당신에게 손가락질을 하면서 화를 내는 사람에게는 왜 화를 내는가? 이 사람도 아프다. 어떤 식으로든 상처를 입은 사람이다. 그 사람이 화를 내는 이유가 당신과 관련됐을 가능성은 거의 없다. 아마도 그 사람은 상처와 고통 때문에 그 순간에 머저리처럼 행동하고 있는지도 모른다. **적어도 하루에 한 번은 선의를 누릴 자격이 없는 누군가에게 무죄 추정의 원칙에 따라 선의를 베풀어라. 왜 머저리처럼 행동하는 사람에게 선의를 베풀어야 하**

느냐고 생각할지도 모른다. 그 사람을 위해서가 아니다. 당신을 위해서다! 이렇게 하려면 '추정된 공감'을 실천하는 법을 배워야 한다. 이것이 은혜롭게 살고 진정한 승자가 되는 첫 단계다.

가난한 사람들을 위해 집을 짓거나 퇴역 군인들을 돕거나 자선단체에 기부할 수도 있지만, 진정한 친절과 사랑은 지갑이나 물질이 아닌 우리 마음속에 존재한다. 기분 좋게 만들지 않는 일을 하는 것이다. 이것이 진짜 시험이다. 적을 사랑하고, 용서할 수 없는 사람을 용서하라. 누군가를 무죄 추정의 원칙에 따라 대한다는 것은 다른 사람의 인간성을 인정하고 인간으로 그와 자신의 공통점을 찾는 것이다.

무죄 추정의 원칙에 따라 타인을 대할 기회는 많다. 밖에서 점심을 먹는데 식당 종업원이 주문을 엉망으로 처리했다고 가정해보자. 그는 주방에 음식 알레르기가 있다는 당신의 말을 전달하는 것을 깜박했다. 이런 상황에서 화를 내는 대신에 무죄 추정의 원칙에 따라 종업원의 실수를 해석해보자. 그에게 실수를 바로잡을 기회를 주고, 팁을 넉넉하게 쥐여준다. "당신은 오늘 힘든 하루를 보내고 있는 것 같다. 당신에게 팁을 주고 싶다. 이것으로 당신의 기분이 좀 더 좋아지기를 바란다"라고 말할 수도 있다.

다른 사람들이 어떤 하루를 보냈는지 또는 어떤 전투를 벌이고 있는지 우리는 알 길이 없다. 그 식당 종업원은 한부모 가정의 가장으로 밤새 아픈 아이를 돌보느라 한숨도 자지 못했을 수 있다. 이런 이유로 그가 일을 제대로 처리하지 못한 것인지도 모른다. 그가 실수했다고 식당 매니저에게 불만을 토로한다면, 유일한 소득원인 일자리를 잃어서 그의 상황은 최악으로 치달을 수도 있다.

사람들에게 무언가를 제대로 할 기회를 주는 것은 또 다른 하루를 견디거나 다른 누군가의 선의를 느끼게 해서 격려를 해주는 셈이다. 그들을 도와라. 스스로 자랑스럽지 못한 일을 한 적이 단 한 번도 없는가? 일진이 사나웠던 적이 단 한 번도 없는가? 스스로 자랑스럽지 못한 일을 했거나 일진이 사나웠을 때 당신은 고통스러웠을 것이다. 여기서 공감대가 형성된다. 당신은 이미 경험해봤기 때문에 다른 사람의 고통을 충분히 이해할 수 있을 것이다.

의견이 같거나 친절한 사람에게 착하게 행동하기는 쉽다. 진정한 도전을 해봐라. 용서받을 자격이 없는 사람을 용서해라. 누군가 더 좋은 하루를 보낼 수 있도록 도와라. 이 행위가 우리 모두의 삶을 더 좋게 만들 것이다.

많은 교훈이 정체를 숨긴 채 우리에게 다가온다. 모든 선생님이 교실에서 주목하라고 말하지 않는다. 최고의 선생님은 역경과 짜증스러운 일이다. 시속 20킬로미터 이상으로 운전하지 않는 노부인 때문에 발생한 교통체증으로 도로에서 느릿느릿 달리고 있다. 그녀를 앞지를 방법은 없다. 노부인에게 속도를 높이라고 강요할 수도 없다. 그녀는 당신의 선생님이다. 지금 그녀는 당신을 시험하고 있는 것이다. 이 상황에서 당신은 품위를 지켜낼 수 있는가? 이 상황을 온전히 받아들일 수 있는가? 화를 꾹 참고 '지금 저 노부인은 내게 무엇을 가르치려고 하지?'라고 생각해볼 수 있는가? 그녀는 당신에게 참을성을 가지라고 말하는지도 모른다. 영화 〈페리스의 해방 Ferris Bueller's Day off〉에서 페리스 뷸러 Ferris Bueller는 "삶은 꽤 빠르게 흘러간다. 가끔 멈춰서 주변을 둘러보지 않으면, 삶을 놓칠 수도 있다"는 유명한 말을 남겼다.

또 다른 예를 살펴보자. 당신은 교통체증에서 벗어나 식료품점에 도착했다. 메모해온 식재료를 모두 골라 계산대로 향했다. 가장 짧은 줄을 골라 섰는데, 맨 앞에 수다쟁이가 서서 계산원과 즐겁다는 듯 이야기를 나누고 있다. 지금 당신은 그들의 수다를 들어줄 기분이 아니다. 계산원은 고개를 끄덕이며 미소를 지은 채 수다쟁이의 이야기를 들어주고 있다. 수다쟁이는 계속 이야기한다. 그 모습을 보는 당신은 혈압이 오른다. 카트에 담긴 아이스크림은 분명 녹기 시작했을 것이다. 그런데 잠깐만. 그 수다쟁이도 당신에게 교훈을 가르치는 선생님이다. 그는 계산원에게 고마움을 전하기 위해 가볍게 몇 마디 서로 주고받는 것이 좋은 일이라는 교훈을 알려주고 있는지도 모른다. 아니면 카트에 담긴 물건을 한 번 더 살펴서 잊은 물건은 없는지 확인할 기회를 주는 것인지도 모른다. 또는 지금 구입하는 식재료로 저녁 식사를 준비하고 그렇게 요리한 음식을 나눠 먹으며 대화를 나눌 가족과 친구가 있어서 얼마나 다행인지 생각할 기회를 주는 것일 수도 있다.

우리에게 가르침을 줄 선생님은 어디에나 존재한다. 무죄 추정의 원칙에 따라 타인을 대할 기회는 어디에나 존재한다. 언제든 시간을 내서 자신이 처한 상황을 살피고 옳은 일이 무엇인지 고민하고 찾으려고 노력해라. 이것은 자신의 의도와 인간성을 확인하는 일의 일부분이다. 이를 통해 최고의 자신이 될 수 있다. 돈과 물질적인 성공을 초월한 참된 승자가 되는 것이다.

·중요한 만남에 대비하라·

곧 있을 중요한 회의에서 많은 것들이 결정될지도 모른다. 거물 고객과의 회의일 수 있고, 소송 위기에 몰린 적대적인 만남일 수도 있다. 취업 면접에서 면접 위원에게 좋은 인상을 남겨야 하는 상황인지도 모른다. 어떤 상황이든 이런 중요한 만남에 대비하는 것은 중심을 잡고 가능한 한 최고의 결과에 집중하는 데 도움이 된다. 여기에 아침 준비의 기본 단계를 그대로 적용할 수 있다. 심호흡하고, 시각화하고, 심적 시연한 뒤 스스로 질문을 던지는 것이다.

압박감을 느끼면 대부분의 사람이 방어적인 태도를 취한다. 협상이 개입되면, 사람들은 전투적으로 변한다. 하지만 자율신경증적인 반응으로 다짜고짜 '싸우려고' 들면, 진짜 싸움이 일어날 뿐이다. 준비를 통해 압박감이 느껴지는 상황에 이와 반대로 접근할 수 있다. 해결책을 찾고 싶다면 진정한 인류애를 갖고 미팅에 임하라. 시각화하면서 머릿속에 긍정적인 결과를 그려보라. 자기 자신만의 승리가 아니라 관계된 모든 사람의 승리를 머릿속에 그려라. 태도와 행동이 머릿속에 그린 그 그림과 일치하면, 모두가 깜짝 놀라고 무장해제될 것이다!

이를 효과적으로 해낼 수 있는 방법이 하나 있다. 화가 난 사람을 만나면, 그에게 연민을 느껴라. 그 사람이 화가 났거나 부정적인 생각을 하는 이유를 모르겠다면, 직접 그 이유를 만들어내라. "저 사람은 오늘 힘든 하루를 보내고 있다. 아이가 아픈가 보다. 그래서 걱정이 크다." 또는 그 사람에게 긍정적인 특징을 부여해라. "저 사람은 정말로 사랑이 넘치는 할아버지다. 그는 항상 가족을 우선시

한다." 이것이 사실인지 아닌지는 알 수 없지만 무죄 추정의 원칙에 따라 상대방을 대해야 한다. 상황을 희화화해서 상황을 누그러뜨릴 수도 있다. 적대적이고 화가 난 사람을 만났을 때, 나는 마음속으로 그 사람을 디즈니 애니메이션 〈백설공주 Snow White〉에 등장하는 일곱 난쟁이 중 하나인 '투덜이'라고 생각한다. 이렇게 하면 그 사람이 더 친근하게 느껴진다. 열쇠는 반사적으로 신경증적인 반응을 보이는 사람이 아니라 어떤 상황에서든 긴장이나 압박감을 누그러뜨리고 분위기를 띄울 수 있는 리더가 되는 것이다.

"사랑이 꽃피는 곳에서 와라"라는 나의 조언을 들으면 사람들은 놀란다. 그들은 내가 실적이 좋은 월가의 일원이라는 것을 안다. 그리고 이것은 그들이 내게 기대하는 바다. 항상 긍정적인 태도를 취하는 나를 보면, 사람들은 충격을 받는다. 실제로 나는 2가지 모두를 시도해왔다. 다정한 사람이 되거나 고약한 사람이 되거나. 이 중 나는 항상 다정한 사람이 되는 쪽을 선택한다. 최근에 진행한 마스터 트레이더 세미나에서 인도인 수강생이 마음가짐과 준비에 대한 내 이야기를 들은 뒤 "나는 오늘 마이클 더글러스 Michael Douglas가 영화 〈월스트리트 Wall Street〉에서 연기한 고든 게코를 만날 줄 알았는데, 달라이 라마를 만났다"고 내게 말했다. 나는 그에게 나는 달라이 라마가 아니라고 확실하게 이야기하면서 내 인생에서 들었던 최고의 칭찬이라며 그에게 고맙다고 말했다.

·모든 것과 관계를 맺어라·

암세포는 다른 세포를 파괴하고 종국에는 자신마저 파괴한다. 왜일까? 암세포는 전체 세포에 관심이 없고 무관하기 때문이다. 암세포는 오직 자신만 '생각한다'. 자기만 생각하면서 암세포는 자신을 포함해 주변에 있는 모든 세포를 죽인다. 이렇게 사는 게 좋게 들리는가? 우리는 뇌가 있고 선택을 할 수 있다. 우리는 잘 알고 있다. 우리는 한 인간에게 나쁜 것은 전 인류에게 해롭다는 것을 알고 있다. 이 기본적인 개념, 즉 우리 모두는 연결되어 있다는 것을 이해하고 받아들이고 나면 전체에 관심을 두고 관계를 맺었을 때 발휘되는 힘을 이해할 수 있게 된다.

물론 우리는 스포츠와 일에서 경쟁할 수 있고, 승자와 패자는 어디에나 존재하는 법이다. 그런데 우리는 그사이에서 다른 사람들과 어울려서 산다. 우리는 서로에게 기댄다. 심지어 적조차 우리에게 최고의 기량을 발휘하고 이길 기회를 제공하는 고마운 존재다.

인류는 전체의 부분이고, 개인은 전 인류의 부분임을 인정해야 한다. 이를 깨달으면 개개인을 좀 더 다르게 바라보게 된다. 서로 연결되어 있다고 느끼면 마음속에서 사랑을 찾을 수 있다. 자기 자신을 훨씬 더 사랑하고, 성공할 자격이 있는 존재라고 느끼게 된다. 이것은 성공하는 데 있어서 가장 중요한 재료다.

자선을 베풀거나 세계를 치유해야 한다는 소리가 아니다. 개인적인 절제와 긍정적인 기대를 키우고 쌓아야 한다. 스스로 바라는 모든 것에 대해 의도를 정할 수 있지만, 나는 인류애를 요하는 도전이 가장 보람되고 우리의 영혼을 살찌우는 좋은 음식이라고 생각한다.

· 저녁 명상: 10~15분 ·

하루를 마무리하면서 솔직하게 하루를 되돌아봐야 한다. 이제 마음 속 깊이 파고들어 진실을 찾을 시간이다. 본질적으로 저녁 명상은 개인적으로 자기 자신을 면밀하게 살피고 관리하는 행위, 즉 개인 감사와 비슷하다. 아침 습관처럼 나는 5분간 박스 호흡을 한다. 4초 동안 숨을 들이마시고, 4초 동안 숨을 참았다가 4초 동안 숨을 내 쉬고, 다시 4초 동안 숨을 참는다. 모든 잡념이 사라질 때까지 숫자 를 세는 데만 집중한다.

박스 호흡이 끝나면, 하루를 되돌아보면서 "오늘 목표에 좀 더 가 까워졌나?"라는 질문에 스스로 답해본다. 그러면서 그날의 모든 행 동을 살피고 장기적인 비전을 실현하는 노력의 일환으로 나 스스로 에게 부여한 그날의 과제를 처리했는지 확인한다. 무언가를 완수하 지 못했다면, 그 이유를 묻고 다음 날 이를 해결하기 위한 방안을 생각해본다.

하루를 보내면서 자신을 틈틈이 살피고 상태를 확인했는가? 최소 한 한 사람을 무죄 추정의 원칙에 따라 대했는가? 오늘 하루를 품위 있게 보냈는가? 오늘 '뿅' 하고 나타난 선생님들에게 무슨 교훈을 얻 었는가? 오늘 배운 교훈을 내 목표에 좀 더 다가가기 위한 내일의 노 력에 어떻게 활용할 수 있을 것인가? 지금은 하루를 되돌아보고 강렬 한 질문을 던질 시간이다. 질문이 옳으면, 옳은 답을 얻을 것이다.

그리고 하루하루를 전체 삶으로 전환시켜라. 아침 준비, 확인하 기, 그리고 저녁 명상으로 이뤄진 이 습관을 실천하는 데 하루에 20~30분 정도 쓴다면 당신은 자율 실현 인간으로 성장하게 될 것이다. 지금까지 뒤집어쓰고 있던 자율신경증적 껍질을 벗어버리고 자신의 삶에서 일어나고 마주치는 모든 것을 기회로 봐라.

몇 달 동안 이 연습을 해라. 그러면 약속하건대, 최고의 모습으로 살아가게 될 것이다. 최소한 자신의 최고 모습이 어떻게 생겼는지, 그 모습대로 살려면 무엇을 해야 하는지 알게 될 것이다. 스스로 성공할 자격이 있다고 느끼게 될 것이고, 그리하여 자신의 꿈을 향해서 나아가게 될 것이다.

· 트림 탭만큼 강력한 존재가 되어라 ·

내가 좋아하는 배우 중 한 사람인 제프 브리지스 Jeff Bridges 는 의도적으로 사는 승자의 사고방식에 통달한 사람이다. 그가 2019년 골든글러브 시상식에서 엔터테인먼트 산업에 대한 공로를 인정받아 세실 B. 데빌 상을 받은 뒤 말한 수상 소감을 잊을 수 없다. 그는 수상 소감에서 '트림 탭'이라는 말을 했다. 트림 탭은 거대한 선박을 조정할 때 사용되는 부품이다.

수상 소감에서 브리지스는 "영화와 아무 상관 없는 사람이지만, 나는 이 사람에게서 많은 조언을 얻었다. 그 사람은 바로 벅키 풀러 Bucky Fuller 다. 측지선 돔으로 잘 알려져 있는 그는 대형 원양 선박에 대해 혁신적인 의견을 제시했다. 그는 엔지니어들이 대형 선박의 방향을 트는 데 애를 먹는다는 것에 주목했다. 대형 선박에는 커다란 키가 있다. 배를 돌리려면 이 키를 돌려야 하는데, 그러기 위해서는 너무나 많은 에너지가 소요된다. 이에 엔지니어들은 기막힌 아이디어를 생각해냈다. 큰 키에 작은 키를 끼워 넣은 것이다. 작은 키로 큰 키를 돌리겠다는 생각이었다. 작은 키로 큰 키를 돌려 큰 배가 돌아가게 한다. 그 작은 키가 바로 트림 탭이다."

브리지스는 이어서 트림 탭은 개개인이 전체 사회와 맺고 있는 고유한 관계를 은유적으로 보여준다고 말했다. 작은 것이 영향력을 발휘하고 큰 것을 넘어서는 큰 힘을 일으킨다. 개개인은 전 인류가 나아갈 방향에 영향을 줄 수 있다. 다시 말해, 개개인에게는 세계를 바꿀 힘이 있다.

브리지스는 심오하지만 개개인의 힘에 대해 이야기한 것이다. 브리지스는 트림 탭이다. 당신은 트림 탭이다. 나는 트림 탭이다. 우리 모두가 트림 탭이다. 우리는 각자 더 큰 키를 돌려서 배의 방향을 바꿀 수 있는 능력이 있다. 인류가 도달해야 할 최종 목적지와 거기까지 가는 여정에 대한 책임을 함께 나눌 수 있다.

지금 가는 길을 쭉 가고자 한다면, 아침에 하루를 어떤 의도로 보낼지 준비하고, 하루가 자신의 의도대로 흘러가고 있는지 확인하고, 잠들기 전에 하루가 의도대로 흘러갔는지 되돌아보는 것이 중요하다. 이것은 마음챙김을 통해 삶의 방향을 잡고 목적을 유지하는 데 도움이 될 것이다. 하루에 30분 남짓한 시간만 투자하면 충분히 실천할 수 있는 습관이다. 이 습관을 실천한 하루하루가 모여서 일생이 된다. 자신의 내면에 있는 트림 탭을 포용해라. 그 트림 탭으로 어디로 나아갈지 방향을 잡고, 내면의 나침반을 자신의 의도에 맞추고, 자신의 삶과 세상의 궤적을 바꿔라.

감사의 글

최고의 내가 될 수 있도록 항상 내게 영감을 주는 아내 엘레나와 딸 안젤리아에게 고마움을 전한다. 고맙고, 두 사람 모두 사랑한다.

지금은 고인이 되신 어머니 리아와 아버지 네이트에게도 고마움을 전한다. 두 분이 없었다면 그 무엇도 가능하지 않았을 것이다.

나를 사랑해주고 지지해주신 장모님 지나이다와 장인어른 니콜라이에게도 고맙다고 말하고 싶다. 하늘나라로 떠난 장인어른을 기리기 위해 나는 앞으로도 그가 자랑스러워할 말과 행동을 할 것이다.

오랫동안 나를 지지해준 친구들과 가족 모두에게 고마움을 전한다. 내 여정의 일부가 되어줘서 모두 고맙다.

값진 아이디어를 제공해주고 원고를 편집하고 우정을 나눈 패트리셔 크리사풀리Patricia Crisafulli와 이 책이 나오기까지 재능과 인내심을 발휘해준 패트리셔 왈렌버그Patricia Wallenburg에게 고마움을 전한다.

오랫동안 내게 헌신하고 우정을 나눠준 밥 웨이스만Bob Weissman에게도 고맙다고 말하고 싶다.

데니스 마지Dennis Magee, 그대가 어디에 있든지 내 삶을 바꾼 보물상자를 내게 줘서 너무나 고맙다. 항상 그대를 기억할 것이다.

나의 워크숍에 참여해준 모든 사람, 고객과 트위터 친구 모두에게 고맙다고 말하고 싶다. 그대들 모두에게 특별히 감사하다. 이 책에서 얻은 교훈이 나에게 큰 의미가 있는 것만큼 그대들에게도 의미 있기를 바란다.

그리고 오랫동안 내게 영감을 준 작품을 쓴 모든 저자에게 감사하다. 가장 값진 상품인 경험을 나누는 책을 쓰는 데 영혼과 지혜를 쏟아부은 그대들에게 감사한다.

모두 고맙다.

헌정사

나는 이 책을 전설적인 인물에 대한 이야기로 마무리하고자 한다. 어머니의 남동생 존 삼촌은 풀러 브러시에서 법인을 상대로 제품을 판매하는 영업사원이었다. 그는 본래 엄격한 사람으로, 완벽한 미국인의 삶을 사는 것처럼 보였다. 그러던 어느 날, 존 삼촌은 자신의 꿈을 좇을 때가 됐다고 생각하고 행동에 나서기로 결심했다.

존 삼촌은 인도주의적 구호 활동에 나서기 위해 중동으로 떠났다. 그의 아내인 아엘 숙모는 1970년대 이스라엘과 팔레스타인 분쟁을 오롯이 경험했다. 울타리로 둘러싸인 아늑한 집에서 완벽해 보이는 삶을 살면서 존 삼촌은 다른 것을 원했고, 아엘 숙모는 그런 남편을 지지했다. 존 삼촌은 자연과 완전히 조화된 더 단순한 생활방식으로 되돌아가기 위해서 전기, 수도, 가스 등 공공 서비스를 전혀 사용하지 않으려고 했다. 존 삼촌은 그런 삶을 살기 위해 대가에게서 삶의 방식을 배워야만 했다.

존 삼촌은 인디언 부족 중 하나인 체로키 부족이 거주하는 노스캐롤라이나의 체로키 네이션으로 가서 가장 오래 산 치료 주술사인 아모니타 세쿼야 Amoneeta Sequyah에게 인디언 전통에 따라 살아가는 법을 배우고 싶다고 말했다. 그러자 그는 자신의 오두막집 뒷문으로 나가서 오클라호마 텔라쿠아까지 걸어갔다가 되돌아오라고 말했다. 그러면 존 삼촌이 그들 중 하나가 될 것이고, 인디언이 되는 것이 어떤 의미인지 이해하게 될 것이라고 했다. 그의 말이 은유적인 표현이라고 생각한 존 삼촌은 집으로 돌아와 곰곰이 생각해봤다. 얼마 뒤 존 삼촌은 다시 인디언 주술 치료사를 찾아갔다. 그리고 진심으로 이 새로운 생활방식을 받아들이고 인디언 전통에 따라서 살아가고 싶다고 말했다. 그는 존 삼촌에게 다시 같은 이야기를 했다. 오클라호마까지 걸어갔다가 되돌아오라고 했다. 그렇게 하면 자신과 같은 인디언이 된다는 게 어떤 의미인지 알게 될 것이라고 말했다.

존 삼촌은 이번에 그의 말을 문자 그대로 받아들였다. 존 삼촌과 아엘 숙모는 길을 나섰다. 두 사람은 수천 킬로미터를 걸어서 노스캐롤라이나에서 오클라호마로 갔다가 다시 걸어서 노스캐롤라이나로 되돌아왔다. 그 여정에서 두 사람은 자신들이 1800년대 중반 체로키 부족이 살던 곳에서 쫓겨나 미국 서부 원주민 보호구역으로 강제로 이주하면서 걸었던 눈물의 길을 그대로 걷고 있다는 것을 깨달았다. 대략 4,000명이 눈물의 길 위에서 굶주리고 질병으로 사망했다.

당시 아엘 숙모는 임신한 상태였다. 그 여정은 그녀에게 너무나 고됐다. 아엘 숙모는 결국 그 길 위에서 배 속의 아이를 잃었다. 존 삼촌과 아엘 숙모는 길 위에서 잃은 아이를 '베이비 블루'라고 불렀다. 아이가 태어났을 때 새파랗게 질려 있었기 때문이다. 사랑하는 아이를 잃었지만 두 사람은 여정을 멈추지 않았다. 두 사람은 눈물의 길을 계속 걸었다. 말 그대로 두 사람은 눈물을 흘리면서 길을 걸었다.

여정을 마친 뒤에 존 삼촌과 아엘 숙모는 체로키 부족의 일원으로 받아들여졌다. 지금 나는 나의 사촌인 두 사람의 자녀들과 가까이 지내고 있다. 존 삼촌과 아엘 숙모는 자신들의 꿈을 실현하기 위해서 엄청난 희생을 치렀다.

체로키 부족과 함께 살면서 존 삼촌은 미국 인디언의 이익을 대변하는 대사가 됐고, 그들의 권리를 위해 노력하는 활동가가 됐다. 존 삼촌은 몇 년 전 세상을 떠났지만, 큰 꿈을 품고 실현하는 데 모든 것을 쏟아붓는다면 어떤 일이 일어나는지 몸소 보여준 사람으로 영원히 기억될 것이다.

이 글은 내가 자라면서 가장 독특하고 열정적인 삶의 모습을 보여준 한 사람인 나의 삼촌, 존 벡 John Beck에게 바치는 헌정사다. 고인의 명복을 빈다.

**MINDSET
SECRETS
—— for ——
WINNING**

마인드셋은 어떻게 투자의 무기가 되는가

초판 1쇄 발행 2025년 3월 15일

지은이 마크 미너비니
옮긴이 장진영

펴낸곳 ㈜이레미디어
전화 031-908-8516(편집부), 031-919-8511(주문 및 관리)
팩스 0303-0515-8907
주소 경기도 파주시 문예로 21, 2층
홈페이지 www.iremedia.co.kr **이메일** mango@mangou.co.kr
등록 제396-2004-35호

편집 허지혜, 이병철, 정서린 **디자인** 최치영
마케팅 김하경 **재무총괄** 이종미 **경영지원** 김지선

ISBN 979-11-93394-62-5 (03320)

* 가격은 뒤표지에 있습니다.
* 잘못된 책은 구입하신 서점에서 교환해드립니다.

당신의 소중한 원고를 기다립니다.
mango@mangou.co.kr